D1831350

खोजबीन का आनन्द

इस पुस्तक की रॉयल्टी एकलव्य, मध्य प्रदेश को भेंट

खोजबीन का आनन्द

कालू राम शर्मा

वाणी प्रकाशन

वाणी प्रकाशन

4695, 21-ए, दरियागंज, नयी दिल्ली 110 002

फ़ोन : +91 11 23273167 फ़ैक्स : +91 11 23275710

शाखाएँ

अशोक राजपथ, पटना 800 004, बिहार

कॉफ़ी हाउस कैम्पस, महात्मा गांधी मार्ग, इलाहाबाद 211 001, उत्तर प्रदेश

महात्मा गांधी अन्तरराष्ट्रीय हिन्दी विश्वविद्यालय, वर्धा 442 001, महाराष्ट्र

www.vaniprakashan.in
marketing@vaniprakashan.in
sales@vaniprakashan.in

KHOJBEEN KA ANAND
by Kalu Ram Sharma

ISBN : 978-93-89012-11-8
Education/Children Literature

© कालू राम शर्मा

प्रथम संस्करण 2019

मूल्य : ₹ 495

इस पुस्तक के किसी भी अंश को किसी भी माध्यम में प्रयोग करने के लिए प्रकाशक से लिखित अनुमति लेना अनिवार्य है।

सिटी प्रेस, दिल्ली-110 095 में मुद्रित

वाणी प्रकाशन का लोगो मक़बूल फ़िदा हुसेन की कूची से

समर्पण

उन समस्त शिक्षक साथियों को जो विज्ञान की औपचारिक डिग्री लिए बिना विज्ञान शिक्षण के मान्य सिद्धान्तों के अनुरूप अपने परिवेश को आधार बनाकर शिक्षण करने की कोशिश करते हैं।

और

डॉ. भरत पूरे को जिनसे मैंने बहुत कुछ सीखा।

भूमिका

एक आम स्कूल की कहानी क्या हो सकती है! कक्षा की चहारदीवारी में क़तारों में बैठे जबड़ातोड़ परिभाषाएँ, तथ्यों, समीकरणों, वाक्यों के हिज़्ज़ों को रटते हुए मायूस और निरीह बना दिये गये बच्चे...। सर्वज्ञाता समझे जाने वाले शिक्षक की ओर बच्चे ताक़ते रहते हैं। कथित स्थायी तौर पर शिक्षक को एहसास करा दिया जाता है कि बच्चे खाली स्लेट हैं जिन पर संस्कृति की लिखावट का जिम्मा उसी का है। ...कक्षा में जहाँ ख़ामोशी को ही अनुशासन और शालीनता समझ लिया जाता है। ...जहाँ छुट्‌टी का इन्तज़ार करते हुए बच्चों का वक़्त बीतता है। वे एक से दूसरी कक्षा में ठेल दिये जाते रहते हैं। बच्चों के लिए स्कूल के मायने हैं अनमने ढंग से, सुबकते हुए स्कूल जाओ और छुट्‌टी होने पर बस्ते के साथ स्कूल का भारी मानसिक बोझा लेकर घर आ जाओ! इस पूरे घटनाक्रम में बच्चों को अपने मन का करने और कहने की गुंज़ाइश का गला घोंट दिया जाता है।

बात सत्तर के दशक की शुरुआत की है। यह वह वक़्त था जब सरकारी स्कूलों में किसी भी प्रकार के हस्तक्षेप की कल्पना भी नहीं की जा रही थी। सच कहें तो सरकारी स्कूलों में नाउम्मीदी इस तरह से पसरी हुई कि इसको ठीक करने की दिशा में सोचने की हिम्मत करना पहाड़ जैसा होता। एक तरफ़ हमारे यहाँ के बड़े–बड़े लोग जिनमें शामिल शिक्षाशास्त्री, नेता और प्रबुद्ध लोग, विभिन्न मंचों से चीख़–चीख़कर नारेनुमा अन्दाज़ में कहते आये हैं कि आज देश में जो शिक्षा के हालात हैं उसमें परिवर्तन होना चाहिए। साथ ही यह भी आवाज़ सुनाई देती कि भारत जैसे विशाल देश की शिक्षा में बदलाव सम्भव नहीं। "...पूरे कुएँ में ही भाँग घुली हुई है। ...आकाश में ही जब छेद हो गया तो उसमें पैबन्द

कैसे लगाया जा सकता है। ...ना बाबा ना... यह तो हर हाल में सम्भव ही नहीं। ...एक–दो स्कूलों की बात तो ठीक मगर व्यापक स्तर पर सरकारी स्कूलों में बदलाव 'असम्भव।'

इस कहानी को पलटने की एक कोशिश मध्य प्रदेश की सरकारी स्कूलों में विज्ञान शिक्षण से हुई। इस कोशिश ने कथनी व करनी की खाई को पाटने की एक सशक्त दृष्टि दी और एक मिसाल कायम की कि 'जहाँ चाह है वहाँ राह...।' बच्चों के अपने आसपास के पर्यावरण और उनके परिवेश से जोड़कर माध्यमिक कक्षाओं में 'करके सीखने' पर आधारित विज्ञान शिक्षण कार्यक्रम की नींव रखी होशंगाबाद ज़िले में कार्य कर रही दो स्वैच्छिक संस्थाओं–किशोर भारती और मित्र मण्डल केन्द्र रसूलिया ने।

उस दौरान जब मिडिल स्कूलों की विज्ञान की पढ़ाई का सर्वेक्षण और विवेचन किया जा रहा था तो कई सवाल सामने आये। विज्ञान शिक्षण के माध्यम से बच्चे की चिन्तन शक्ति का विकास क्यों नहीं होता? बच्चों को विज्ञान के तथ्य रटने क्यों पड़ते हैं? रटकर परीक्षा देने के बाद उन तथ्यों की सार्थकता क्या है? उस शिक्षा का क्या उपयोग जो स्कूल की चहारदीवारी के भीतर की पढ़ाई को वास्तविक जीवन के अनुभव से दूर रखती हो? क्या ऐसी शिक्षा नहीं हो सकती जिसमें बच्चे सीखें और समझें भी? स्कूल बच्चों से जड़, चुप व निष्क्रिय होने की अपेक्षा क्यों करता है? क्या स्कूल इसी तरह बच्चों की जिज्ञासा को कुण्ठित और उनकी चिन्तन शक्ति को अवरुद्ध करते रहेंगे?

इन्हीं बातों को ध्यान में रखते हुए किशोर भारती और मित्र मण्डल केन्द्र, रसूलिया के कार्यकर्ता प्रदेश की राजधानी में शिक्षा विभाग के शीर्ष पर विराजमान अधिकारी के पास अपने यहाँ के स्कूलों में विज्ञान शिक्षा के बीजारोपण का प्रस्ताव लेकर गये। उन अधिकारी के मातहत ने शंका ज़ाहिर की कि कहीं ये लोग कबाड़ा न कर दें। उन अधिकारी ने पलटकर कहा–"जितना कबाड़ा हो चुका है इससे ज़्यादा ये लोग और क्या करेंगे। ...इसलिए इन्हें कार्य करने की अनुमति दे दी जाये।"

बहरहाल, किशोर भारती और मित्र मण्डल रसूलिया को होशंगाबाद ज़िले के ग्रामीण क्षेत्र के चुने गये 16 स्कूलों में कार्य करने की अनुमति मिल गयी। भारतीय शिक्षा के इतिहास में सम्भवतः पहली बार सरकार और स्वैच्छिक संस्थाओं की भागीदारी के माध्यम से एक अनूठा उदाहरण

प्रस्तुत हुआ जिसे 'होशंगाबाद विज्ञान शिक्षण कार्यक्रम' (होविशिका) के नाम से जानते हैं।

होविशिका ने बच्चों के सीखने–सिखाने को लेकर कई प्रचलित मान्यताओं को रद्द किया और नये सिरे से जान फूँकी। शिक्षकों में अपने आपके प्रति व सम्पूर्ण स्कूली तन्त्र के प्रति पनप चुकी चिरकालीन निराशाएँ और नाउम्मीदी को नेस्तनाबूद करने का रास्ता दिखाया। विज्ञान शिक्षा ने, जो कि न केवल विज्ञान तक बल्कि अन्य विषयों में भी बदलाव की दिशा में सोचने और हस्तक्षेप कर शिक्षकों और बच्चों के सीखने के मार्ग प्रशस्त किये।

होविशिका में शिक्षकों के साथ ऐसा बहुत ही कम या कहें कि नहीं के बराबर हुआ कि शिक्षा (और विज्ञान शिक्षा) के सिद्धान्तों को महज़ नारेनुमा अन्दाज़ में गुणगान गाया गया हो। बल्कि स्कूली स्तर पर विज्ञान विषय तथा विज्ञान शिक्षण के प्रक्रियागत मसलों पर विमर्श गहराई से होता जो शिक्षकों को अपनी कक्षाओं को जीवन्त बनाने में मील का पत्थर साबित हो। विज्ञान शिक्षा की कक्षाओं में शिक्षकों को शिक्षाशास्त्र के गूढ़ सिद्धान्तों को सरल ढंग से आत्मसात करने के अवसर मिलते। विज्ञान शिक्षा में जो विकेन्द्रीकृत ढाँचा अपनाया गया वह कोठारी आयोग (1964–1966) में अनुशंसित किया गया था व मैदानी स्तर पर अपनाये जाने का इन्तज़ार कर रहा था। कोठारी आयोग के मुताबिक शाला संगम केन्द्र के ढाँचे को व्यावहारिक तौर पर लागू करके उसमें जान फूँकने का श्रेय होशंगाबाद विज्ञान को जाता है।

गाँधीजी ने आज़ाद भारत के लिए जो सपना बुना था उसमें स्कूली शिक्षा में नये सिरे से बदलाव की पेशकश की थी। गाँधीजी, बाबू बनाने वाली लॉर्ड मैकाले की शिक्षा से उकता चुके थे। वे चाहते थे कि स्कूली दायरे में बच्चों को अपने हाथों से कार्य करने को मिले और उसके माध्यम से वे शिक्षा पायें। बच्चे अपने परिवेश के साथ अन्तःक्रिया करते हुए सीखें। साथ ही बच्चों की सीखने में सामूहिक भागीदारी बने। इस लिहाज़ से होशंगाबाद विज्ञान शिक्षण कार्यक्रम में गाँधी की नयी तालीम की ख़ुशबू आती है।

होविशिका के अन्तर्गत जो किताबें (कार्यपुस्तकें) तैयार की गयीं वे 'बाल वैज्ञानिक' के नाम से जानी जाती हैं। नाम से ज़ाहिर होता है कि

ये किताबें बच्चों को ध्यान में रखते हुए लिखी गयीं जो परिवर्धित और परिष्कृत होती गयीं।

सन् 1972 में जब होशंगाबाद विज्ञान की नींव रखी थी तब उन सभी आयामों के बारे में तो नहीं सोचा गया था जो आज हमारे सामने चाहें लिखित या अलिखिति रूप में हैं, मगर बुनियादी बातें सर्वथा प्रासंगिक रहीं। जैसे–जैसे वक़्त बीतता गया व समझ बनती गयी उसके मुताबिक होशंगाबाद विज्ञान में नये–नये आयाम जुड़ते गये।

होशंगाबाद विज्ञान का एक महत्त्वपूर्ण आयाम रहा–बच्चों को विज्ञान सीखने में आनन्द आये। हालाँकि बाद के वर्षों में सरकारी भाषा में 'सीखने का आनन्द' जैसे कई जुमले शामिल होते गये मगर होशंगाबाद विज्ञान का केन्द्र बिन्दु 'करके सीखना' बरकरार रहा।

होशंगाबाद विज्ञान की बात करें और बच्चों व शिक्षक की बात न हो तो बात अधूरी रह जाती है। होशंगाबाद विज्ञान का मानना रहा है कि जितना पीड़ित बच्चे हैं उतने ही शिक्षक भी। दरअसल शिक्षकों की हालत भी किसी से छिपी हुई नहीं है। शिक्षा तन्त्र की हायरार्की में शिक्षक सबसे निचले पायदान पर दबे–कुचले रूप में बैठा हुआ है। वह शिक्षा विभाग की नज़रों में एक मामूली–सा, अदना–सा कर्मचारी बना हुआ है जो अपने सम्मान के लिए छटपटाता रहता है। मगर वही शिक्षक बच्चों के सामने ज्ञान के एक पुंज के रूप में है। वह बच्चों की दुनिया का क्रूर और डरावना पात्र बना हुआ है। यही वजह है कि शिक्षक अपने आपको सम्पूर्ण मानने की ग़लतफ़हमी पाले बैठा है। मगर शिक्षा के किसी भी कार्यक्रम में उसकी क्षमतावर्धन की चिन्ता नहीं की जाती।

होशंगाबाद विज्ञान के बारे में एक आम ग़लतफ़हमी यह रही कि इसमें विज्ञान की परिभाषाएँ, तथ्य, समीकरण, तकनीकी शब्द वगैरह तो है ही नहीं तो यह कैसा विज्ञान! ऐसा विज्ञान बच्चों को कैसे आगे विज्ञान सीखने में मदद कर सकता है! उनकी नज़रों में यह विज्ञान 'पिछड़ा' 'कंडम' 'बेकार' बनकर आँख की क़िरकिरी बना रहा। लगता है जो चीज़ आसानी से सिखाई जा सके और बच्चे आसानी से आत्मसात कर सके इसके अभ्यस्त शिक्षा विभाग के नुमाइन्दे हुए ही नहीं। साथ ही रटन्त आधारित विज्ञान शिक्षा को लेकर प्रचलित मान्यताएँ इतनी गहराई तक जड़ें जमा चुकीं कि उन्हें

उखाड़ फेंकना इतना आसान भी नहीं। बहरहाल, इस विरोधाभास के चलते होविशिका का कारवाँ बढ़ता चला गया। होविशिका को मध्य प्रदेश शासन ने 2002 में एक फ़तवा ज़ारी कर बन्द कर दिया जो शिक्षा के इतिहास की सबसे निर्मम घटना है। होविशिका के एक स्रोत सदस्य कहते हैं–"कोई बात नहीं–हमें मज़ा आया, शिक्षकों को मज़ा आया और बच्चों को मज़ा आया। इससे बड़ी बात और क्या हो सकती है...। जो भी हो, इस कार्यक्रम ने कई मंज़िलें पार कीं और हमेशा ताज़गी भरा बना रहा।

कालू राम शर्मा

अनुक्रम

यह किताब क्यों?

स्कूली शिक्षा में सुधार को लेकर बातचीत तो काफ़ी होती रही है मगर एक कोशिश मध्य प्रदेश के होशंगाबाद ज़िले और बाद में 13 अन्य ज़िले के स्कूलों में विज्ञान शिक्षण के रूप में हुई। यह कोशिश लम्बे समय तक चली जिसमें अनेक लोगों ने शिरकत की। कहने को तो यह विज्ञान शिक्षण का एक कार्यक्रम था मगर सही मायनों में एक आन्दोलन से कम नहीं था जो उच्च प्राथमिक स्कूल के बच्चों व शिक्षकों पर केन्द्रित था। इसने बहुत से लोगों की सोच को, जीवन के ढंग और व्यवहार को बदला। यहाँ तक कि कई बातें जो लोगों के लिए काला–सफ़ेद बिल्कुल उचित अथवा अनुचित के दायरे में आती होंगी, उनके बारे में भी विमर्श के रास्ते खोले। कालू राम द्वारा लिखी यह किताब विज्ञान की कक्षाओं के बारे में वैसी ही है जिसकी कल्पना उस समूह ने की जो विज्ञान की शिक्षा को लोगों की बेहतरी का माध्यम बनाना चाहते थे। वे यह मानते थे कि हमारे गाँव के स्कूल में भी विज्ञान शिक्षण के उन सभी पहलुओं को पिरोया जा सकता है जिनके बारे में पैडागॉग व वैज्ञानिक सोचते रहते हैं।

इस पुस्तक में गढ़ी कक्षाएँ काल्पनिक भी हैं और यथार्थ भी। वे इस मायने में काल्पनिक हैं कि हममें से किसी ने इन्हें कहीं ठीक इसी तरह से होते नहीं देखा है। यथार्थ इस मायने में हैं कि इनमें प्रस्तुत दृश्य उन विज्ञान शिक्षण की कक्षाओं पर आधारित हैं जो उस वक़्त अलग–अलग स्कूलों में दिखाई देते थे। स्कूलों में बच्चों व शिक्षकों के बीच और शिक्षकों व शिक्षकों के बीच बातचीत का ऐसा ही माहौल होता था। यह सब उस समय होता था जब बालकेन्द्रित, संरचनावाद, गतिविधि आधारित जैसे शब्द प्रचलन में नहीं थे। तब भी शिक्षक व बच्चों के बीच के रिश्ते व उनके बीच दूरी कितनी हो, कितने वे क़रीब हों यह सब बातें सामान्य तौर

पर बिल्कुल अलग ढंग से समझी व मानी जाती थीं। ऐसे में यह कल्पना कि बच्चे टोलियों अथवा समूहों में प्रयोग करेंगे, एक–दूसरे से चर्चा करके सीखेंगे, शिक्षक सर्वज्ञानी की तरह सब कुछ नहीं बताएँगे, सिखाने के साथ–साथ सीखने की बात भी होगी। शिक्षक एक जानकार सहयोगी के रूप में कार्य करेंगे। यह बिल्कुल नयी व अजीब बात थी। यह सोचना भी कठिन था कि प्रयोग करने में समय लगता है। अतः यह ज़रूरी है कि विज्ञान की कक्षा लम्बी हो और उसमें शिक्षक व बच्चों को कार्य करने के लिए एक लम्बा समय मिले।

मैं होशंगाबाद विज्ञान शिक्षण कार्यक्रम की कल्पना व उसकी विशेषताओं के बारे में ज़्यादा बात नहीं करूँगा। उसके लिए कालू राम द्वारा लिखा परिचय व कार्यक्रम पर लिखी अन्य किताबें और दस्तावेज़ देखे जा सकते हैं। हालाँकि उस पर और बहुत सोचे और लिखे जाने की ज़रूरत है। कालू राम की यह किताब शायद इस प्रक्रिया को शुरू करे।

कालू राम द्वारा लिखित यह किताब न केवल विज्ञान शिक्षण बल्कि स्कूली शिक्षा में कक्षाओं के स्वरूप व उनमें सीखने–सिखाने की रचना को लेकर एक अलग दृष्टि देती है। इसके माध्यम से होविशिका के दर्शन, शिक्षण व कक्षा पद्धति एवं अन्य सभी पहलुओं की झलक हमारे सामने प्रस्तुत करती है। यह झलक उन सभी पहलुओं को दिखाती है जो विज्ञान शिक्षा के इस जलसे में सभी लोगों ने महसूस किये।

विज्ञान शिक्षा में बदलाव का यह बहुत लोगों का सामूहिक प्रयास था। इसमें शामिल लोग अलग–अलग संस्थानों से थे और उनकी पृष्ठभूमि, अभिरुचि व अभिवृत्तियाँ भी बहुत अलग–अलग थीं। इसमें शामिल संस्थानों व लोगों में सरकारी महकमे में काम करने वाले लोग, विश्वविद्यालय की सहमति से काम करने वाले लोग, सरकारी व निजी शालाओं के शिक्षक व अन्य बहुत से लोग थे। इस कार्यक्रम को एनसीईआरटी व उसके एक हिस्से आरआईई, भोपाल के साथ भारत सरकार के विज्ञान व टैक्नॉलाजी विभाग, शिक्षा विभाग के साथ–साथ विश्वविद्यालय अनुदान आयोग का भी समर्थन प्राप्त था। इस प्रयास में सबसे बड़े साझेदार के रूप में मध्य प्रदेश सरकार व मध्य प्रदेश में कार्य करने वाली कुछ संस्थाएँ थीं। सरकार व निजी क्षेत्र की यह पहली बड़ी साझेदारी थी। हालाँकि यह साझेदारी पूरी तरह मित्रवत नहीं थी। हर स्तर पर बहुत से लोग इसका परोक्ष अथवा प्रत्यक्ष, स्पष्ट समर्थन करते थे और कई इसे थोपा हुआ हस्तक्षेप भी मानते थे।

साझेदारी का एक और पहलू महत्त्वपूर्ण है। इसमें एक ओर तो लोग जुड़ते गये किन्तु उनके जुड़ने के कारणों की स्पष्टता धूमिल होती गयी। इस कार्यक्रम की तरफ़ काफ़ी सारे और विविध पृष्ठभूमियों से आने वाले लोगों के आकर्षित होने के कारण होशंगाबाद विज्ञान शिक्षण कार्यक्रम के दर्शन, इसकी समझ व उपादेयता आदि सबके बारे में अलग–अलग रुख थे। यह अलग–अलग रुख कुछ बुनियादी सहमतियों के सूत्र में बँधे थे। इन सूत्रों में एक आग्रह सिर्फ़ यह दर्शाता है कि विज्ञान को सरल व सस्ते प्रयोगों द्वारा सीखा जाना चाहिए व कक्षा में बच्चों को बातचीत करने के मौक़े व समय मिलना चाहिए। इस तथाकथित अत्यधिक प्रयोगधर्मिता की सीमा, इसकी अनिवार्यता के कारण व स्वरूप के बारे में बहुत अलग–अलग मत ही नहीं वरन् दृष्टि भी थीं। हालाँकि इनमें से अधिकांश लोग विज्ञान व विज्ञान की शिक्षा को समाज के विकास व परिवर्तन का एक महत्त्वपूर्ण अंग मानते थे किन्तु विज्ञान व उसकी प्रकृति के बारे में अलग–अलग रवैयों के चलते तात्कालिक ही नहीं दूरगामी कार्यप्रणालियां भी अलग–अलग ही थीं। इस कार्य के प्रणेता के रूप में पीछे बेहतर व्यवस्था की जो कल्पना थी वह कुछ छितरी हुई थी। अतः यह शिक्षा व समाज में परिवर्तन किस तरह का हो सकता है और विज्ञान उसमें क्या करेगा, इस पर भी समझ व विचारों में विविधता थी। ऐसे में अलग–अलग संस्थाओं, अलग–अलग दृष्टिकोणों व मक़सदों के अलावा इतने अलग–अलग पृष्ठभूमि के लोगों ने इसे अपने पूर्णतः स्वैच्छिक अथवा चुने गये कार्य के रूप में माना कि यह आश्चर्यजनक है कि इतने मतभेदों व विविधताओं के बावजूद इतने लम्बे समय तक साथ कार्य कर पाये।

इस तरह के अनौपचारिक ढाँचों में शामिल रहने व मिलकर कार्य करने की यह परम्परा भारत में बहुत अधिक नहीं दिखाई देती। सामाजिक बदलाव के लिए पहल की यह साझेदारी अध्ययन का मसौदा है। बहरहाल यह पुस्तक उस विषय पर तो नहीं है किन्तु इसके कुछेक हिस्से बच्चों व शिक्षकों की सीखने में साझेदारी की झलक ज़रूर देती है। अलग–अलग ढंग से कहानियाँ पारस्परिक सीखने–सिखाने, खोज व जिज्ञासा, ज्ञान–विस्तार, सहयोग, स्वयं करने, संवाद व विवाद के सीखने में महत्त्व के पहलुओं को उभारती हैं।

सीखने वालों व सिखाने वालों के बीच का यह रिश्ता हर स्तर पर था। विश्वविद्यालय, महाविद्यालय से आने वाले विषयों के ज्ञानी प्राध्यापकों,

उनके शोध–छात्रों, शहरों, क़स्बों, गाँवों के शिक्षकों व स्कूली छात्र–छात्राएँ, सभी एक–दूसरे से कुछ न कुछ सीख रहे थे। हालाँकि अलग–अलग दायरे के व्यक्ति अलग–अलग बात सीख रहे थे। चूँकि इस अन्तःक्रिया में कोई भी सवाल विमर्श के बाहर कह कर टाला नहीं जा सकता था, इसलिए विषय के विशेषज्ञों को शिक्षकों व बच्चों के अप्रत्याशित सवालों के जवाब देने में पसीना आ जाता था। बहुत बार यह कहने का साहस करना पड़ता था कि 'मुझे आता नहीं', 'मैं देखकर व सोचकर बताऊँगा'। आप यह नहीं कह सकते थे कि आपके स्तर का नहीं है और आप समझ नहीं सकते। हालाँकि पूछने वालों को किसी भी सवाल का हल आसानी से नहीं दिया जाता था। यह भी तय था कि सवाल पूछने वाले को मदद व दिशा निर्देश के साथ स्वयं मेहनत कर उत्तर तक पहुँचना होता था। न तो उत्तर देने वाला सिर्फ़ दो लाइन में उत्तर देकर बढ़ सकता था न ही पूछने वाला उत्तर पाने की मेहनत से बच सकता था।

होशंगाबाद विज्ञान शिक्षण कार्यक्रम में खोजने, जिज्ञासा, सवाल गढ़ने व आगे सोचने की यह प्रक्रिया हर पल जारी रहती थी। एक ऐसा माहौल था जिसमें हर कथन को परखने की अपेक्षा की जाती थी। जैसा कालू राम द्वारा लिखी गयी इन कहानियों में दिखता है। अनेक सन्दर्भों में सिखाने वाला सीखने वाला बन जाता था। चाहे शिक्षक हो या वैज्ञानिक, विमर्श हरेक के लिए कुछ नये पहलू सामने लाता ही था। इस माहौल ने इससे जुड़े बहुत से लोगों पर गहरा असर डाला व उनके जीवन के रास्ते बदले। कालू राम ने अपनी कहानियों के ज़रिए इस बात को भी उभारा है। यह असर शिक्षक व छात्रों तक ही सीमित नहीं बल्कि व्यापक था।

मुझे याद है कि शिक्षकों के उन्मुखीकरण के लिए स्रोत सदस्य जमकर तैयारी करते थे। स्रोत–दल वह सब स्वयं करके देखते थे जो शिक्षकों को सत्र में करना होता था। इसके बावजूद जब शिक्षक वैसे ही टोलियों में प्रयोग करते तो नयी बातें जन्म लेती थीं। उन्मुखीकरण के दौरान उन अवलोकनों पर चर्चा करना व अवधारणाओं से जोड़ पाना, उनके दायरे समझ पाने की मशक्कत ने सभी वैज्ञानिकों के ज्ञान व समझ के दायरे की सीमा को लगातार उजागर किया व नयी समझ विकसित करने का मौक़ा दिया। वैज्ञानिकों, शिक्षाशास्त्रियों व शिक्षकों ने ऐसी बातों के सन्दर्भ में भी यह कहना सीखा कि "मुझे नहीं मालूम" जो उन्हें वैसे लगता था कि अच्छे से आती हैं। और यह बात उन्हें उन सवालों से पता लगी जो प्रयोगों व

व्यावहारिक अनुभवों से उनके सामने आये। इन सवालों से जूझने के दौरान उनकी विज्ञान, शिक्षा व समाज और इन सबके बीच अन्तःक्रिया की समझ को इस तरह तराशा कि, विज्ञान क्या है की समझ, इसकी अवधारणाओं की समझ और शिक्षकों की समझ के सन्दर्भ में अपनी समझ को लगातार चुनौती देने व उसे महसूस करने में नहीं हिचकिचाते। उन्हें मानो इसकी आदत पड़ गयी। हम सबके लिए अपने ज्ञान को चुनौती देना उस प्रक्रिया का हिस्सा बन गया जिसमें हम सीखने वालों को उनकी समझ को चुनौती देकर आगे बढ़ने को प्रेरित करेंगे। इसके सार को हमारे एक साथी ने उन्मुखीकरण की फीडबैक बैठक में बहुत अच्छे से व्यक्त किया, "लोगों को बदलने का काम इतना आसान नहीं है, इसके लिए पहले अपने आपको बदलना पड़ता है।" और वाकई, होशंगाबाद विज्ञान ने हम सबको बदला। हम सबको गढ़ा। इसे एक साँचे में गढ़ना तो नहीं कहा जा सकता किन्तु जो भी हम थे उसमें कुछ बातों को जोड़ा।

चाहे सामग्री का निर्माण हो, उन्मुखीकरण की तैयारी, प्रश्न–पत्र निर्माण अथवा उत्तरपुस्तिकाओं की जाँच, सवालीराम के प्रश्नों पर प्रतिक्रिया हो अथवा मासिक गोष्ठी की तैयारी अथवा उसमें विचार विमर्श व खोजबीन, सबमें खुली बहस व परत–दर–परत सफ़ाई की गुंज़ाइश थी। सिर्फ़ यह हिम्मत चाहिए थी कि 'मैं यह समझा नहीं' कह पायें। या यह कह पायें कि 'मैं यह समझा, क्या यह सही है?' कई बार चुप बैठकर बच भी नहीं सकते थे। अचानक सीधा प्रश्न आप पर ही आ जाता था। बड़ा मुश्किल था अधूरे ज्ञान अथवा अटपटे जटिल शब्दों वाले वाक्य बोलकर बच निकलने की प्रकृति से बच पाना। पहली बार यह कह पाना कि 'मुझे नहीं आता' सीखने के दरवाज़े खोलने के लिए अनिवार्य था अपने अन्दर सबसे बड़ा परिवर्तन। ऐसा कहने पर कोई तूफ़ान नहीं आता था, किसी को अखरता नहीं था बल्कि गहरे संवाद का रास्ता खुलता था। ऐसा नहीं था कि सब लोग यह कर पाये, किन्तु जो लोग यह समझ पाये वे ऐसे बदले कि यह प्रवृत्ति हर जगह उनके व्यवहार में कुछ हद तक झलकने लगी। जैसा महसूस किया जा सकता है, यह रास्ता कठिन था और सब इस दरवाज़े को पूरी तरह खोल नहीं पाये फिर भी इसने काफ़ी लोगों को इस तरफ़ ढकेला ही।

एक उदाहरण देखें। हर रोज़ उन्मुखीकरण के समय के बाद सारा स्रोत दल उस दिन की कार्यवाही पर विमर्श करता था। इसमें न सिर्फ़

कक्षाओं में क्या हुआ उस पर बात होती थी पर जो हुआ उसकी साफ़गोई से पड़ताल भी। कहीं विज्ञान की समझ, उसकी अवधारणाओं में निहित पुलिन्दे का आत्मसात होना शिक्षा व सिखाने की समझ, भागीदारी की भावना के साथ कोई अत्याचार तो नहीं हुआ। कुल मिलाकर बड़े–से–बड़े वैज्ञानिक, प्राध्यापक जाँच–पड़ताल के दायरे में आ जाते थे। वे सुनने को और सीखने को मजबूर ही नहीं, प्रेरित भी होते थे। कक्षा की प्रक्रिया पर उठे सवाल व उसके लिए अपनाये जा सकने वाले रास्ते व उनकी सीमाओं के विमर्श से उपर्युक्त सभी दायरों पर बहस से सीखने के ऐसे मौक़े मिले जो विश्वविद्यालयों व शिक्षक प्रशिक्षण की कक्षाओं में नहीं मिले थे, न किसी और को मिलते थे और शायद मिल भी नहीं सकते। शिक्षक जो सीखना चाहते थे, कुछ करना चाहते थे, वे स्रोत समूह के सदस्य बनकर अतिरिक्त मेहनत करते थे, उन सबको अपनी बात कहने का, इन मसलों को समझने का, नये लोगों से अन्तःक्रिया का जो मौक़ा मिला, उसने उन्हें नया जोश और असल में तो जीवन दर्शन ही दिया। ठीक वैसे ही विश्वविद्यालयों से आने वाले जो लोग अपने मिथ्या, दम्भ व आडम्बर को छोड़ पाये, उन लोगों को भी एक नया जोश, रास्ता व जीवन के लिए ताज़ा रणनीति मिली। उन्मुखीकरण, सामग्री तैयार करने व अन्य सभी में इस तरह की प्रक्रियाओं में लाजमी भागीदारी से इस तरह की रगड़ाई हुई कि सोच का आईना बहुत साफ़ हुआ। साथ यह बात भी साफ़ हुई कि जितनी सफ़ाई हुई है, उससे ज़्यादा होनी बाक़ी है। सीखने–सिखाने की प्रक्रिया अनवरत है। सीखने वाला हमेशा कुछ न कुछ सिखाने वाले को भी सिखाता है और सीखने को अनन्त बातें हैं। और यह भी समझ आया कि वही सिखाता है जो साथ–साथ कुछ सीख भी रहा है। हालाँकि यह समझ उस समय कुछ धुँधली ही थी मगर यह स्पष्ट होती गयी। विज्ञान की कक्षा कैसी हो, यह पहलू इन कहानियों में स्पष्ट तौर पर झलकता है।

मैं दो और मसलों पर बात करना चाहता हूँ। एक तो यह कि यह किताब आज भी क्यों प्रासंगिक है। या यह कहें कि आज क्यों ज़्यादा प्रासंगिक है और दूसरा संक्षेप में इस कार्यक्रम की चुनौतियाँ क्या थीं। इन चुनौतियों की झलक कालू राम की कहानियों में जगह–जगह पर झलकती है। चाहे वह पुस्तकालय की हालत के बारे में, सामग्री के बन्द पड़े रहने में या प्रधानाध्यापक की मासिक गोष्ठी में भेजने की अनिच्छा में। कार्यक्रम की मुख्य चुनौती जो इसका एक मुख्य कार्य बिन्दु था वह विज्ञान विषय

की समझ था। तकनीकी तथ्य व परिभाषाओं के स्थान पर अवधारणा व तार्किक सम्बन्धों और जाँचने के तरीक़ों की समझ व नये ढंग, नयी परिस्थिति में उपयोग कर पाने की क्षमता। विज्ञान क्या है के साथ ही जुड़ा दूसरा पहलू है सीखना क्या है? क्या वह जानकारी याद रखना है? यानी तथ्य, परिभाषाएँ, उदाहरण व कार्यकारण सम्बन्ध के लिए तैयार तर्क व उदाहरण बता पाना या फिर कुछ और ही है? इस तरह के मसलों पर सोचना व तय करना परीक्षा के सन्दर्भ में उसमें इस्तेमाल के लिए उपयुक्त प्रश्नों के दायरे के लिए महत्त्वपूर्ण थे। यदि बच्चों को सवालों के हल सिर्फ़ रटना अथवा याद करने से ज़्यादा या अलग कुछ करना है, तो फिर परीक्षा वैसी तो नहीं हो सकती जैसी हो रही थी। फिर कैसी हो? अगर विज्ञान शिक्षा मात्र ज्ञान का भण्डारण नहीं है तो परीक्षा प्रक्रिया अलग प्रकार की तो होनी ही चाहिए। और इस पर बहुत जद्दोजहद हुई। आज उस परीक्षा में हुई मेहनत का कुछ भी हिस्सा धरातल पर नहीं दिखता। हालाँकि उन लोगों के मन में गहरे से बैठा है जो इसमें शामिल थे। एक छोटा–सा उदाहरण झलक दिखाने के लिए। इस कार्यक्रम की परीक्षा में प्रश्न बनाना एक मुश्किल कार्य होता था, क्योंकि खुली किताब परीक्षा के सन्दर्भ में सोचना होता था। दूसरा यह कि सवाल ऐसा हो जो बच्चे समझ पायें। नहीं तो प्रश्न के ऐसे भी अर्थ निकल सकते थे जिनकी दिशा ही अलग हो और उस जवाब को गलत भी नहीं कहा जा सकता था। सवाल ही ऐसा चाहिए जो सरल हो व ऐसे जवाब को अनुपयुक्त करार कर पाये जो विज्ञान की समझ का इस्तेमाल नहीं करता था। दूसरी चुनौती प्रश्न–पत्रों को जाँचना होता था क्योंकि हर प्रश्न में कोई एक ही सही उत्तर नहीं होता और सभी कुछ–कुछ उचित उत्तर एक जितने सही भी नहीं होते थे। ऐसे खुले सवालों के कई उत्तर सम्भव थे और हर उत्तर को पढ़कर आँकने की ज़रूरत थी। और यह सवाल पढ़कर हर उत्तर को आँकने का काम प्रश्न बनाने जितना तो नहीं किन्तु सिर्फ़ (✓) अथवा (×) लगाकर अंक देने से ज़्यादा मुश्किल था। इसमें भी कई बार विमर्श की ज़रूरत पड़ती थी और सवाल ही नहीं पुस्तक के लिए फीडबैक व सुधार के रास्ते भी मिलते थे।

एक और पहलू जो चुनौती था और लक्ष्य भी; वह यह कि स्कूलों में सबके लिए शिक्षा ही क्यों हो व फिर विज्ञान की शिक्षा सबके लिए हो तो क्यों हो? यह प्रश्न इससे भी जुड़ जाता है कि अगर सबके लिए हो भी तो

विज्ञान शिक्षा कैसी हो? हम देख सकते हैं कि ये प्रश्न आपस में गुँथे हुए हैं। क्या विज्ञान सिर्फ़ उनके लिए है जिन्हें वैज्ञानिक बनना है? अगर सबके लिए है तो क्या यह अवधारणाओं की समझ विकसित करने के अवसर देता है? क्या उन्हें विज्ञान के तथ्य याद करवाना, टैक्नॉलॉजी की ताक़त को दिखाना व उपयोग की सावधानियों से परिचित करवाना पर्याप्त नहीं है? क्या यह सब सीख भी सकते हैं? क्या सब लोग विश्लेषण कर भी पाएँगे? सबके लिए विज्ञान शिक्षा क्यों हो इस बात से प्रभावित है कि हम किसे विज्ञान अथवा शिक्षा मानते हैं और सीखने–सिखाने के लिए कौन से हिस्सों को महत्त्वपूर्ण मानते हैं। इसमें इनसानों की बराबरी, समाज की रचना, शिक्षा क्यों हो, विज्ञान शिक्षा क्यों हो, यह सब कैसे हो, अच्छी विज्ञान की सामग्री क्या है, कक्षा कैसी हो, परीक्षा कैसी हो, शिक्षक की तैयारी कैसी हो, उनमें जोश कैसे आये, यह सब सवाल आ जाते हैं। और जैसा हम जानते हैं यह सब सवाल आज भी महत्त्वपूर्ण हैं और आगे भी महत्त्वपूर्ण बने रहेंगे।

और यह बात हमें विज्ञान शिक्षण को लेकर आज की प्रासंगिकता पर ले जाती है। विज्ञान शिक्षण व शिक्षा दोनों के सामने उसी तरह की चुनौतियाँ हैं। शायद कुछ बढ़ ही गयी हैं। जानकारी यानी ज्ञान, याद करना यानी सीखना, सोचकर अपनी समझ व अपने तर्क बनाकर जवाब देने के खुले मौक़ों के स्थान पर एक ही सही उत्तर, सीखने वाले के परिप्रेक्ष्य व सन्दर्भ के आधार पर परीक्षा रचने के स्थान पर वस्तुनिष्ठ व निरपेक्ष बाह्य जाँच, सामग्री विहीन कक्षाएँ, उच्च–माध्यमिक कक्षाओं में भी प्रयोगों व प्रयोगशालाओं का विलोपन आदि सभी पहलू बढ़ ही रहे हैं। इसके साथ–साथ शिक्षकों की तैयारी, सुदृढ़ीकरण व उनके ज्ञान को ताज़ा करने के प्रयास भी कम हो गये हैं। जो हुए वह इसलिए नाकारा रहे क्योंकि प्रशिक्षक ही न तो जोश में थे न ही ठीक से तैयार ही। स्रोत व्यक्तियों के सीखने पर समय लगाना, उन्हें अपनी भूमिका समझने व पारंगत होने के लिए समय व मौक़े देना, विश्वविद्यालयों व वहाँ के प्रोफ़ेसरों व अन्य फैकल्टी को स्कूलों से अन्तःक्रिया करने के प्रोत्साहन व मौक़े, शिक्षकों को आपस में मिलकर पढ़कर सोचने व सीखने के मौक़ा आदि सभी पहलुओं पर हम आगे नहीं बढ़ पा रहे हैं। हालाँकि एनसीईआरटी द्वारा व्यापक अन्तःक्रिया के आधार पर तैयार किये गये, 2005 के विज्ञान के फोकस पेपर व राज्यों में बनी पुस्तकों, कक्षा प्रक्रिया, उन्मुखीकरण परीक्षा व्यवस्था ढाँचा आदि सभी में इसकी झलक मिलेगी। उसके निहितार्थों का चूँकि

क्रियान्वयन नहीं हुआ, इसलिए लगभग सभी मायनों में विज्ञान व उसकी शिक्षा की समझ अभी भी लगभग वैसी ही है जैसी 70–80 के दशक में थी (शायद उससे बदतर ही हो), इसमें सिर्फ़ शब्दों का आडम्बर बढ़ गया है और स्मार्ट तकनीकी का आतंक भी। ऐसे में इस किताब की सरल परिस्थितियों का विवरण उन पहलुओं को दिखाने में मदद करता है जो हमसे चाहते हैं उसे सम्भव बना सकता हैं। कहानियाँ उन जटिलताओं की झलक देती है जो बेहतर शिक्षक में दिखती हैं। कहानियाँ न सिर्फ़ कक्षा के भौतिक स्वरूप, किट, कक्षा में बैठक–व्यवस्था, समयावधि से जुड़ी है पर वह कक्षा–प्रक्रिया के बारे में ज़्यादा हैं। बच्चों के लिए सोचने, करने, पूछने की जगह, अपने तर्क व समझ को प्रस्तुत करने के मौक़े और सबसे ज़्यादा कुछ पहल करने की सम्भावनाओं से ओत–प्रोत है। इसमें व इस प्रक्रिया के संचालन में प्रधानाध्यापक को एक व्यापक व खुली दृष्टि व समाज के लोगों व शिक्षकों के साथ गहरे व खुलकर विमर्श वाले सम्बन्ध और उसका इस सबमें व कहानियों में छिपे पहलुओं की तरफ़ बढ़ने में विश्वास नहीं तो कम से कम खुला दिमाग़ तो चाहिए। तभी वह इस तरह की विज्ञान कक्षा, शिक्षक–छात्र चर्चा, कक्षा–कक्ष के बाहर सीखना यह सब करना स्वीकार कर पायेगा। वैकल्पिक कक्षा की इस छवि को समझना व मानना स्कूल के प्रधानाध्यापकों के लिए, बाक़ी शिक्षकों, माता–पिताओं व अन्य लोगों के लिए सबसे मुश्किल काम था। कालू राम की कहानियों में इसकी भी झलक दिखती है। उम्मीद है कि ये कहानियाँ इस सबके दर्शन व समझ को ज़्यादा लोगों तक पहुँचा पायेंगी और उन्हें इसके जैसे कुछ प्रयास करने के लिए प्रेरित कर पायेंगी।

अन्त में एक सावधानी, इस कार्यक्रम के प्रयास में अधिकांश महत्त्वपूर्ण बातें ऐसी थीं जिन्हें समझने व महसूस करने में समय लगता है। यह उस तरह से नहीं हैं, जैसी इससे उभरे कुछ सरलीकृत कथनों में व्यक्त की जाती हैं। जैसे मैंने करके देखा समझ गया, इसका निष्कर्ष यह समझा जाता है कि बस प्रयोग कर लिया और समझना तय है परन्तु जैसा कि ये कहानियाँ भी दिखाती हैं, प्रयोग करना तो पहला क़दम है। इसके बाद उसके अवलोकनों को व्यवस्थित करना, उन पर विचार करना और उस पर विमर्श करने से ही सीखने की प्रक्रिया होती है। इसी तरह से एक और कथन है मजे से सीखना। इसमें छिपी मंशा यह है कि सीखने वाले को आतंकित नहीं होना चाहिए और प्रक्रिया में भाग लेना चाहिए किन्तु इसका अर्थ यह नहीं कि

इनमें मेहनत व दिमागी कसरत नहीं होगी और पूरी प्रक्रिया बिना चेष्टा और बिना मानसिक कसरत व संघर्ष किये होगी। ऐसा होना ही मज़े का व सीखने का स्रोत है। मज़ेदार का अर्थ यह नहीं कि बगैर मेहनत के मीठी लगने वाली घुट्टी पिला दी जाये। आनन्द, सीखने में और आत्मविश्वास हासिल करने में है। मैं यहाँ उन सभी बातों का वर्णन नहीं कर सकता जो इस कार्यक्रम में शामिल थीं और जिनकी झलक इस किताब में है। मेरा प्रयास महज़ इतना भर है कि इन कहानियों में ज़िन्दगी के छिपे पहलुओं को आपके सामने रख पाऊँ और वह चश्मा दिखा पाऊँ जिनसे मैं इन्हें देखता हूँ। आज जिस ओर शिक्षा का विमर्श जा रहा है और संविधान की प्रस्तावना के साफ़गोह से किये अध्ययन में दिख रहे लक्ष्यों की ओर जाने की हमारी हिम्मत जैसे टूट रही है, उसमें इन कहानियों में छिपी सम्भावनाएँ यह दिखाती हैं कि उन लक्ष्यों की ओर बढ़ना सम्भव है। सिर्फ़ स्पष्टता व इच्छाशक्ति चाहिए। होशंगाबाद विज्ञान शिक्षण कार्यक्रम चाहे बन्द कर दिया गया हो, इससे उपजी वे तमाम सम्भावनाएँ व समझ ज़िन्दा हैं। इन कहानियों में इसी तरह के कई और पहलू हैं जिसके लिए पाठक को इन कहानियों की गहराई को टटोलना होगा।

हृदयकांत दीवान (हार्डी)
अज़ीम प्रेमजी विश्वविद्यालय बेंगलुरु

स्कूल का पहला दिन

घर की ढलानदार छत पर नालीदार खपरैलों को जमाने के काम में नारंगी और उसकी माँ सुबह से ही लगी हुई थीं। छत पर अपना सन्तुलन बनाकर खड़ी हो नारंगी की माँ ने अपने पल्ले से माथे का पसीना पोंछा और बोली–"पाँचवीं पास तो हो गयी। मेरा मन तो करता है कि तू आगे भी स्कूल ज़रूर जाये। घर–बार का काम तो होता रहेगा।" नारंगी की माँ छत के खपरैलों को जमाने में जुट गयी।

रोहिणी की तपन के चलते नारंगी और उसकी माँ पसीने में लथपथ हुए जा रही थीं। नारंगी की नज़रें सीमेण्ट–कांक्रीट की छत पर से होती हुई बादलों पर जाकर टिक गयीं। आसमान में सफ़ेद बादलों के पीछे काले–काले बादल बनने लगे थे। झक सफ़ेद बादल ऐसे लग रहे थे मानो नीले आसमान के केनवास पर कपास के ढेर हों। मानो आसमान पर गलीचे बिछा दिये हों। धूप और छाया लुकाछिपी का खेल खेल रहे थे। एक पल में छाया, एक पल में धूप! ठण्डी हवा का झोंका बदन के पसीने को सुखाता और ठण्डक का एहसास देता। हवा का झोंका नुक्कड़ के विशाल पीपल के पेड़ की शाखाओं, कोंपलों व पत्तियों को हिलाता। पीपल की पत्तियाँ एक–दूसरे से ऐसे टकरातीं मानो तालियाँ बज रही हों। छत पर खड़ी हो नारंगी पत्तियों की हलचल को निहार रही थी। तेज़ झोंके से पुरानी पड़ चुकी पत्तियाँ टूटकर हवा में लहराकर गिरतीं जो नारंगी को अचरज में डाल देतीं।

नारंगी ने पत्तों से ध्यान हटाकर आसमान में छाये घने बादलों पर नज़रों को जमाकर अनुमान लगाया–"आज तो पानी आयेगा।"

माँ ने कन्धे उचकाये। नारंगी, माँ के इशारे को समझने की कोशिश कर रही थी। नारंगी ने माँ के कन्धे उचकाने के ढंग से समझा क्या पता! पानी बरस भी सकता है और नहीं भी।

"तेरे मुताबिक़ अगर बरसने वाला है तो चल, जल्दी से खपरैल फेरकर नीचे उतर जाते हैं।" नारंगी की माँ के हाथ तेज़ी से खपरैलों पर चलने लगे थे।

शाम होते–होते छत तैयार हो चुकी थी। नारंगी की माँ के दिमाग़ में कई द्वन्द्व चल रहे थे। एक नारंगी की पढ़ाई को लेकर चल रहा था जो थमने का नाम नहीं ले रहा था। नारंगी व उसकी माँ छत से उतर चुके थे। नारंगी खेलने चली गयी थी। माँ घर के काम में जुट चुकी थी। काम करते हुए माँ के ज़ेहन में नारंगी की पढ़ाई का विचार चल रहा था। माँ सोचकर सिहरी जा रही थी कि नारंगी के बापू नारंगी को स्कूल में आगे पढ़ने के लिए मना न कर दें। नारंगी के बापू कबके घर आ चुके थे व ख़टिया पर लेटे हुए थे। नारंगी की माँ तो अपने काम में ही जुटी हुई थी। इन्तज़ार के बाद बापू ने नारंगी की माँ को पानी लाने का इशारा किया। माँ ने बापू को पानी का लोटा थमाया और उनके मूड को पढ़ने की कोशिश करने लगी।

नारंगी के बापू चुप थे मगर उनके दिमाग़ में मानसून सी हलचल मची हुई थी। बाहर से वे शान्त दिखाई दे रहे थे।

बापू ने पूछा–"नारंगी नहीं दिख रही। साँझ हो गयी फिर भी घर को नहीं आयी...!"

"यहीं कहीं गयी होगी।" दोनों के बीच फिर से चुप्पी छा गयी।

"बरसात की तैयारी है आज रात को।" बापू मानसून को लेकर आशान्वित थे मगर वे छोटे से खेत में खरीफ़ की उगाई जाने वाली फ़सल के भविष्य को लेकर चिन्तित हो चले थे।

"कल से नारंगी का स्कूल खुल जायेगा।" माँ बोली।

"अरे, मैं बरसात की बात कर रहा हूँ और तू है कि छोरी के स्कूल जाने का रोना रो रही है। नारंगी को स्कूल भेजने का अच्छे से सोच लो। गाँव की कोई भी छोरी आज तक आगे नहीं पढ़ी। अपन भी सोच लें।" नारंगी के बापू खाना खाते हुए नारंगी की माँ से बोले।

"पढ़–लिख ले तो अच्छा होगा।" नारंगी की माँ सहमकर बोली।

"देख ले।" नारंगी के बापू ने हाथ धोते हुए कहा। "हाँ ये तो ठीक ही है। ये सोचना होगा कि अकेली छोरी और बाक़ी सब छोरे! फिर छोरी को पढ़ाने का क्या फ़ायदा...!"

माँ बोली–"नारंगी कह रही थी..."

"क्या?" बापू ने अपने गीले हाथ धोती के पल्लू से पोंछते हुए पूछा।

"नहीं कुछ नहीं...। उसकी मर्ज़ी स्कूल जाने की है...कम से कम आठ क्लास तक पढ़ ले तो अच्छा।" माँ बोली।

"चलो, ये भी सही... तू कहती है तो आठ क्लास तक पढ़ ले। पर पढ़कर क्या कर लेगी? इसका जवाब दे। ये ध्यान रखना कि अपने गाँव के पटेल साब की बच्ची को पाँचवीं के बाद स्कूल छुड़वा दिया।" नारंगी के बापू गाँव के लोगों से तुलना कर रहे थे। "हाँ ये अलग बात है कि ज़रा–सी छोरी का ब्याह करना था पटेल साब को।"

"अब ये तो पता नहीं कि पढ़कर कोई बड़ी नौकरी करेगी। मेरा मन कहता है कि नारंगी को पढ़ा दें तो कम से कम पढ़ना–लिखना तो सीख लेगी। कुछ तो फरक़ पड़ेगा। मेरे जैसी मजूरी तो नहीं करेगी।" माँ बोली।

"ये बात मत कर। तेरे को क्या तकलीफ़ दी है। मजूरी करना कोई बुरी बात तो नहीं। मन तो मेरा भी है कि पढ़े पर स्कूलों में पढ़ाई होती कहाँ है ढंग की। अरे, पढ़ना भी तो नहीं आता। देख ले अपने गाँव के पढ़े–लिखों का हाल। पढ़–लिखकर ऐसे बिगड़ते हैं कि घर–खेत का काम भी नहीं करते।" नारंगी के बापू अब चुप थे। मन ही मन बुदबुदा रहे थे 'भण्या पर गुण्या नी'। "हाँ, एक बात...। उसको घर–बार के काम ज़रूर करवाना।"

दरअसल, नारंगी बाहर खेलने गयी थी। खेल से लौटकर नारंगी ने दरवाज़े की आड़ में खड़ी हो माँ और बापू के वार्तालाप को सुन लिया था।

सुबह माँ ने नारंगी से कहा–"ये कुर्ता धो ले। स्कूल जाना है।"

माँ ने मुड़कर देखा कि नारंगी अपने बालों की लट को उँगलियों में लपेटे हुए है। माँ समझ चुकी थी कि जब नारंगी सोच रही होती है तो बालों की लट अपनी बीच की दो उँगलियों में लपेट लेती है।

आख़िर माँ ने टोंक ही दिया–"चल अब लग जा काम में।" नारंगी उस सोच से बाहर निकली और वह लग गयी काम में।

सुबह–सुबह नारंगी अपना कुर्ता धोकर आँगन में सुखा रही थी। तभी उधर से इसरार बिना स्टैण्ड की सायकिल चलाते हुए आ रहा था।

नारंगी ने कुर्ता दीवार के सहारे खड़ी रखी खटिया पर सूखने को लटकाया और सायकिल चलाने लगी। सायकिल इतनी ऊँची और भारी थी कि उसके लिए चला पाना मुश्किल हो रहा था। उसने इसरार से कहा–"ले ज़रा पकड़।" इसरार ने सायकिल को पीछे से पकड़ा और

धक्का लगा दिया। नारंगी की सायकिल चल पड़ी। पलटाकर लायी और इसरार को थमाते हुए बोली–"स्कूल में मिलते हैं।"

"अच्छा...।" इसरार के चेहरे पर आश्चर्य के भाव थे। इसरार ने सायकिल पलटाई। नारंगी ने इसरार की वैसे ही मदद की जैसे इसरार ने सायकिल चलाने में उसकी की थी। इसरार जाते हुए बोला–"अच्छी बात है। मुझे भी इज़ाजत मिल गयी है स्कूल जाने की। अब्बा ने कहा स्कूल जाओ। अगर फेल हो गये तो ख़ैर नहीं।"

नारंगी कुछ कहना चाह रही थी मगर इसरार तो जा चुका था। जल्दी से तैयार होकर नारंगी स्कूल चल दी।

× × ×

भारी तपन के बाद अच्छी बरसात होने से किसान खेतों में खरीफ़ फ़सल की बौनी प्रारम्भ कर चुके हैं। इस वजह से गाँव के किसान अलसुबह खेतों में चले गये हैं। गाँव में बचे थे तो वृद्ध, दूध पीते बच्चों की माँएँ और बच्चे। गलियों में बच्चे दिखाई दे रहे हैं। छोटे बच्चे घरों के बरामदे में अपने–अपने खेलों में व्यस्त हैं। दूध पीते छोटे बच्चे पालनों में सोये हुए हैं। कहीं–कहीं से छोटे बच्चों की रोने की आवाज़ आ रही है। उन छोटे बच्चों की माँएँ पशुओं के बाँधने की जगह को साफ़ करने में लगी हुई हैं। महिलाएँ कुओं–बावड़ियों से पानी भरकर ला रही हैं और कुछ वृद्ध महिलाएँ घूरे पर कचरा डालने आती–जाती दिखाई दे रही हैं।

दिलचस्प यह कि स्कूलों के खुलने और बरसात के आने का वक़्त लगभग साथ–साथ ही होता है। बीती रात आँधी–तूफ़ान के साथ जमकर बरसात हुई थी। अन्धड़ इतनी तेज़ थी कि कई पेड़ उखड़ गये। गाँव की कच्चे घरों के टीन के चद्दर उड़ गये। गली के नुक्कड़ पर स्थित नीम के पेड़ की मोटी–मोटी डालियाँ टूटकर गिर चुकी थीं। गाँव के किनारे गुलमोहर का पेड़ जड़ समेत ही धराशायी हो चुका था। बरसात की वजह से गलियों में कीचड़ हो चुका था। बरसात इतनी भी नहीं हुई कि नालों में बाढ़ आ जाये। बरसात की वजह से मौसम में ठण्डक घुल चुकी थी। सुबह–सुबह बच्चे गली में गीली मिट्टी के खिलौने बनाने में जुटे हुए दिखाई दे रहे थे।

स्कूल जाने वाले बच्चे सुबह से ही अपने–अपने घरों के काम में जुटे हुए थे। स्कूल का वक़्त हुआ तो वे स्कूल को चल दिये। वैसे स्कूल की

तैयारी के नाम पर कुछ ख़ास तैयारी तो करनी नहीं होती है। बस, एक थैलीनुमा बस्ता, पुरानी कॉपी और पैन वगैरह।

बच्चों को भी यह पता था कि स्कूल भले ही खुल जाये मगर अभी पढ़ाई होने वाली नहीं। सरकारी काग़ज़ों में कहने को तो स्कूल खुल जाते हैं मगर स्कूल में पढ़ाई प्रारम्भ नहीं हो पाती। पढ़ाई प्रारम्भ न होने की वजहें कुछ गिनी–चुनी ही हैं मगर ये गिनी–चुनी वजहें हैं काफ़ी अहम। कुछ ऐसे स्कूल हैं जहाँ शिक्षकों की कमी एक प्रमुख वजह है। आमतौर पर शिक्षा विभाग शिक्षकों के स्थानांतरण का मामला स्कूल खुलने के साथ खोलता है। इस वजह से शिक्षक समुदाय शिक्षा विभाग के चक्कर लगाते रहते हैं। यह वक़्त शिक्षकों के लिए तनाव भरा होता है।

दूसरी वजह है वक़्त पर पाठ्यपुस्तकों की उपलब्धता। पाठ्यपुस्तकों के बिना हमारे यहाँ पढ़ाई प्रारम्भ नहीं हो पाती। ग्रामीण इलाकों में किताबें समय पर नहीं पहुँच पातीं। हालाँकि कई बार तो समय पर पर्याप्त रूप से किताबें छप ही नहीं पातीं कि स्कूलों में स्कूल खुलने के दौरान पहुँच सकें। इस वजह से कई बार तो आधा शिक्षा सत्र निकल जाने तक भी पाठ्यपुस्तकें उपलब्ध नहीं हो पातीं।

तीसरी वजह पारम्परिक कही जा सकती है। परम्परा यह बन चुकी है कि स्कूल खुलने के तुरन्त बाद पढ़ाई का प्रारम्भ न होना। शिक्षकों से लगाकर शिक्षा विभाग तक हर कोई के दिमाग़ में यह बात पैठ चुकी है कि असल पढ़ाई तो झण्डे से झण्डे (15 अगस्त से 26 जनवरी) तक होती है।

स्कूल की घण्टी बज चुकी थी मगर अब तक कुल जमा 15–17 बच्चे ही पहुँचे थे। पहला जो दिन था। छठी में नारंगी अकेली ही लड़की दिख रही थी। उधर मास्साब, प्रधानाध्यापक के कमरे में बैठे काग़ज़ों में खोए हुए थे।

बच्चे स्कूल कैम्पस में चहलक़दमी कर रहे थे। कैम्पस के हैण्डपम्प पर कुछ महिलाएँ कपड़े धो रही थीं। कैम्पस की टूटी–फूटी मुँडेर पर बकरियाँ टहल रही थीं। मुँडेर पर फूट आयी हरी–हरी घास पर मुँह मार रही थीं बकरियाँ।

मास्साब बाहर आये और बच्चों को इशारे से अपनी ओर बुलाया– "चलो, ज़रा इस कैम्पस की सफ़ाई कर डालो।" बच्चों ने मास्साब के कहे अनुसार झाड़ू उठाई और सफ़ाई कर कचरा समेटने लगे। मास्साब भी बच्चों के बीच आ चुके थे। वे भी अब बच्चों के साथ सफ़ाई में लग गये।

तकरीबन दो महीनों से बन्द स्कूल की दशा ख़राब हो चुकी थी। स्कूल कैम्पस में पशुओं के घुसने से जहाँ–तहाँ गोबर बिखरा पड़ा हुआ था। क़रीब दो–ढाई घण्टे की मेहनत रंग लाई व स्कूल का अगवाड़ा–पिछवाड़ा साफ़ हो चुका था।

अभी स्कूल की घण्टी भी अपनी जगह पर नहीं टँगी थी। बच्चों ने कमरों में झाँककर देखा तो पाया कि अभी बैठने लायक नहीं है।

भागचन्द्र छठी कक्षा का सबसे ऊँचा और बलवान बच्चा था। वह मास्साब के कमरे की ओर हिम्मत करके गया और पूछने लगा–"मास्साब कमरे साफ़ कर दें?"

मास्साब ने भागचन्द्र को देखा तो नहीं मगर सिर हिलाकर स्वीकृति दे दी।

भागचन्द्र ने सभी बच्चों को आवाज़ लगायी और कमरों की सफ़ाई की योजना बना डाली। भागचन्द्र ने ताक़त लगाकर दरवाज़े की घुंडी खोली। "बाप रे। भीतर तो बुरा हाल है।"

सभी ने मिलकर कमरों की सफ़ाई कर डाली। अब तक दोपहर हो चुकी थी। बच्चे समझ चुके थे कि मास्साब कक्षा में आने वाले नहीं है। इसलिए वे खेल में मशगूल हो गये।

पिछले कई दिनों से बच्चे स्कूल तो आ रहे थे मगर वे शिक्षकविहीन कक्षा में कुछ देर रुकते और घर को लौट जाते।

आख़िर एक दिन आ ही गया जब मास्साब कक्षा में आये।

"ऐ...मास्साब आ रहे हैं।" डमरू बोला। "चलो रे, मास्साब आ रहे हैं।" शिक्षक को आते देख बच्चे कक्षा में घुस चुके थे। मास्साब ने कक्षा के कमरे पर नज़र घुमाई–"वाह, कमरे की सफ़ाई तो बढ़िया हो गयी।...तो तुम छठी में आ गये हो?" सभी बच्चों ने एक साथ 'हाँ' में जवाब दिया। मास्साब के लिए कक्षा छठी के बच्चे नये थे। अच्छा तो छठी में एक ही लड़की है!

इस बार नारंगी ने सिर हिलाकर जवाब दिया।

"अच्छा तो कल से हमारी पढ़ाई शुरू होगी, मगर एक काम करना होगा... ।" मास्साब कहते–कहते रुक गये। बच्चे मास्साब की ओर टकटकी लगाये हुए थे।

"अच्छा सबसे पहले हम सब एक–दूसरे को जान तो लें।" मास्साब ने कुर्सी पर बैठते हुए कहा। अब तक सभी बच्चे कक्षा के फर्श पर बैठ

चुके थे। "मेरा नाम तुम जानते हो?'' कक्षा में 'हाँ' 'नहीं' की आवाज़ गूँज रही थी।

मास्साब ने अपना परिचय दिया और फिर सबसे कहा कि बारी–बारी से अपना नाम और उन्हें क्या अच्छा लगता है या और कोई चीज़, अपने बारे में बताएँ।

"डमरू मास्साब!"

मास्साब ने हँसते हुए बोला–आपका नाम 'डमरू मास्साब' है? पूरी कक्षा में हँसी का वातावरण था। "नहीं... डमरू!"

"अरे, ये तो बड़ा मज़ेदार नाम है।" मास्साब अपनी कुर्सी खिसकाते हुए बोले।

"मास्साब मुझे खेलना बहुत अच्छा लगता है।" डमरू ने बताया।

"भागचन्द्र मास्साब।" भागचन्द्र को समझ में आ गया और उसने फिर से अपना नाम दोहराया–"भागचन्द्र। मुझे भी खेलना पसन्द है।"

"चन्दर। मुझे क्रिकेट खेलना अच्छा लगता है।"

"केशव। मुझे दोस्तों से बात करना अच्छा लगता है।"

"विष्णु। मुझे भी..."

"क्या मुझे भी? क्या अच्छा लगता है। क्या तुम यह कह रहे हो कि केशव की तरह दोस्तों से बात करना अच्छा लगता है?" मास्साब ने सवाल किया।

विष्णु शरमाकर बोला–"हाँ मास्साब।"

चलिए आगे बढ़ते हैं। मास्साब ने अगले बच्चे की ओर इशारा कर उसे अपना परिचय देने को कहा।

"शाकिर। खेलना, दोस्तों से बात करना और भिंडी की सब्ज़ी पसन्द है।"

बस फिर क्या था। कक्षा में ज़ोर का ठहाका लगा। मास्साब भी खिलखिला रहे थे।

"रघु मास्साब।" मुझे खेत में जाना पसन्द है।"

"नारंगी। मुझको दोस्त बनाना अच्छा लगता है।"

"अच्छा ठीक है। आगे बताओ नाम।" मास्साब ने इशारा किया।

"मास्साब इसरार... खेलना, सायकिल चलाना पसन्द है।"

"वेरी गुड। तो चलो, अब कल से पढ़ाई शुरू कर देंगे।"

मास्साब ने कहा, आज हम एक काम करते हैं। यह सुन बच्चे कक्षा

से बाहर जाने लगे। मास्साब ने रोका मगर बच्चे रुकने का नाम ही नहीं ले रहे थे। अबकी बार मास्साब ताक़त से बोले–"अरे, कहाँ जा रहे हो?"

बच्चों को एहसास हुआ कि मास्साब ने 'काम' का कहा है इसीलिए वे कक्षा के बाहर जा रहे हैं। इसलिए उन्होंने रोका और बोले–"जो काम करना है उसके बारे में सुन लो। जो काम करना है उसकी पहले बात करेंगे। काम करने के पहले योजना तो बनानी पड़ेगी ना! ...तो मैं ये कह रहा था कि तुमको एक काम करना है। कल अपने–अपने घर से फ्यूज़ बल्ब लेकर स्कूल आना है।"

बच्चों में खुसुर–फुसुर शुरू हो चुकी थी। समझ में नहीं आ रही थी बच्चों को मास्साब की बात। इसलिए बच्चे कभी एक–दूसरे को ताक़ते तो कभी शिक्षक को।

नारंगी से रहा नहीं गया। उसने हिम्मत कर धीरे–से पूछना उचित समझा। दरअसल वह कुछ और ही पूछ बैठी–"सर फ़्यूज़ बल्ब से क्या करेंगे?" दरअसल, वह पूछना चाह रही थी कि फ्यूज़ बल्ब होता क्या है।

मास्साब ने नारंगी की ओर देखा। "अच्छा ऐसा करते हैं कि क्या करेंगे ये तुमको आज नहीं बताते। तुम सबको कल पता चल जायेगा जब तुम ख़ुद करोगे। हाँ, बल्ब ज़रूर लेकर आना।"

कई बच्चों को समझ में नहीं आया था कि आख़िर फ्यूज़ बल्ब होता क्या है। दरअसल, नारंगी ने पूछने का साहस तो किया मगर वह कुछ और ही पूछ बैठी।

थोड़ा रुककर मास्साब ने पूछा–अच्छा पहले ये बताओ कि फ्यूज़ बल्ब समझ गये ना!

मास्साब को सभी के चेहरे प्रश्नमय दिख रहे थे। बच्चे 'ना' कहने का साहस नहीं जुटा पा रहे थे। नारंगी ने एक बार फिर कोशिश की। वह कक्षा में खड़ी हो गयी। मास्साब ने नारंगी को खड़ी देख बैठने का इशारा किया। नारंगी फिर भी खड़ी थी।

मास्साब अनुमान लगा रहे थे कि नारंगी कुछ पूछना चाह रही है। "क्या पूछना चाहती हो?"

"मास्साब ये फूज बल्ब कहाँ मिलेगा।" नारंगी धीरे–से बोली।

मास्साब को समझ में आया कि बच्चे शायद फ्यूज़ बल्ब का मतलब ही नहीं समझ पा रहे हैं। "...अच्छा तो समझ लो पहले। देखो, फ्यूज़ बल्ब मतलब ख़राब हो चुका बल्ब...! जो बल्ब जल नहीं रहा हो।"

"अच्छा"–इतना जान नारंगी बोली–"अरे, वो! देखो, बोलने में नहीं आ रहा। ...समझ गयी। जिस बल्ब के भीतर का पतला–सा तार झड़ जाता है वो फ़्यूज़ बल्ब होता है।"

"हाँ बिलकुल ठीक कहा नारंगी ने।" मास्साब हँस दिये–"ऐसा बल्ब जो ख़राब हो गया हो, वही फ्यूज़ बल्ब होता है। आज एक काम करते हैं। हम टोलियाँ बना लेते हैं। टोली तो समझते हो ना? एक टोली में चार बच्चे होंगे।"

टोली बनाने का काम शुरु हो चुका था। बच्चों को यह पता नहीं था कि आख़िर टोलियाँ क्यों बनाई जा रही हैं। वे मास्साब के निर्देशों का पालन कर रहे थे फिर भी कक्षा में अफरा–तफरी मच गयी थी। इस अफरा–तफरी से मास्साब किंचितमात्र भी परेशान नहीं थे। टोलियाँ बनाने के दौरान बच्चे भ्रमित हो रहे थे। कभी वे एक टोली में होते तो कभी कोई दूसरी टोली में। किसी टोली में दो बच्चे होते तो किसी में छह–सात बच्चे। काफ़ी देर तक बच्चों में कशमकश चलती रही। आख़िर मास्साब को हस्तक्षेप करना पड़ा।

टोलियाँ बन चुकी थीं। मास्साब ने निर्देश दिया कि अब ये टोलियाँ पक्की बनाई जा चुकी हैं। इन टोलियों में बदलाव नहीं होना चाहिए। "तो चलो, कल मिलते हैं।" मास्साब ने बच्चों को जाने की इज़ाजत दे दी थी। स्कूल से घर जाते हुए बच्चों के बीच फ्यूज़ बल्ब की चर्चाएँ ज़ोरों पर थीं। वे फ्यूज़ बल्ब को पाने की योजना बना रहे थे।

बच्चों की मास्साब से हुई इस मुलाक़ात ने उन्हें 'कुछ करने' का न्यौता जो दे दिया था।

फ्यूज़ बल्ब का कमाल

"फूज़ बलब!" नारंगी की माँ कुछ समझ नहीं पायी। "ख़राब बल्ब का स्कूल में क्या काम रे नारंगी!"

माँ को बिना कोई जवाब दिये नारंगी फ्यूज़ बल्ब ढूँढ़ने में लगी रही। माँ यह जाने बिना कि बल्ब और वह भी फ्यूज़ बल्ब का क्या काम हो सकता है, कैसे उसकी मदद कर सकती है। इस बार नारंगी बुदबुदायी–"नारंगी को ख़बर हो, तभी तो बताये...!" उसने अपने घर में हर कहीं खोजा मगर फ्यूज़ बल्ब नहीं मिला।

नारंगी की छोटी बहन हिना और रघु का छोटा भाई चन्दर गली में माचिस के खाली खोखों की रेल बनाकर खेल रहे थे। नारंगी को अपनी ओर आता देख हिना और चन्दर को शक हुआ कि कहीं नारंगी माचिस के खोखे छीन न ले। वे दोनों माचिस के खोखों को छुपाने की कोशिश कर रहे थे।

"नहीं देंगे।'' हिना बोली। "नहीं...।" चन्दर ने खाली खोखों को जैसे–तैसे अपनी निक्कर की जेब में भर लिया।

"ऐ चन्दर, फूज़ बल्ब देखा रे...?" दोनों ने कोई जवाब नहीं दिया। नारंगी महसूस रही थी कि मैं भी... इनके पास क्यों गयी...। इनको तो अभी ख़बर ही नहीं होगी कि फूज़ बल्ब होता क्या है। नारंगी वहाँ से पैर पटकते हुए, निराश हो चल दी।

"आख़िर बिजली के गोले का स्कूल में क्या काम! स्कूल में तो किताब से पढ़ते हैं। ये क्या लगा रखा है स्कूल वालों ने...?" रघु के पिताजी खटिया पर बैठे पुराना अख़बार पढ़ते हुए नाराज़गी व्यक्त करने का स्वाँग रच रहे थे। दरअसल, वे यह दर्शा रहे थे कि अख़बार पढ़ने के

साथ–साथ उनका ध्यान रघु पर भी है। रघु ने सोचा पिताजी अख़बार में घुसे हुए हैं तब तक वह फ्यूज़ बल्ब ढूँढ़ ले तो ही ठीक होगा।

सुबह–सुबह रघु की माँ बकरियों के बाड़े में सफ़ाई करते हुए ढूँढ़ रही थी कि गये साल बल्ब रखे तो थे। रघु की माँ की कोशिश भी नाकामयाब रही।

बकरियों को चरने के लिए बाग़ में छोड़ने जाते वक़्त रघु की नज़रें दूसरों के घरों के आँगन की ताकों पर और छप्परों पर जमी हुई थी। रघु सोचता जा रहा था कि कहीं किसी के दरवाज़े पर तोरण के रूप में अगर बिजली के ख़राब बल्ब लटके मिल जाये तो फिर तो बात ही बन जाये। दरअसल बिजली के ख़राब हो चुके गोलों में से चपड़ी वगैरह निकालकर मोटे धागे में पिरोकर लड़ बना ली जाती है। बल्बों में रंगीन पानी भरकर दरवाज़ों पर तोरण के रूप में सजाया जाता है। रघु सोच रहा था कि बल्ब की लड़ की लड़ मिल जाये तो वह मास्साब की नज़रों में सबसे लाड़ला बन जायेगा। यह सोचते हुए वह हर घर पर नज़रें जमाते हुए बकरियों को घेर रहा था।

रघु की माँ कोठे में से बकरियों की लेंडियों और बची हुई टहनियों को इकट्ठा कर टोकनी में भर चुकी थी। जब कचरे की टोकनी माथे पर ले जाते हुए घूरे की ओर जा रही थी तो उसे अचानक याद आया कि ख़राब बल्ब एक बार घूरे में पटक आयी थी।

घूरे पर पहुँचकर टोकनी को अपने सिर पर से उतारकर एक तरफ़ रखा और घूरे में टटोलने लगी कि कहीं बल्ब मिल जाये। और सचमुच बल्ब रघु की माँ को मिल गया। रघु की माँ की ख़ुशी अपने बेटे को मिलने वाली ख़ुशी से दुगुनी थी और यह ख़ुशी रघु को मिलने वाली ख़ुशी की वजह से ही थी।

× × ×

डमरू अपने आप से ही बात कर रहा था–"...क्या करूँ...? क्या अपने घर में होल्डर में लगे चालू बल्ब को चुपचाप निकालकर ले जाऊं?" उसके मन ने कहा–"ऐसा करना तो ठीक नहीं।" फिर उसने सोचा, आख़िर बिजली आती ही कितनी है। बिजली रहती ही नहीं तो होल्डर में बलब रहे या न रहे कोई फ़र्क़ नहीं पड़ता। रात में तो बिजली आती नहीं। तो फिर

बल्ब को निकाल भी ले तो फ़र्क़ नहीं पड़ने वाला। उसको ख़याल पर ख़याल आते जा रहे थे। उसको फिर एक ख़याल आया कि मास्साब ने तो ख़राब हो चुके बल्ब को स्कूल में लाने का कहा है। आख़री ख़याल उसे आया कि दुकान से तो वही बल्ब लाया था जिसकी उधारी अभी तक नहीं चुकाई गयी है। उसने होल्डर के चालू बल्ब को निकालने का विचार त्याग दिया।

डमरू के पिताजी गरजे–"क्या लगा रखा है ये सब? अभी तो तुझे स्कूल में होना था।"

"बल्ब ...स्कूल ले जाना है।" डमरू बोला।

"ये बल्ब–बल्ब क्या लगा रखा है? क्यों चाहिए? स्कूल में बल्ब का क्या काम? स्कूल तक तो बिजली के खम्भे भी नहीं पहुँचे।"

"नहीं, चालू वाले बल्ब नहीं। ख़राब वाले चाहिए।" डमरू बोला।

डमरू के पिताजी पुरानी खटिया पर से उठकर बैठे तो उनके कन्धों और पीठ की चमड़ी पर खटिया में गुँथी हुई रस्सियों के निशान उभर आये थे। खटिया पर बैठते हुए बोले–"स्कूल में पढ़ने–लिखने का काम बन्द कर दिया मास्साब ने?"

"नहीं, बल्ब से पढ़ाएँगे?" डमरू बोला।

"चल जा, उधर पीछे बाड़े में रखे हैं। ध्यान से जाना... सँभलकर जाना, ताक में रखे हैं। फूट जायेंगे तो पता नहीं कितनों के हाथ–पैर लहूलुहान होंगे।"

डमरू बाड़े में गया। बाड़े की दीवार से सटाकर जलाऊ लकड़ी जमाकर रखी थी वहीं ताक में दो बल्ब उसे दिख रहे थे। उनमें से एक पर गहरी धूल जमा हो चुकी थी। एक बल्ब अभी भी साफ़ ही था। डमरू ने अनुमान लगाया कि ये साफ़ वाला अभी–अभी फ्यूज़ हुआ होगा। डमरू ने दोनों बल्ब लिए और मन ही मन बुदबुदाया–"काम बन गया।"

डमरू को बल्ब क्या मिल गये मानो कोई कीमती चीज़ मिल गयी थी। नारंगी फ्यूज़ बल्ब को अपने दुपट्टे में बाँधकर स्कूल ले आयी थी। उधर इसरार को बड़े बल्ब नहीं मिले तो वह बैटरी के छोटे बल्ब लेकर आया था। डमरू बल्बों को अपनी पायजामे की दोनों जेबों में भरकर लाया था। भागचन्द्र दुकान से ख़रीदकर नया बल्ब लेकर आया था। भागचन्द्र फ़िल्मी स्टाइल में सोच रहा था कि मास्साब नया बल्ब देखकर खुश होंगे। कुछ

और बच्चे तिकोने और रंग–बिरंगे बल्ब लेकर आए थे। हर बच्चा बल्ब लेकर आया ज़रूर था।

पूरी कक्षा के बच्चों ने अलग–अलग तरह के बल्ब मास्साब की टेबल पर लाकर रख दिये। कुछ फ़्यूज़ बल्ब मास्साब भी अपने साथ लेकर आये थे।

टेबल पर रखे बल्बों पर नज़र घुमाकर मास्साब बोले–"गुड।" बच्चे मास्साब की ओर टकटकी लगाये हुए थे। बच्चे देख रहे थे मास्साब एक–एक बल्ब को उलट–पलटकर ध्यान से देख रहे हैं। जिस भी बच्चे के द्वारा लाया गया बल्ब मास्साब के हाथ में आता वह बच्चा सजग हो जाता।

फ्यूज़ बल्ब के बहाने मास्साब कोई बड़ी भारी योजना बना रहे लग रहे थे। आख़िर इन बल्बों से क्या अनोखा करने वाले हैं इस पहेली को बच्चे हल नहीं कर पा रहे थे। अचानक मास्साब बोले– "ये क्या? किसने कहा था कि चालू बल्ब लेकर आना? भई, ऐसा तो मत करो। जब फालतू चीज़ से बढ़िया काम हो जाये तो फिर बढ़िया चीज़ को फालतू बनाकर उसका इस्तेमाल क्यों करें? इसको जो भी लाया है वह अपने घर वापस ले जाये। और ये रंग–बिरंगे और नुकीले बल्बों की ज़रूरत नहीं।"

भागचन्द्र को एहसास हो गया था कि आख़िर नया बल्ब लाने के बावजूद भी मास्साब क्यों ख़ुश नहीं हुए।

मास्साब ने निर्देश दिया कि सभी बच्चे टोलियों में बैठ जायें। वैसी ही टोली बनानी है जैसे कल बनवाई थी। कक्षा में चहल–पहल दिखाई दे रही थी। कक्षा में कलरव हुए जा रहा था। मास्साब शान्त भाव से यह सब कुछ देख रहे थे।

"अरे, भई अब दम भी ले लो। अगर टोलियाँ बनाने में ही पीरियड ख़त्म हो जायेगा तो पढ़ाई कब करेंगे। देखो, जल्दी से बैठ जाओ अपनी–अपनी टोली में।" टोलियों में बैठे बच्चे मास्साब के निर्देशों को सुनने को बेताब थे। सबसे पहले हम इन फ्यूज़ बल्बों से एक 'मज़ेदार खेल' करेंगे। टोलियों में सभी के पास एक–एक बल्ब होगा।

मास्साब हाथों को सीने से बाँधकर कक्षा में घूमते हुए कह रहे थे– "हाँ, हमें कुछ छोटे पत्थरों और बड़ी कील की ज़रूरत होगी। बड़ी वाली

कीलें किट की अलमारी में रखी हुई हैं। तो ऐसा करते हैं कि पहले बाहर से हरेक टोली एक–एक पत्थर ले आये।"

हालाँकि बच्चों को मास्साब की किट वाली बात समझ में नहीं आयी थी। ख़ास बात यह थी कि बच्चे मास्साब से पूछने में संकोच महसूस कर रहे थे। वैसे सच कहा जाये तो बच्चों में पूछने की आदत नहीं बनी थी। इसलिए 'किट' को लेकर उन्होंने न तो कुछ सोचा और न ही पूछा।

मास्साब ने बाहर से पत्थर लाने को जब कहा तो कक्षा के दरवाज़े में ठस्सम–ठस मच गयी। मास्साब को कहना पड़ा–"धीरे, भाई लोगो। कोई जल्दी नहीं है। आराम से काम करो।"

शिक्षक सोच रहे थे कि बच्चों में यह गुण विकसित करना होगा कि टोली का मतलब यह है कि टोली के सदस्य एक वक़्त में अलग–अलग काम करें। मसलन, बाहर से पत्थर लेने के लिए पूरी टोली को जाने की ज़रूरत नहीं। एक सदस्य यह काम कर सकता है। यह बात उनके मन में थी जो वे आने वाले वक़्त में बच्चों को बताकर उस पर अमल करेंगे।

सभी टोली वाले बाहर गये और एक–एक पत्थर लेकर आ गये। मास्साब ने टोलियों को एक–एक बड़ी कील दे दी। एक टोली को स्क्रू ड्राइवर देते हुए बोले–"इससे काम चलाओ।"

मास्साब ब्लैकबोर्ड के बगल में एक फ्यूज़ बल्ब लेकर खड़े हो बोले–"हाँ तो मैं कह रहा था कि बल्ब से हमको रोशनी मिलती है। जब ख़राब हो जाये तो फेंकने का नहीं। इससे एक मज़ेदार काम किया जा सकता है। हम फ्यूज़ बल्ब की मदद से छोटी चीज़ों को बड़ा करके देखेंगे। तो चलो, एक मज़ेदार खिलौना बनाते हैं इससे।"

मास्साब अब टोलियों के बीच आकर ज़मीन पर बैठ गये। जब मास्साब ज़मीन पर बैठे तो बच्चों को इस बात का भारी अचरज हुआ कि मास्साब भी हमारे बीच बैठ सकते हैं। दरअसल ये बच्चे पाँचवीं पास कर चुके थे मगर उन्होंने कभी भी मास्साब और बहनजी को कक्षा में उनके साथ नीचे बैठे नहीं देखा था। उनके दिमाग़ में मास्साब की छबि थी कुर्सी पर बैठे हुए की।

फ़र्श पर शिक्षक के साथ बैठे बच्चे असमंजस में थे कि अब कक्षा में क्या होने वाला है। मास्साब बता रहे थे कि बल्ब के साथ अब क्या करना

है। मास्साब ने बल्ब को ज़मीन पर रखा और उसकी काली चपड़ी को एक पत्थर से धीरे–धीरे ठोककर निकालने लगे। बल्ब के नीचे मास्साब ने कॉपी रख ली थी जिससे कि बल्ब फूटे नहीं। जब काली चपड़ी की पकड़ ढीली पड़ गयी तो उसमें बड़ी–सी कील धीरे–से घुमाकर फँसाते हुए अन्दर की काँच की नली को तोड़ दिया। बल्ब के अन्दर की काँच की नली फूटी तो 'खचाक' की आवाज़ आयी। काँच की नली के टुकड़े–टुकड़े होकर बल्ब के अन्दर बिखर गये थे। बल्ब को धीरे–से हिलाकर टूटी नली के काँच के टुकड़े और तार के टुकड़ों को धीरे–धीरे एक कागज़ पर झाड़ लिया गया। काँच के टुकड़े, चपड़ी और तार के टुकड़े जो बल्ब में से निकले उनको कचरे के डिब्बे में डाल दिया।

अब मास्साब के हाथ में बल्ब का खोखला गोला था और उससे चिपकी हुई एल्यूमिनियम की टोपी।

मास्साब के चेहरे पर खुशी छा गयी थी। मास्साब के चेहरे पर यह खुशी बल्ब की चपड़ी और काँच की नली को सफलतापूर्वक निकालने की थी। मास्साब आगे कुछ कहें इसके पहले ही सभी बच्चे अपनी–अपनी टोलियों में बल्ब को ज़मीन पर टिकाकर चपड़ी को ढीली करने में जुट गये।

मास्साब कक्षा में बहुत कम बोल रहे थे। सभी बच्चे टोलियों में बल्ब की चपड़ी को निकालने में व्यस्त थे। मास्साब कक्षा में बाल वैज्ञानिकों को देख ख़ुश हो रहे थे। कक्षा में ठक–ठक के बीच बच्चों का सुहाना शोर पूरे स्कूल में गूँज रहा था। स्कूल के प्रधानाध्यापक बार–बार कक्षा की देहलीज़ तक आते व देखकर वापस चले जाते। मास्साब को एहसास हो रहा था कि प्रधानाध्यापक को शोर पसन्द नहीं है। आख़िर प्रधानाध्यापक जब चौथी बार उनकी कक्षा की ओर आये तो मास्साब ने सफ़ाई दी–"असल में क्या है कि कोई सृजनात्मक काम हो तो थोड़ा–बहुत शोर तो होता ही है।"

मास्साब की बात सुनकर प्रधानाध्यापक के चेहरे के भाव बदल चुके थे। मास्साब ने उन्हें इस कार्य के बारे में बताया। अबकी बार वे कक्षा में चल रहे कार्य को ध्यान से देख रहे थे। उधर बच्चे बड़ी तल्लीनता के साथ बल्ब की चपड़ी और काँच की नली को पत्थर और कील जैसे मामूली औज़ारों की मदद से निकालने में लगे हुए थे।

छह में से चार टोलियों ने फ्यूज़ बल्ब के अन्दर की काँच की नली और तार वगैरह को निकाल लिया था। एक टोली का बल्ब फूट चुका था। इसलिए इस टोली के बच्चे घबरा गये थे। उनके चेहरे पर डर था कि मास्साब डाँटेंगे।

मास्साब ने जब देखा कि एक टोली का बल्ब फूट चुका है तो वे ख़यालों ही ख़यालों में गर्मियों की छुट्टियों में शिक्षक प्रशिक्षण में पहुँच गये जहाँ शिक्षकों की टोलियों में भी बल्ब फूट गये थे। तब उनकी कक्षा के विशेषज्ञों की टोली ने उन्हें कोई जली–कटी बात नहीं कही थी। प्रशिक्षण में भी तो उन शिक्षक टोली को फिर से फ्यूज़ बल्ब दिया गया था।

मास्साब ने बच्चों के साथ वैसा ही किया जैसा उनके साथ प्रशिक्षण में हुआ था। उस टोली को फिर से फ्यूज़ बल्ब दिया जिसका फूट चुका था और कहा–"अब ध्यान से...। कहीं हाथ में काँच वगैरह घुस न जाये।"

इतना कहकर फिर से मास्साब बरामदे में प्रधानाध्यापक से बातें करने लग गये। मास्साब प्रधानाध्यापक को बता रहे थे–"इस तरह से बच्चों को पढ़ाने में एक पीरियड कम ही पड़ता है। एक पीरियड में प्रयोग और उन पर चर्चा नहीं हो पाती। इसलिए ज़रूरी है कि जब बच्चों को खुद करके देखना हो तो दो पीरियड एक साथ दे दिये जायें।"

प्रधानाध्यापक सिर तो हिला रहे थे मगर यह समझ नहीं आ रहा था कि वे "हाँ" कर रहे हैं या "ना"। आज के दिन तो मास्साब ने दो पीरियड इस काम में ले लिए थे।

सभी टोलियों के पास एक–एक बल्ब था जिसमें से अन्दर काँच की नली और फिलामेंट वगैरह निकाले जा चुके थे। हर कोई बल्ब को अन्दर और बाहर से देखे जा रहा था।

मास्साब कुछ कहें इसके पहले ही इसरार ने बल्ब में पानी भर लिया। और वह पानी भरे बल्ब में से देखने लगा। इसरार ने देखा कि इसमें से तो चीज़ बड़ी दिखती है। इसरार नज़ारा देख उछल पड़ा। इसरार की देखा–देखी सभी टोलियों ने भी ऐसा ही किया।

कक्षा के दरवाज़े पर खड़े होकर मास्साब मुस्करा रहे थे। उनके बिना कुछ कहे ही वह काम हो रहा था जो वे चाहते थे।

"इसमें से तो चीज़ बड़ी दिखती है?" नारंगी बोली।

"तो समझ में आ गया कि ये फ्यूज़ बल्ब कितने काम की चीज़ है।" मास्साब बोले। "ये तो अभी शुरुआत है। अब देखो कि इससे कोई चीज़ कितनी बड़ी दिखती है?''

"अच्छा ऐसा करते हैं कि हरेक टोली कुछ छोटी–छोटी चीज़ों को सफ़ेद कागज़ पर रखें और बल्ब में पानी भरकर देखें।" मास्साब ने निर्देश दिया। टोलियों को मास्साब ने यह भी बताया कि बल्ब में से कैसे देखें। मास्साब ने बल्ब को तिरछा किया और उसमें से दूसरे हाथ की हथेली की लकीरों को देखा। फिर बच्चों को ख़ुद बल्ब में से देखने को कहा। मास्साब ने यह भी बताया कि बल्ब को पूरा पानी से नहीं भरना है।

"अगर पूरा पानी से भरें तो?" भागचन्द्र ने पूछा।

"तो...।" मास्साब ने सोचकर कहा–"तो ख़ुद करके देख लो।"

यह कहना भर पर्याप्त है कि 'तुम ख़ुद करके देख लो।' यह बच्चों की विवेकशीलता को बढ़ावा देना ही तो है। मास्साब ने यह कहकर आगे का रास्ता 'ख़ुद करके देखने' का खोल दिया था।

कक्षा की दीवारों और फ़र्श पर चींटियाँ ख़ूब दिख रही थीं। बच्चे पानी भरे फ्यूज़ बल्ब में से चींटी को देखना चाह रहे थे मगर हर बार चींटी खिसक जाती। एक टोली को लगा कि वह चींटी को बिना मारे ही देखे। अब वह चींटी की चाल के हिसाब से बल्ब को आगे–पीछे खिसकाते हुए देखने लगी। जब चींटी की टाँगों को देखने की कोशिश की जाती तो चींटी या तो अपनी टाँगों को अन्दर खींच लेती या फिर तेज़ी से चलने लगती। बच्चों ने चींटी की चाल को पहली बार इतना ध्यान से देखा था।

चींटी के अवलोकन के चक्कर में नारंगी अपनी ही जगह पर गोल घूमती जा रही थी। नारंगी के सामने जो कॉपी और बस्ता रखा हुआ था वह उसके पीछे हो गया था। नारंगी ने तय किया कि वह चींटी को बल्ब में से देखकर ही दम लेगी। नारंगी चींटी को बड़े ध्यान से देख रही थी। वह तो उसकी आगे–पीछे सरकने पर ही अटकी हुई थी। कभी चींटी आगे को जाती तो कभी पीछे।

मास्साब ने बच्चों से कहा–"अच्छा मुझे तुम चींटी की टाँगें गिनकर बताओ।"

विष्णु ने मास्साब की बात को सुना और वह इस बार चींटी की टाँगें गिनने की कोशिश करने लगा। दरअसल, चींटियाँ तो बच्चों ने कई बार देखी थीं मगर उन्हें देखने में इतना ध्यान कभी नहीं लगाया। न ही चींटियों की टाँगों की गिनती करने के बारे में सोचा था। चींटियों के अध्ययन का यह पहला मौक़ा था। इस दौरान कक्षा में शोर अचानक थम चुका था।

केशव ने चींटी में बहुत कुछ देखा जो पहले कभी नहीं देखा था। उसे चींटी की मूँछें ग़ज़ब की लगीं। चींटी के सिर को वह आसानी से पहचान पाया। वह पिछले हिस्से में चींटी की पूँछ ढूँढ़ने की कोशिश कर रहा था। पूँछ जैसा तो उसे कुछ दिखा नहीं, हाँ पीछे का हिस्सा कुछ नुकीला ज़रूर दिखा। वह मन ही मन बुदबदाया–"पूँछ तो नहीं होती चींटी की!"

मास्साब बच्चों के बीच में घूम–घूमकर देख रहे थे। "क्या देखा चींटी में? कुछ दिखा?"

"मास्साब ये खिसकती है।" नारंगी ने ज़मीन पर झुककर ऐसे बताया जैसे कि वह ख़ुद एक चींटी हो।

टाँगों की गिनती वाला सवाल मास्साब ने दोबारा नहीं पूछा। वे जानते थे कि चींटी की टाँगों को गिनने के पहले चींटी की चाल और हरकतों को देखना मज़ेदार होगा। हालाँकि मास्साब ने चींटियों की टाँगों की संख्या की जानकारी बच्चों के सामने उगलने के बजाय निगलना ही बेहतर समझा। उन्होंने फिर से सवाल किया–"बताओ चींटी की कितनी टाँगें?"

मास्साब ने इस बीच एक ही बात कही कि चींटी जैसी दिखती है बल्ब में से वैसा का वैसा ही चित्र अपनी कॉपी में बनाना है। बच्चों ने चींटी का चित्र अपनी कॉपी में बनाना प्रारम्भ किया। बच्चों ने जो चित्र बनाये थे वे उतने ही छोटे थे जितनी चींटी होती है। हाँ, मगर हर टोली के बच्चों ने चींटी का चित्र बनाया ज़रूर था। मास्साब ने बच्चों के चित्रों को देखा और बस इतना ही कहा–"बढ़िया चित्र बनाये हैं।" बच्चे सोच

रहे थे कि किसी के भी चित्र को गलत नहीं कहा। बच्चों के बनाये चित्र को मास्साब ध्यान से देख रहे थे।

बच्चों ने क़तार में चल रही चींटियों का एक चित्र बनाया था। बच्चे अब चित्रों के बारे में स्वयं ही व्यक्त कर रहे थे–"ये इसकी मूँछें हैं। इनको हिलाती रहती है।"

बच्चों को कक्षा में काफ़ी मज़ा आ रहा था। कुछ बच्चे एक–दूसरे के कपड़ों और बालों को पानी भरे बल्ब के लेंस से देख रहे थे। जब मास्साब कक्षा से बाहर होते तो वे आपस में शरारत भी कर लेते। कक्षा में कहीं–कहीं पानी भी गिर चुका था। यह सब कुछ तो होना लाजिमी ही था।

कुछ टोली के बच्चे कक्षा से बाहर बरामदे और मैदान में पहुँच चुके थे। इसरार की टोली स्कूल के कैम्पस में पीपल के पेड़ की छाल में छिपे हुए कीड़ों का अवलोकन कर रही थी।

"अब तुम सभी टोलियों को एक–एक बिल्लोरी काँच दूँगा। अब तुम ख़ुद ही देखो कि इसकी मदद से तुम कैसे चीज़ों को बारीकी से देख सकते हो।" मास्साब ने कक्षा में रखी अलमारी में से सभी टोलियों को एक–एक बिल्लोरी काँच निकालकर देते हुए कहा कि इससे भी तुम अलग–अलग चीज़ों का अवलोकन करना।

टोलियों को जैसे ही बिल्लोरी काँच मिला कि वे टूट पड़े चीज़ों के अवलोकन में एक बार फिर। कक्षा के बाहर कहीं से काग़ज़ के जलने की गन्ध सी आने लगी। तभी कुछ बच्चों सहित मास्साब ने देखा कि रघु की टोली बिल्लोरी काँच से काग़ज़ में आग लगा चुके हैं।

बाक़ी बच्चों को लगा कि अब तो रघु की टोली की ख़ैर नहीं, मगर मास्साब तो हँस रहे थे। "तो आख़िर तुमने बिल्लोरी काँच से आग पैदा कर ही ली।"

मास्साब ने उन्हें इशारा करके कक्षा में आने को कहा।

बच्चों में खलबली मची हुई थी। हर किसी के हाथ में बल्ब और बिल्लोरी काँच था। मास्साब के लिए बच्चों को शान्त कराना मुश्किल हो रहा था।

मास्साब के मुँह से निकला–"शीऽऽऽ।" कुछ टोलियाँ अभी भी बारीक से बारीक चीज़ को देखने में लगी हुई थीं।

सभी ने बल्ब जैसी मामूली सी चीज़ से जिन–जिन चीज़ों को देखा था उनके चित्र भी बनाये थे।

मास्साब ने कहा–अब यहाँ बोर्ड पर सभी चित्र बनायेंगे जो तुमने देखा है।

सबसे पहले नारंगी आयी। उसने चींटी का चित्र बनाया। इसरार ने शक्कर के दाने का चित्र बनाया। रघु ने नाखून का चित्र बनाया जिसमें मैल फँसा हुआ था। और भागचन्द्र ने कुत्ते की चमड़ी में चिपकी हुई बघई का चित्र बनाया।

मास्साब ने बोर्ड पर बने चित्रों को एक बार फिर से ध्यान से देखा और शाबाशी देते हुए कहा–"हमारी खोजबीन का यह पहला दिन है। तुमने फ्यूज़ बल्ब खोजा। तुमने इससे एक उपकरण बनाया और तमाम चीज़ों का अवलोकन किया। हमारी यह कहानी इसी तरह से आगे बढ़ेगी। आगे और भी तुमको बहुत कुछ करने का मौक़ा मिलेगा। अपने आसपास की तमाम चीज़ों को बारीकी से देखना। जब हम किसी चीज़ को बारीकी से देखते हैं तो कई सारे विचार पैदा होते हैं। और जब विचार पैदा होते हैं तो फिर कई सारे सवाल उठते हैं। इस तरह से हम उनके जवाब खोजने की कोशिश करते हैं। ...जब जवाब खोजने निकलते हैं तो और नये सवाल उठते हैं...।"

कक्षा से बच्चे उठना नहीं चाह रहे थे। दो पीरियड के कलरव के बाद कक्षा में कुछ पल को एकदम शान्ति छा चुकी थी।

बूँद का कमाल

विज्ञान का पीरियड लग चुका था। मास्साब कक्षा में घुसे तो देखा कि बच्चे फ्यूज़ बल्ब में पानी भरकर अवलोकन कर रहे हैं।

कुर्सी पर बैठकर अपनी दोनों कुहनियों को टेबल पर टिकाते हुए मास्साब बोले–"अच्छा तो आज एक और प्रयोग करेंगे।" मास्साब काँच की पट्टियों को बारी–बारी से उठाकर खिड़की में से आ रही रोशनी के विरुद्ध उनमें से झाँक–झाँककर एक–एक को अपने रूमाल से साफ़ कर रहे थे।

मास्साब सभी काँच की पट्टियों को साफ़ कर चुके थे। बच्चे मास्साब की इस कार्यप्रणाली को बहुत बारीकी से देख रहे थे। मास्साब बोले–"देखो...। टोली से कोई एक आकर काँच की पट्टी ले जाये।

मास्साब को कहने की देरी थी कि पूरी कक्षा मास्साब की ओर टूट पड़ी। मास्साब ने नाराज़गी भरे अन्दाज़ में टेबल पर हाथ को ठोंका और गरजे–"ऐसे काम नहीं चलेगा। तुमको मैं कह चुका हूँ फिर भी शान्ति से कोई काम नहीं कर सकते।"

बच्चे सहमकर वापस अपनी–अपनी जगह पर चले गये। नारंगी बुदबुदायी–"पहले तो बुलाएँगे फिर डाँट।"

मास्साब ने सहज होकर कहा–"अच्छा चलो...। टोली से एक–एक करके आओ।"

मास्साब की बात का असर कुछ ऐसा हुआ कि बच्चे अब भी अपनी जगह पर ही सहमकर बैठे थे। मास्साब बच्चों की ओर देख सोच में पड़ गये। अबकी बारी मास्साब ने एक–एक को उँगली के इशारे से बुलाया और काँच की पट्टी थमाते गये। इस दौरान मास्साब सोच रहे थे कि

उन्होंने बच्चों को बेफालतू ही घुड़की पिला दी। मास्साब सोचते जा रहे थे कि प्रशिक्षण में वे भी तो बच्चों जैसी ही हरकत कर डालते थे।

मास्साब ने कक्षा में एक नज़र दौड़ाई। बच्चे काँच की पट्टी को उलट–पलटकर देख रहे थे।

"अरे, अरे, रे... सुन तो...।" भागचन्द्र अपनी टोली वालों को कुछ बताना चाह रहा था मगर उसकी बात सुनने को कोई तैयार नहीं था।

मास्साब का ध्यान गया कि भागचन्द्र कुछ कहना चाह रहा है। उन्होंने आँखों से इशारा किया बोलने के लिए। "ये तो ग्यास की पट्टी है।"

"हाँ, बिल्कुल ठीक पकड़ा भई तुमने तो। ...हाँ, ये पेट्रोमेक्स की पट्टियाँ हैं।" खँखारते हुए मास्साब बोले–"जब कोई चीज़ अपन को न मिले तो उसका जुगाड़ तो भिड़ाना ही पड़ता है। तो मैंने पेट्रोमेक्स मतलब ग्यास में से काँच की पट्टियाँ निकाल लीं बस...।"

बच्चों को यह आयडिया बढ़िया लगा–"ग़ज़ब...।"

दरअसल किट में काँच की स्लाइड्स कम थी। इस वजह से स्लाइड्स के विकल्प के रूप में मास्साब ने पेट्रोमेक्स में लगी हुई काँच की पट्टियों को निकाल लिया था। उस इलाके में पेट्रोमेक्स को ग्यास के नाम से जानते हैं। इसलिए बच्चे तो ग्यास की पट्टी के नाम से ही जानते थे। पेट्रोमेक्स की पट्टियाँ किट में दी गयी स्लाइड से अपेक्षाकृत थोड़ी लम्बी और सँकरी होती हैं। सामग्री का जुगाड़ करने का गुर मास्साब जो सीख चुके थे।

टोली में बैठे बच्चे, मास्साब के निर्देश का इन्तज़ार कर रहे थे। मास्साब कक्षा में टहलते हुए बोले–"ऐसा करो कि इस काँच की पट्टी पर पानी की बूँद टपकाओ। ध्यान रखना... बूँद गोल बननी चाहिए।"

अधिकांश बच्चों को मास्साब की यह मामूली–सी बात समझ में नहीं आयी। इसलिए वे दूसरी टोलियों की ओर ताक–झाँक कर रहे थे।

मास्साब ने पानी के लोटे में उँगली डालकर निकाली और उँगली से एक बूँद काँच की पट्टी पर टपकाई। बूँद गोल बनने के बजाय काँच की पट्टी पर फैल गयी। उन्होंने काँच की पट्टी को अपनी बुशर्ट से पोंछा और फिर कक्षा में सबसे आगे बैठी एक टोली के बच्चे को अपने

पास बुलाया। मास्साब ने बच्चे के सिर को पकड़ा और तेल लगे बालों पर काँच की पट्टी को हल्के से रगड़ दिया। जब मास्साब ऐसा कर रहे थे तो पहले तो बच्चा घबराया। मगर बच्चे की घबराहट काफूर हो गयी जब मास्साब अपने गंजे सिर पर हाथ घुमाते हुए बोले–"अगर मेरे सिर में बाल होते तो बेटा तुम्हारी मदद नहीं लेता।"

कक्षा में एक बार फिर से हँसी का माहौल बन चुका था। दरअसल मास्साब ने सिर पर काँच की पट्टी को हल्के से रगड़कर तेल की एक परत चढ़ा दी थी ताकि पानी फैले नहीं और बूँद बढ़िया बन जाये। मास्साब ने यह बात सभी बच्चों से भी कही।

मास्साब को कुछ याद आया और उन्होंने विष्णु को यह कहकर भेजा कि वह विज्ञान के सामान की अलमारी में से ड्रापर ले आये।

विष्णु गया ज़रूर मगर खाली हाथ लौटा तो मास्साब बोले–"लाओ...।"

विष्णु सहमकर बोला–"मास्साब नहीं मिले।"

क्या नहीं मिले–"वो जो आपने कहा था।"

क्या कहा था–"वो नहीं मिले।" विष्णु अपना सिर खुजाते हुए बोला।

विष्णु बोला–"मास्साब... डरापर।"

"तो तुम पहचानते हो?" मास्साब ने विष्णु से पूछा।

मास्साब बोले–"कौन जानता है ड्रापर को?"

सभी बच्चे चुप थे। मास्साब समझ चुके थे। दरअसल बच्चों ने अब तक ड्रापर नाम पहली बार ही सुना था। यही वजह थी कि विष्णु मास्साब के कहने पर गया तो मगर वह खाली हाथ इसलिए लौट आया क्योंकि वह उस चीज़ को पहचानता ही नहीं था। विष्णु यह पूछने का साहस नहीं जुटा पाया कि आख़िर ड्रापर की पहचान क्या है। न ही वह मास्साब को मना कर सकता था। वह तो कक्षा में से जाते हुए ही यह रणनीति बना चुका था कि लौटकर कह देगा "नहीं मिले।"

कक्षा में से मास्साब किट वाले कमरे में गये और वहाँ अलमारी में बिखरे हुए सामान में ड्रापर टटोलने लगे। मास्साब ने देखा कि ड्रापर्स बिना धुले ही पड़े हैं। कुछ को चूहों ने कुतर डाला है। मास्साब ने कुछ बच्चों को कक्षा में से बुलाया और उनको ड्रापर्स देते हुए कहा–"ये, लो ड्रापर्स... इनको धो डालो...।"

विष्णु, केशव, नारंगी और भागचन्द्र ड्रापरों को धोने लगे। नारंगी बोली–"ऐसे तो दवा की शीशी में होते हैं।"

मास्साब धुले हुए ड्रापर का अवलोकन कर रहे थे और चूहों द्वारा कुतरे हुए ड्रापर्स की एक अलग ढेरी बना रहे थे। बच्चे मास्साब के क्रियाकलाप को ध्यानपूर्वक देख रहे थे। टेबल पर दो ढेरियाँ बन चुकी थीं। चूहों के द्वारा कुतरे हुए ड्रापर्स वाली ढेरी बड़ी थी।

मास्साब मन ही मन सोच रहे थे–"क्या करें चूहों का...? कुछ समझ में नहीं आता। सामान बरबाद हो रहा है...। कोई सुनने वाला ही नहीं...।"

मास्साब ने छोटी ढेरी वाले ड्रापर्स में से प्रत्येक टोली में एक–एक वितरित कर दिया।

बच्चों की इन्तज़ार की घड़ियाँ ख़त्म हुईं और मास्साब ने ड्रापर में पानी भरने का प्रदर्शन करते हुए निर्देश दिया–"देखो...। ड्रापर में पानी भरकर इससे काँच की पट्टी पर धी...रे...से बूँद टपकाना है।"

बच्चे मास्साब का अनुसरण करते हुए पानी की बूँद काँच की पट्टी पर टपका रहे थे। कुछ टोलियों में जब बच्चे बूँद टपकाते तो दो–तीन बूँद एक साथ टपक जातीं। एक टोली ने ड्रापर को इतनी ज़ोर से दबाया कि बूँद बन ही नहीं पायी और ड्रापर से निकली पानी की पिचकारी ने दूसरे बच्चे को गीला कर दिया।

मास्साब यह सब कुछ देख रहे थे मगर स्वीकार कर रहे थे कि कुछ करने के दौरान गलतियाँ तो होंगी ही। मास्साब ने कहा–"काँच की पट्टी पर बूँद जितनी गोल बनेगी उतना ही मज़ा आयेगा।"

जब बच्चों ने मास्साब के मुँह से 'मज़ा' शब्द सुना तो उनको मज़ा आने लगा कि कुछ ख़ास होने वाला है।

बच्चे अभी भी ड्रापर का नाम भले ही न पुकार पा रहे थे मगर ड्रापर की कार्यप्रणाली को समझ चुके थे। काँच की पट्टी पर बूँद बनाने का काम जारी था मगर मास्साब ने यह नहीं बताया था कि आख़िर बूँद क्यों बनाई जा रही है। बच्चों को तो बूँद बनाने को कहा था इसलिए वे बूँद बना–बनाकर देख रहे थे।

मास्साब को ख़याल आया कि उन्होंने बच्चों को आगे का निर्देश तो दिया ही नहीं। सो वे बोले–"अच्छा...। अब ऐसा करो कि पट्टी पर जो बूँद बनी है उसमें से किसी बारीक चीज़ को देखना है।"

मास्साब ने कक्षा में चुप्पी देख भाँपा कि बात बच्चों के सिर के ऊपर से निकल गयी लगती है। अबकी बार मास्साब एक टोली के पास गये और बच्चे से बूँद बनी पट्टी ली और बूँद में से देखने का तरीक़ा बताया। मास्साब ने यह भी बताया कि किसी चीज़ को साफ़ देखने के लिए काँच की पट्टी को ऊपर–नीचे करना होता है।

"अरे,... बड़ा दिखता है।" अब तक बाक़ी टोलियों ने भी बूँद में से देखना प्रारम्भ कर दिया था। बस फिर क्या था। बार–बार बूँद बनाना और उसमें से चीज़ों को देखने का सिलसिला थमने का नाम ही नहीं ले रहा था।

बूँद ने कमाल कर दिया था। बच्चे व्यस्त हो गये थे। मास्साब किट में से एक शीशी ले आये थे। अबकी बार उन्होंने टोलियों में से एक–एक को बुलाकर काँच की पट्टी पर नारियल के तेल की बूँद टपकाकर यह कहकर रवाना किया कि इसमें से चीज़ देखें।

अब बच्चे तेल की बूँद में से देख रहे थे। जब बूँद बिगड़ जाती तो वे मास्साब के पास दौड़कर जाते। मास्साब काँच की पट्टी पर तेल की बूँद टपकाते और बच्चे फिर से बारीक–बारीक चीज़ों को देखने में लग जाते।

मास्साब ने अब सवाल पूछा–"किसकी बूँद ज़्यादा गोल बनी? पानी या तेल की?"

एक मामूली से सवाल ने बच्चों को सोचने को बाध्य कर दिया था। बच्चे अब तुलना कर रहे थे कि पानी और तेल में से किसकी बूँद ज़्यादा गोल बनती है। अब तक बच्चे बूँद में से बारीक चीज़ों को देखने का मज़ा ले रहे थे मगर अब वे बूँदों की तुलना के लिए बूँदें बना रहे थे।

कक्षा का समय कब का पूरा हो चुका था। मास्साब ने बच्चों से कहा–"चलो, अभी बस इतना ही...।"

"देखो... तुमने जो बल्ब से लेंस बनाये थे, चाहो तो घर ले जा सकते हो। यह तुम्हारा अपना ही है। बिल्लोरी काँच को यहाँ जमा कर दो। ...हाँ, जब तुम कल स्कूल में आओगे तो फिर से बिल्लोरी काँच दूँगा। इससे अगर आग पैदा करो तो ध्यान रखना। मैं मानता हूँ कि तुम सभी बहुत समझदार और ज़िम्मेदार बच्चे हो।"

नारंगी ने पास में बैठे विष्णु को इशारा किया–"देख रे...। मैं समझदार और ज़िम्मेदार हूँ।"

विष्णु ने पलटकर कहा–"तू अकेली थोड़ी है। सब समझदार और 'जिम्मेदार' हैं।"

कक्षा के बच्चों को मास्साब की यह बात बहुत अच्छी लगी कि उनको 'ज़िम्मेदार' कहा।

मास्साब ने कहा–"यह बल्ब छोटी चीज़ों को देखने का उपकरण जो है। जो बूँद बनाई, ये भी एक उपकरण है देखने का। इनकी मदद से तुम ढेरों चीज़ों को बारीकी से देख सकते हो। ये एक ऐसा उपकरण है जो तुमको आगे की कक्षाओं में भी काम आयेगा।

मास्साब टेबल पर बिखरे हुए चॉक इकट्ठे करते हुए बोले–"और हाँ, कल तुम माचिस के खाली खोखे लेकर आना।"

स्कूल की छुट्टी हो चुकी थी। अपने–अपने घरों पर बच्चे बल्ब के लेंस से अवलोकन कर रहे थे और दूसरों को भी करवा रहे थे। गली में आते–जाते लोग–बाग़ रुक–रुककर बच्चों के क्रियाकलापों को देखते और ताज्जुब करके आगे बढ़ जाते।

बच्चों को चीज़ों का अवलोकन करते हुए सोचने का एक उपकरण मिल चुका था।

एक–सी और अलग–सी चीज़ें

बीती रात से जमकर हो रही बरसात थमती दिख रही थी। स्कूल कैम्पस में काफ़ी कीचड़ मच गया था। कीचड़ इस कदर का कि काली मिट्टी बच्चों और शिक्षकों के जूतों–चप्पलों में लग–लगकर कक्षा के बरामदे तक पहुँच गयी थी। कक्षाओं की छत में से पानी चू रहा था। दीवारों के सहारे–सहारे पानी आधी दीवार तक रिसकर आ चुका था। कक्षा के फ़र्श पर छत से बरसात के पानी की बूँदें टपकने की वजह से गोल–गोल गड्ढे बन चुके थे। कक्षाओं में गीलापन मच गया था। बच्चों के चेहरों पर ख़ुशी झलक रही थी। खिड़की के बाहर का दृश्य काफ़ी सुहाना था। ज़मीन हरियाली की चादर से ढंक गयी और आसमान धूसर रंग के बादलों से अटा पड़ा था।

पहला पीरियड ख़त्म हुआ और दूसरे पीरियड की घण्टी लग चुकी थी। बच्चे मास्साब के आने का इन्तज़ार कर रहे थे।

मास्साब रजिस्टर में लिखा–पढ़ी कर रहे थे। प्रधानाध्यापक बरामदे से लौटकर अपने कमरे में घुसे और मास्साब को टोका–"अरे, आप यहाँ क्या बैठे हो...। आपकी छठी की क्लास आग मूत रही है...। पहुँचकर धुलाई क्यों नहीं करते...!"

मास्साब ने जब यह सुना तो उनका मूड ख़राब हो गया। वह रजिस्टर को टेबल पर पटककर कक्षा की ओर चल दिये।

मास्साब मन ही मन सोच रहे थे–"क्या जवाब दूँ अब इनको...। पहले पीरियड से तो यहाँ काग़ज़ी काम करने को बिठाकर रखा है...।"

कक्षा की ओर जाते हुए मास्साब के गुस्से का पारा बढ़ता जा रहा था। मास्साब गुस्से में इतना ही सोच पाये–"अगर ज़्यादा धमाल करते पाये गये तो आज तो एक दो बच्चों पर हाथ साफ़ कर दूँगा।"

बच्चों को मास्साब के कक्षा में आने की ख़बर नहीं थी। कुछ आपस में बातें कर रहे थे और कुछ कंचे खेल रहे थे।

प्रधानाध्यापक की जली–कटी बातों को मास्साब भुला नहीं पा रहे थे। झुँझलाहट और झल्लाहट से लबरेज मास्साब ने एक नज़र बच्चों पर डाली। "क्या लगा रखा है ये सब। चुप रहने का नाम ही नहीं लेते। बन्द करो सब, ये बकबक।"

बच्चे मास्साब के गुस्से को पढ़ नहीं पाये थे। बच्चे एक साथ बोले–"बाल विज्ञान पढ़ाओ।"

मास्साब का गुस्सा सातवें आसमान पर था। "क्या करना है मुझे, ये अब तुम बताओगे। तुम लोग क्या बेवकूफ़ समझते हो...।"

इस पर कुछ बच्चों ने 'यस मास्साब' कहा और कुछ ने 'नो मास्साब"।

मास्साब सिर को टेबल पर टिकाकर, गुमसुम बैठ गये थे। कक्षा में सूई पटक सन्नाटा पसर चुका था। मास्साब के दिमाग़ में कुछ विचार दौड़ने शुरू हुए। वे सोच रहे थे–"ये तो ऐसे ही चलता रहेगा...।" सोचते हुए वे विज्ञान की ट्रेनिंग के एक सत्र में पहुँच गये जहाँ "आख़िर क्यों मारें बच्चों को?'' विषय पर खुलकर चर्चा हुई थी। सत्र में कई शिक्षक–शिक्षिकाओं ने उन कारणों पर भी चर्चा की थी कि आख़िर बच्चों पर स्कूलों में क्यों जुल्म ढाये जाते हैं। तब शिक्षकों ने इस मामले में खुलकर अपने विचार रखे थे। कुछ शिक्षक–शिक्षिकाएँ बच्चों को दण्ड देने के पक्ष पर अड़े हुए थे। यह तर्क भारी लग रहा था कि बच्चों की पिटाई करने या उन्हें मानसिक यन्त्रणा देना इनसानियत के ख़िलाफ़ है। विज्ञान शिक्षण कार्यक्रम का ताना–बाना कुछ इस प्रकार से बुना गया कि शिक्षक–शिक्षिकाओं को अपने विचार व्यक्त करने और उनको पोषित करने के पर्याप्त अवसर मिले। बच्चों के बारे में बातें तो बड़ी–बड़ी की जाती रही हैं मगर सही मायनों में उन पर अमल तभी किया जा सकता है जब उनसे शिक्षकों के दिल में वह बात बैठ जाये। वैसे तो वर्तमान परिप्रेक्ष्य में किसी विषय के प्रशिक्षण में शिक्षा और बच्चों के नजरिए पर चर्चा की गुंज़ाइश बनती नहीं है। मगर विज्ञान शिक्षण के इस प्रशिक्षण का ताना–बाना कुछ इस तरह से बुना होता था कि विषय, शिक्षणशास्त्र और सामाजिक मसले आपस में इस कदर गुँथे होते थे कि कहाँ विषय की सीमा है और कहाँ से शिक्षणशास्त्र प्रारम्भ होता है यह समझ पाना आसान नहीं होता था।

विज्ञान शिक्षण प्रशिक्षण कार्यक्रम की बदौलत मास्साब की सोच धीरे–धीरे बदल चुकी थी। उनकी सोच की तराजू का पलड़ा न मारने की तरफ़ झुकता जा रहा था। यही वजह थी कि मास्साब के विज्ञान से सक्रिय रूप से जुड़ने के बाद बच्चों को मारना धीरे–धीरे कम हो गया था। इतना ही नहीं मास्साब ने अपने ख़ुद के बेटे को भी पीटना बन्द कर दिया था।

मास्साब अब सोच रहे थे–"नाहक ही मैं बच्चों पर बरस पड़ा...।"

मास्साब ने सिर ऊपर उठाया–"अच्छा तो ऐसा करते हैं कि आज 'समूह' वाला पाठ पढ़ेंगे।"

मास्साब के रुख में नरमी को बच्चे भाँप रहे थे। चुपचाप बच्चों ने अपने बस्तों में से किताब और कॉपी निकाली। बच्चे मास्साब के निर्देश का इन्तज़ार कर रहे थे।

मास्साब कुछ बोलते इतने में अगले पीरियड का ठोका लग गया।

× × ×

दूसरा पीरियड विज्ञान का शुरू होने वाला था। मास्साब ने प्रधानाध्यापक से चर्चा करके दूसरे और तीसरे पीरियड को मिलाकर विज्ञान का एक पीरियड कर लिया था। इस प्रकार तय यह किया गया कि सप्ताह में विज्ञान की कक्षा तीन दिन चलेगी। बाक़ी के तीन दिन किसी दूसरे विषय को दो पीरियड दिये जायेंगे। इसके पीछे समझ यह थी कि जब विज्ञान में प्रयोग, चर्चा, परिभ्रमण आदि होंगे तो दो पीरियड की व्यवस्था ठीक होती है।

बच्चों ने जो फ्यूज़ बल्ब से लेंस बनाया था वह उनके झोले में था। जब भी मौक़ा मिलता बच्चे कुछ न कुछ देख लेते। कक्षा में मास्साब आ चुके थे। मास्साब ने देखा कि बच्चे अभी भी फ्यूज़ बल्ब की मदद से चीज़ों का अवलोकन कर रहे हैं।

मास्साब को आता देख डमरू ने धीरे–से कक्षा के बाक़ी बच्चों को सतर्क कर दिया–"ओय, मास्साब!"

मास्साब ने डमरू को यह कहते हुए सुन लिया था। मास्साब आज सहज लग रहे थे। "कोई बात नहीं। लगे रहो बेटा।"

मास्साब के प्यार भरे लहज़े ने कक्षा में ख़ुशहाली का वातावरण पैदा कर दिया।

"तो सबसे पहला काम क्या होगा विज्ञान की कक्षा में?" मास्साब को अचानक याद आया कि वे कुछ गड़बड़ कर रहे हैं। वे तुरन्त बाहर गये और जूते कक्षा के बाहर खोलकर आये। उन्होंने ऐसे पूछा मानो कि बच्चों को ही तय करना हो कि उन्हें क्या पढ़ना है।

रघु बोला–"टोली बनेगी।"

"हाँ... बिल्कुल ठीक कहा। तो चलो फटाफट सभी अपनी–अपनी टोलियों में बैठ जायें।"

कक्षा में कुछ देर के लिए हलचल हुई मगर जल्द ही माहौल एकदम शान्त हो गया। सभी बच्चे टोलियों में बैठ चुके थे। चार–चार की टोलियों में दो–दो बच्चे आमने–सामने बैठे थे।

"चलो आज एक दूसरा काम करते हैं।" मास्साब ने कहा–"तो चलो, शुरुआत करते हैं समूह बनाना सीखो। क्या होता है समूह? जानते हो?"

'समूह' शब्द बच्चों ने पहली बार सुना था। इस शब्द को बच्चों ने अपनी रोज़मर्रा की ज़िन्दगी में कभी इस्तेमाल नहीं किया था। इसलिए उनकी समझ में कुछ भी नहीं आया। यही वजह थी कि बच्चों में इस शब्द के प्रति अनजानापन था।

मास्साब ने मन ही मन सोचा कि समूह का शाब्दिक अर्थ बताने से काम नहीं चलने वाला। बच्चों के साथ कुछ प्रक्रिया करना ठीक रहेगा। कक्षा के मूड को भाँपकर माहौल को थोड़ा हल्का करने की कोशिश करने के लिए मास्साब बोले–"अरे, विज्ञान की कक्षा में इतना सन्नाटा किस बात का?"

मास्साब ने बच्चों से कहा कि बाल विज्ञान का पाठ दो खोलें। मास्साब ने देखा कि 17 में से 4 बच्चों की किताब पुरानी है। 10 बच्चे ऐसे थे जिनके पास किताब नहीं थी। दरअसल, प्रत्येक बच्चे के पास बाल वैज्ञानिक नहीं थी मगर प्रत्येक टोली में ज़रूर थी। तभी मास्साब को ख़याल आया कि उनकी अलमारी में कुछ किताबें पिछले साल की रखी हुई हैं। अतः उन्होंने उचित समझा कि पुरानी बाल वैज्ञानिक बच्चों को दे देनी चाहिए।

"मैंने पाठ दो खोला है।" मास्साब बाल विज्ञान खोलकर अपनी छाती के सामने हाथों से पकड़कर सब बच्चों को दिखा रहे थे। मास्साब ने पाया कि उनके सामने वाली टोली अभी भी पाठ नहीं खोल पायी है। मास्साब ने टोली की किताब ली व पाठ–दो खोलकर दे दी। सबसे पहले मास्साब ने बच्चों से कहा कि वे पाठ की पहली दो लाइनों को पढ़ें और समझें।

मास्साब के कहने पर बच्चे अपनी–अपनी टोलियों में पढ़ने लगे। मास्साब कुछ देर तक धैर्य के साथ बच्चों को पढ़ते हुए अवलोकन कर रहे थे। मास्साब ने पाया कि बच्चे पढ़ नहीं पा रहे हैं।

अब मास्साब ने किताब में से पढ़ा– "तुम रोज़ कई चीज़ें देखते हो, उन्हें काम में भी लेते हो। हर चीज़ को तुम अलग–अलग पहचान लेते हो क्योंकि इन चीज़ों में अन्तर होते हैं।..."

"तो समझ में आया?"

बच्चों ने एक साथ जवाब दिया–"हाँ...।"

"तो अब तुम सबको क्या करना है?"

भागचन्द्र कहने लगा –"हाँ मास्साब। हम पहचान लेते हैं।"

"अच्छा तो तुम अपने आसपास की ढेर सारी चीज़ों को पहचानते हो। जैसे कि...।"

"गाय, बकरी, चूहा, टेबल, पैन, पेंसिल...।" बच्चे कई चीज़ों के नाम बताये जा रहे थे।

मास्साब ने सटीक टिप्पणी की–"वेरी गुड।"

किताब में लिखे अनुसार बच्चों को अलग–अलग टोलियों में दो चीज़ें देते हुए कहा–"अब इनमें दिखने वाले दो अन्तर बताना है।"

बच्चे चीज़ों को उलट–पलटकर देखने में व्यस्त हो गये।

मास्साब ने फिर से पूछा–"बताओ भई, इनके बीच क्या अन्तर है?"

कक्षा में फिर सन्नाटा पसर गया था। बच्चों को अन्तर पता थे मगर असल समस्या यह थी कि वे बता नहीं पा रहे थे। मास्साब ने टोलियों में बैठे बच्चों पर नज़र डाली। बच्चे भी चोर भरी नज़र से मास्साब की ओर देखते और जब नज़र से नज़र मिलती तो बच्चे नज़रें झुका लेते। मास्साब ने उचित समझा कि वे बच्चों को पुकारकर उनसे पूछेंगे। भागचन्द्र पर नज़र पड़ी मगर उसने नज़रें चुरा लीं।

केशव घबराकर बोला–"मास्साब... समझ में नहीं आया।"

इस बार मास्साब ने कक्षा की एक मात्र लड़की की ओर इशारा किया–"ऐ तुम...।"

"हाँ बोलो"–मास्साब ने नारंगी की ओर देखा और बोले। नारंगी सीधे हाथ में पेंसिल पकड़े थी और बायें हाथ में पेन। नारंगी बोली–"पेन प्लास्टिक का बना है। ...पेंसिल लकड़ी की।"

''शाबाश। और किसी को कुछ कहना है।'' मास्साब ने कक्षा से पूछा।

नारंगी की टोली में से ही रघु ने हाथ खड़ा किया। "मास्साब।"

"यस"–मास्साब ने ख़ुश होकर रघु को बोलने को कहा।

"पेंसिल में क्लिप नहीं है। पेन में क्लिप है।"

"वेरी गुड... एकदम सही कहा...। पेन में क्लिप होता है।" उन्होंने अपनी जेब से पेन निकालकर बताया कि इस क्लिप की मदद से हम पेन को जेब में रख पाते हैं। जब हम झुकते हैं तो पेन गिरता नहीं है।" मास्साब के चेहरे पर ख़ुशी छलक रही थी। मास्साब को ख़ुश देखकर दूसरी टोली के बच्चों का आत्मविश्वास बुलन्दियों पर था।

भागचन्द्र को शुरुआत में समझ नहीं आया था कि आख़िर कहना क्या है। जब उसने नारंगी और रघु के जवाब सुने तो समझ में आया कि मास्साब पूछना क्या चाह रहे हैं। भागचन्द्र अब हिम्मत जुटाकर बोला–"...मास्साब...पेन में सई (स्याही) डालनी पड़ती है। पेंसिल में नहीं डालनी पड़ती।"

भागचन्द्र बैठा भी नहीं था कि डमरू जोश में खड़े होकर बोला–"पेन का ढक्कन होता है। पेंसिल का ढक्कन नहीं होता।"

मास्साब अपनी दोनों हथेलियों को आपस में रगड़ते हुए बोले –"तो चलें, अब समानताएँ देखें।"

मास्साब टोलियों से जवाब का इन्तज़ार कर रहे थे। तभी पीरियड की घण्टी बजी। और बच्चे विज्ञान की किताब बन्द करने लगे मगर मास्साब ने कहा कि एक पीरियड और पढ़ेंगे।

मास्साब ने फिर से दोहराया–"जो चीज़ें तुम लोगों को दी हैं उनमें समानता बतानी है।" इतना कहने की देर थी कि कक्षा में कई सारे हाथ

खड़े हो गये। हर कोई कुछ कहने को उतावला दिख रहा था। अब पेन व पेंसिल में समानता की झड़ी लग चुकी थी।

अगली गतिविधि प्रारम्भ करने की तैयारी मास्साब के दिमाग़ में बनी हुई थी। मास्साब कक्षा से बाहर निकले और बच्चों से बोले– "चलो, दो–तीन होशियार बच्चे मेरे साथ आ जाओ।"

मास्साब के इस कथन पर मानो पूरी कक्षा ही बाहर आने को थी। दरवाज़े पर भगदड़ मच चुकी थी। हर कोई मास्साब के साथ जाने को उतावला हुआ जा रहा था। मास्साब को आख़िर कहना पड़ा–"समझ गया... सभी समझदार हो...देखो, मैंने दो–तीन बच्चों को आने का कहा है।"

इस बार भी वही हाल हुआ जो पहली बार मास्साब के कहने पर हुआ था। मास्साब ने सभी बच्चों को कक्षा में अन्दर कर दिया। अब उन्होंने बच्चों के नाम पुकारे–हुँह... चन्दर, इसरार, विष्णु...। बस... आ जाओ...।"

थोड़ी देर बाद तीनों बच्चे अपने हाथों में सामान लेकर कक्षा में लौट रहे थे। इनमें से अधिकांश सामग्री ऐसी थी जो बच्चे पहली बार दर्शन कर रहे थे। यही वजह थी कि बच्चे उनके न तो नाम जानते थे न ही काम।

मास्साब कक्षा में आ चुके थे और उनके निर्देश पर सभी बच्चे एक गोले में बैठ चुके थे। चीज़ों को कक्षा के बीचों–बीच रखा जा चुका था। मास्साब चीज़ों को उठा–उठाकर बच्चों को दिखाए जा रहे थे। वे बोले–"देखो... इन सभी चीज़ों को अच्छे से जान लो। ठीक...।" अबकी बार उन्होंने अपने उल्टे हाथ पर बैठे हुए रघु को काँच की एक लम्बी सी बेलनाकार चीज़ देते हुए कहा–"जानते हो इसका नाम क्या है?" रघु ने कोई जवाब नहीं दिया। मास्साब ने कहा–"ये परखनली है।"

रघु परखनली को उलट–पलटकर देख रहा था। उसने परखनली के मुँह पर फूँक मारी और कुछ परखना चाहा। इधर मास्साब ने दूसरी चीज़ रघु की ओर बढ़ा दी थी। इस वजह से उसे परखनली अपने पास बैठे इसरार को देनी पड़ी। इस तरह से चीज़ें इसरार से भागचन्द्र, नारंगी, विष्णु, डमरू, चन्दर, इसरार, केशव... के बीच सफ़र कर रही थीं।

जब बच्चों ने विज्ञान की किट सामग्री को देख लिया तो मास्साब एक साँस में बोले–"अब हम एक तालिका बनायेंगे और समूहीकरण करेंगे।"

मास्साब ने चॉक उठाया और बोर्ड पर एक बड़ा–सा खाना बनाया। बड़े खाने में फिर और छोटे–छोटे खाने बनाये। मास्साब ने एक साँस में तालिका बना दी। बच्चे अपनी कॉपी में तालिका को ठीक से नहीं बना पा रहे थे। दरअसल बच्चों के लिए कॉपी में तालिका बनाने का यह पहला अवसर था। बोर्ड पर तालिका बनाकर मास्साब इन्तज़ार कर रहे थे कि बच्चे बना लें फिर बातचीत शुरू करें। मास्साब ने देखा कि बच्चे तालिका बनाने की कोशिश तो कर रहे हैं मगर समस्या तो लिखने की भी है। बच्चे न केवल पढ़ने में बल्कि लिखने में भी कमज़ोर हैं। मास्साब सोच रहे थे–"इस मुसीबत से कैसे निपटा जाये?"

टोलियों में बैठे बच्चे तालिका बनाने के चक्कर में कॉपी के कई पेज बिगाड़ चुके थे। तालिका बनाने के चक्कर में वे पन्ने–दर–पन्ने फाड़ते जा रहे थे मगर सही तौर पर तालिका नहीं बन पा रही थी।

इसरार हिम्मत जुटाकर बोला–"मास्साब ये डब्बा नहीं बन रहा...।"

मास्साब ने इसरार के मुँह से जब 'डब्बा' सुना तो उन्होंने तय कर लिया कि किताब में भले ही तालिका लिखा हो मगर वे अब डब्बा ही बोलेंगे। मास्साब ने जो तालिका बोर्ड पर बनाई थी उसे कपड़े से मिटाते हुए निर्देश दिया–"अच्छा तो ऐसा करते हैं कि पहले एक बड़ा डब्बा बनाओ।" यह कहते हुए मास्साब ने बोर्ड पर एक बड़ा–सा डब्बा बनाया।

टोलियों ने अपनी कॉपी में एक बड़ा–सा डब्बा बना लिया था। अब मास्साब ने बड़े डिब्बे में दो खड़ी लाइनें खींचीं। इस तरह से बड़े डब्बे में तीन डब्बे बन गये। इन तीन डब्बों में से दायें हाथ की ओर वाले दो डब्बे लगभग बराबर के थे मगर बायें हाथ वाला डब्बा सँकरा। बच्चे मास्साब का अनुसरण कर रहे थे। अब मास्साब ने डब्बे में आड़ी लाइनें खींचनी शुरू कीं। मास्साब ने छह आड़ी लाइनें खींचीं। बच्चों ने इतना काम बख़ूबी कर लिया था।

मास्साब ने बोर्ड के बगल में खड़े होकर चॉक से सने हाथ झटकारते हुए पूछा–"तो सबने कर लिया इतना?"

अब मास्साब ने डब्बे में सबसे ऊपर के आड़े खानों में से बायीं और के सँकरे खाने में "क्रमांक" लिखा, फिर उसके दायी ओर वाले में "समूह

का नाम" और उसके पास वाले खाने में लिखा "समूह में आने वाली चीज़ें"।

मास्साब सोच रहे थे कि तालिका बनाने में इतना समय चला गया तो समूहीकरण की समझ कब विकसित होगी। झट से उनके दिमाग़ में आया कि तालिका बनाना भी तो एक हुनर है। अगर तालिका का खाका खींचना आज नहीं सीख पाये तो आगे तो इससे कैसे पार पाएँगे। वे धैर्यपूर्वक इन्तज़ार कर रहे थे। यह सोचते हुए वे एक बार फिर उस प्रशिक्षण की जीवन्त कक्षा में पहुँच गये जहाँ समूह की अवधारणा को समझने के लिए घण्टों तक बेबाक बहस, तर्क–वितर्क चला था। वे सोच रहे थे कि आख़िर इन बच्चों के बीच वैसा वातावरण कैसे बनाया जाये। हालाँकि वे यह जानते थे कि किताब में इस प्रकार की बहस का कोई ज़िक्र तो नहीं यह तो उस प्रशिक्षण के स्रोत सदस्यों की ही ख़ूबी थी।

अब तक बच्चों ने तालिका बनाने का काम पूरा कर लिया था। मास्साब अभ्यास पढ़कर कक्षा में चर्चा का माहौल बनाने की योजना बना रहे थे। मास्साब मुस्कराते हुए बोले–"...ऐसा करते हैं कि हम अब कुछ बातें करते हैं।"

बच्चों ने जब यह सुना तो नारंगी अपने पास बैठे रघु के कान के पास मुँह ले गयी और बुदबुदाई–"आज मास्साब ख़ुश हैं...।"

मास्साब ने नारंगी की हरकत को देख लिया मगर उसने रघु के कान में क्या कहा यह उनके लिए पहेली ही था। मास्साब ने रघु से पूछा–"क्यों भई, तुम्हें क्या कह रही है नारंगी?" रघु सोच रहा था कि अगर सच बता दिया तो नारंगी गुस्सा हो सकती है। इसलिए उसने हाज़िर जवाब दिया–"वो... पेन माँग रही है।"

मास्साब ने बच्चों से कहा कि अच्छा तो अभी पेन वगैरह को रख लो अपने बस्ते में। मैं जो कहता हूँ उसे सुनो–"अच्छा ऐसा करो कि पूँछ वाले दस जानवरों के नाम बताओ।" हर कोई उतावला हो रहा था बताने को। मास्साब ने तो दस नाम पूछे थे मगर बच्चों की ओर से दुगने नाम आ चुके थे। मास्साब बच्चों से इसी तर्ज पर सवाल करते और बच्चे फटाफट जवाब देते जाते। मास्साब बोर्ड पर लिखते जा रहे थे। बोर्ड पूरा भर चुका था।

अब मास्साब ने बच्चों से कुछ और सवाल पूछने का बीड़ा उठाया—"तो बताओ कि तवा किसमें आयेगा?"

भागचन्द्र बोला—"तवा...गोल में।"

इसरार बोला—"...मास्साब बोर्ड पर गोल चीज़ तो है ही नहीं।"

मास्साब बोर्ड की ओर देखकर बोले—''हाँ... करेक्ट। हम गोल चीज़ों की बात करते तो तवा तो आता ना इस ग्रुप में।''

रघु ने अपनी टोली में पहले विचार रखे—"तवा लोवे (लोहे) का है।"

टोली के बाक़ी सदस्यों ने रघु को बोला—"ख़बर है...। बोल दे। तू नहीं बोले तो फिर हम बोलेंगे।" रघु फट से खड़ा हुआ और उसने बोला—"तवा लोहे का है।"

"अच्छा अब बताओ मेंढक पूँछ वाले समूह में आयेगा कि नहीं?" मास्साब, पीछे की ओर बैठी टोली से मुखातिब हो रहे थे।

टोली में बच्चे आपस में विमर्श कर रहे थे। हाँ... डेंडक का ही पूछ रहे हैं। बच्चे समझ चुके थे कि मास्साब दरअसल मेंढक यानीकि उनकी अपनी भाषा में डेंडक का ही ज़िक्र कर रहे हैं। टोली में से इसरार खड़ा हुआ और उसने कहा—''नहीं, मास्साब डेंडक तो बिना पूँछ वाला है।''

भागचन्द्र कहने को कुलबुला रहा था। वह कुछ कहने को उठा तो मगर संकोच आड़े आ रहा था। मास्साब ने भागचन्द्र समेत पूरी कक्षा के बच्चों को आश्वस्त किया—"अरे भई बोलना हो तो बोल दो। जो भी कहना चाहो बेझिझक कह सकते हो।"

भागचन्द्र ने हिम्मत जुटाई और बोला—"मास्साब डेंडक का तो अचार बनाकर खाते हैं।"

भागचन्द्र की बात सुनकर पूरी कक्षा अचरज कर रही थी। मास्साब को भी मेंढक के अचार वाली बात ने अचरज में डाल दिया था। दरअसल मास्साब ने भी कहीं यह पढ़ा था। इसलिए वे कुछ देर तक सोचते रहे। फिर अचानक बोले—"अभी हम मेंढक की पूँछ की बात कर रहे हैं। जो तुमने देखा है मेंढक में वो बताओ।"

भागचन्द्र कुछ और कहना चाह रहा था। —"...मास्साब, उंदरे (चूहे) भी खाते हैं।"

मास्साब भागचन्द्र की बात को टालना चाह रहे थे।

मास्साब मेंढक और चूहों के खाने वाले मसले पर कुछ ज़्यादा कहने की स्थिति में नहीं थे। वे समूहीकरण पर अटके हुए थे। वे चाह रहे थे कि अगर इधर–उधर की बात की तो समूहीकरण एक तरफ़ रह जायेगा।

बहरहाल, मास्साब ने भागचन्द्र और बाक़ी बच्चों को आश्वस्त किया–"खाने–पीने की बात तुम भोजन वाले पाठ में जी भरकर करना।"

मास्साब जिस समस्या से जूझ रहे थे वह यह कि समूहीकरण की अवधारणा किस तरह बच्चों के दिमाग़ में बिठाई जाये। बच्चे गतिविधि के तौर पर तो समूहीकरण कर पा रहे थे मगर उन्हें गुणधर्म चुनने में काफ़ी दिक्कतें हो रही थीं। मास्साब सोच रहे थे कि आख़िर इस समस्या का हल कैसे किया जाये। बच्चे एक–एक चीज़ के गुण तो बख़ूबी बता देते मगर जब कई सारी चीज़ें एक साथ होतीं तो उनको एक गुणधर्म में बाँधने का कौशल विकसित नहीं हुआ था।

मास्साब चिन्तित थे। वे जानते थे कि समूहीकरण बाल विज्ञान की एक मूल अवधारणा है। अतः इस चुनौतीपूर्ण अवधारणा पर गहराई से काम करने की आवश्यकता है। फिर उन्होंने सोचा कि आगे के लगभग सभी पाठों में समूहीकरण तो होगा ही। सो, उन्होंने तय किया कि आगे समूहीकरण के कौशल को और बेहतरी से विकसित करने की कोशिश करनी होगी।

जमावट

बाग़ में स्कूल के बच्चों को देखकर बकरी चरा रहा बच्चा उनकी ओर टकटकी लगाये हुए था। मगर वह इन बच्चों के नज़दीक नहीं आ रहा था। नारंगी और कक्षा के लड़के मास्साब के चारों ओर खड़े थे। मास्साब बच्चों को कुछ समझाने की कोशिश कर रहे थे। बकरी चराने वाले बच्चे को दूर खड़ा देख, मास्साब ने इशारा कर अपनी ओर बुलाया मगर वह आना नहीं चाह रहा था। मास्साब ने फिर से प्यार से पुकारकर बुलाया।

बकरी चराने वाला लड़का उनके पास तो आ गया मगर फिर भी स्कूल के बच्चों के घेरे में नहीं आ पाया था। बच्चे, बकरी चराने वाले उस लड़के को अच्छे से जानते थे। उसका नाम छीतर है। छीतर बच्चों का दोस्त है। बाग़ में अगर किसी पेड़ पर चढ़ना हो तो छीतर उन सबमें अव्वल रहता। पेड़ों पर चढ़कर जामुन तोड़ने और तमाम सब कामों में उसकी कोई बराबरी नहीं कर सकता।

मास्साब ने छीतर की ओर कुछ क़दम बढ़ाये और उसके गले में हाथ डालकर अपनी बगल में खड़ा कर लिया। "तो छीतर भी हम सबके साथ में रहेगा। मगर अपनी बकरियों का ख़याल रखते हुए। ठीक है ना! चलो, अब सब अपने–अपने काम में लग जाओ।"

कक्षा में परिभ्रमण की तैयारी एक दिन पहले ही की जा चुकी थी। परिभ्रमण कहाँ करना है, यह सुझाव भी बच्चों ने ही दिया था कि बाग़ में जाना बेहतर होगा। मास्साब ने परिभ्रमण पर जाने की इज़ाजत प्रधानाध्यापक से ले ली थी। परिभ्रमण में क्या करना है इसको लेकर आवश्यक निर्देश बच्चों को दिये गये थे।

मास्साब ने दोहराया–"सबसे पहले पेड़–पौधों पर लगी पत्तियों की 'जमावट' को देखना है। क्या पत्तियाँ हर पौधे और हर पेड़ पर किसी

ख़ास ढंग से जमी होती हैं या वैसे ही यहाँ–वहाँ उग आती हैं।" मास्साब की यह बात अभी भी बच्चों को समझ में नहीं आयी थी। हालाँकि इन बच्चों का स्कूल के बाद का काफ़ी सारा वक़्त इसी बाग़ में खेलने में बीतता है मगर अभी भी उनको समझ में नहीं आ रहा था कि आख़िर परिभ्रमण के दौरान करना क्या है।

कक्षा में परिभ्रमण की तैयारी एक दिन पहले ही की जा चुकी थी। परिभ्रमण कहाँ करना है, यह सुझाव भी बच्चों ने ही दिया था कि बाग़ में जाना बेहतर होगा। मास्साब ने परिभ्रमण पर जाने की इज़ाजत प्रधानाध्यापक से ले ली थी। परिभ्रमण में क्या करना है इसको लेकर आवश्यक निर्देश बच्चों को दिये गये थे।

नारंगी के दिमाग़ में चल रहा था कि पत्तियों की 'जमावट' को आख़िर देखना कैसे है। वह तो 'जमावट' नामक उस शब्द में ही उलझी हुई थी। वह सोच रही थी मास्साब से कैसे पूछें। उसने सोचा कि थोड़ा रुकती हूँ। कोई और मास्साब से पूछेगा तो उसे पता चल ही जायेगा। टोलियों में से "जमावट", "जमावट" जैसे शब्द बाग़ में गूँज रहे थे। नारंगी सोच में पड़ गयी कि उसकी माँ हमेशा घर में बर्तनों, कपड़ों और सामानों को जमाने की बात करती रहती है। कुछ कामों में उसकी माँ "नारंगी ये कर, नारंगी वो कर" की रट लगाती रहती है। इस चक्कर में कई बार कपड़े–बर्तन और किताबों को जमाने के चक्कर में उसे माँ की डाँट भी खानी पड़ती है।

आख़िरकार, भागचन्द्र ने मास्साब को अपनी ओर आने का इशारा किया। मास्साब भागचन्द्र की टोली के पास गये। भागचन्द्र की टोली के शाकिर ने पूछा–"सर जमावट क्या होती है?"

मास्साब थोड़ी देर तक सोचते रहे। मास्साब नाराज़ से लग रहे थे। मगर वे अपने आपको सँभालकर, सहज होते हुए बोले–"हाँ, रुको तो...। भई अगर जमावट का मतलब नहीं समझ पा रहे हो तो पत्तियों की जमावट को क्या खाक समझोगे।"

बाल वैज्ञानिक नामक पुस्तक में पत्तियों की जमावट को लेकर चित्र बने थे। ये चित्र पत्तियों की जमावट को समझने में मददगार तो थे मगर जब बच्चे हक़ीक़त में पेड़–पौधों पर लगी पत्तियों का अवलोकन करते तो उन्हें कुछ फ़र्क़ दिखाई देता। यह फ़र्क़ पत्तियों की बनावट या आकार

की वजह से होता। जैसा चित्र में होता उससे सम्बन्ध स्थापित करने में दिक्कत होती। मास्साब किताब व बच्चों के बीच मध्यस्थ के रूप में थे। यह मध्यस्थता काफ़ी कारगर होती।

टोलियों में सन्नाटा छा गया था। मगर हिम्मत करके एक साथ बोले–"नहीं आया समझ में।" मास्साब फिर से सोच में पड़ गये। उन्होंने सोचा कि वे तो कक्षा में सब कुछ समझा चुके थे। अब उनको गहराई से एहसास हुआ कि वाकई में बच्चों को समझ में नहीं आया। मास्साब ने ज़ोर से कहा–"सभी बच्चे अपना काम छोड़कर यहाँ आ जायें।... मैं कहता हूँ कि...।"

मास्साब की नाराज़गी भरी आवाज़ सुनकर सभी बच्चे उनके नज़दीक आ चुके थे। भागचन्द्र ने सफ़ाई देते हुए फिर से कहा–"समझ में नहीं आया।" मास्साब अब एकदम सामान्य थे– "अरे भई, चुप रहो अब। समझ में आ गया सब कुछ। देखो...।" इतना कहकर मास्साब ने सबकी ओर ध्यान से देखा। "देखो, पहले यह समझ लें कि जमावट का मतलब क्या है।"

डमरू बोला–"हाँ, कोई चीज़ कैसे जमी होती है।"

मास्साब डमरू की ओर घूमकर बोले–"कैसे...। कैसे देखोगे जमावट?"

नारंगी हँसते हुए बोली–"आँखों से देखेंगे।"

मास्साब सिर खुजाते हुए बोले–"वो तो ठीक है। मगर आँखों से देखोगे क्या?"

मास्साब ने एक डाली पर लगी पत्ती की ओर इशारा किया। "देखो, इसमें पत्ती डाली पर कैसे लगी है, ये देखना है। अब दूसरे किसी पेड़ या पौधे की डाली को देखो। इसमें क्या दिख रहा है। है ना फ़र्क़ दोनों की जमावट में। अब तुम्हारे पास तो किताब भी है। किताब में जो चित्र बना है इसको ध्यान से देखो कि पत्तियाँ कैसे जमी हुई हैं। बस... ऐसे देखते जाओ।"

भागचन्द्र सिर हिला रहा था मानो उसको सब कुछ समझ में आ चुका हो। "चलो, तो हमको इस तरह से पत्तियों की जमावट को देखना है।"

सभी टोलियाँ पत्तियों के अवलोकन में जुट गयीं।

उधर नारंगी देख रही थी कि एक बकरी काँटेदार झाड़ी में से पत्तियों को चुन–चुनकर खा रही है। वह सोच रही थी कि आख़िर बकरी कैसे काँटों के अन्दर मुँह डालकर बड़ी तरकीब से पत्तियों को खा लेती है।

नारंगी को उस वक़्त बकरी को काँटों में से पत्तियों को चुन–चुनकर खाते देख कई दिनों पहले बेर तोड़ने वाली बात याद आ गयी। जब वह बेर तोड़ रही थी तो उसे ज़ोर का काँटा जो चुभा था। उसे याद आया कि किस तरह काँटे के उँगली के अन्दर ही टूट जाने से उँगली में पस पड़ गया था। कोई पन्द्रह–बीसेक दिन लगे ही थे ठीक होने में। यह सब याद करते हुए फिर से नारंगी ने बकरी को देखा मगर वह मिमियाते हुए उससे दूर जा चुकी थी।

नारंगी अपनी टोली में जाकर पत्तियों की जमावट के अवलोकन में लग गयी। मास्साब ने स्कूल में भी बताया था कि पत्तियों की जमावट का अवलोकन ध्यान से करना है। नारंगी महसूस रही थी कि ये बकरी तो रोज़ ही तरह–तरह की पत्तियाँ खाती है। उसको पत्तियों और काँटों की जमावट के बारे में ज़रूर सब कुछ पता होगा। एक बार तो नारंगी ने सोचा कि वह बकरी के कान में धीरे–से जाकर पूछे कि "बता मेरी बकरी पत्ती की जमावट क्या है!" और बाग़ भर के पेड़–पौधों के पत्तों की जमावट के बारे में बकरी उसको कह दे और वो अपनी कॉपी में लिख ले। नारंगी ने मन ही मन सोचा कि बकरी में ऐसी समझ कहाँ! बकरी तो बोल भी नहीं सकती।

नारंगी ने अपनी टोली में कहा–"बकरी पत्तियों को अच्छी तरह से पहचानती होगी।" टोली के सदस्यों ने नारंगी से कहा–"पहले तू तो पहचान। फिर बकरियों की बात कर।" इतना कहकर बाक़ी के सदस्य पत्तियों के अवलोकन में खो गये।

नारंगी फिर से सोच में डूब गयी। तोते तो बकरी से भी छोटे हैं। फिर वे भी तो केरी, जामुन और सभी पेड़ों को पहचान लेते हैं। नारंगी को एहसास हुआ कि सोचने के चक्कर में कहीं ऐसा न हो कि वह अपने अवलोकन के काम में पीछे रह जाये। नारंगी अब एक और समस्या में फँस चुकी थी। उसके दिमाग़ में घूम रहा था कि मास्साब कभी तो 'पेड़' कहते और कभी 'पौधा' और कभी 'पेड़–पौधे'। ये चक्कर क्या है? वह सोचे जा रही थी कि गाँव के लोग तो 'झाड़' कहते हैं।

नारंगी ने अपनी टोली के चन्दर से जब यह बात कही कि, पेड़ और पौधे में क्या अन्तर है, तो वह भी कुछ देर तक सोच में पड़ गया। वह इतना ही बोला कि झाड़... झाड़ है ये सब।

नारंगी ने सोचा कि क्यों न हिम्मत करके मास्साब से ही पूछ लिया जाये। उसको याद आया कि अभी–अभी तो मास्साब नाराज़ जैसे हो गये थे। अगर फिर से सवाल पूछा तो पता नहीं अब सचमुच के ही नाराज़ हो जायेंगे। फिर भी उसने हिम्मत जुटाई। वह दौड़ती हुए मास्साब के पास गयी। मास्साब ने पूछा–"तुमको भी कुछ पूछना है?"

नारंगी संकोच कर रही थी–"नहीं... हाँ...।"

मास्साब सहज थे। वे मखमली लहजे में नारंगी से बोले–"अरे, डरो मत..."

"मास्साब ये पेड़ और पौधे क्या होते हैं?"

"अच्छा...! ओह...। ठीक ही बात को पकड़ा तुमने! देखो, अभी तुम इस चक्कर में मत पड़ो।" मास्साब ने नारंगी के माथे पर हाथ घुमाया।

नारंगी का हौसला बुलन्द हो गया था–"हम तो इनको 'झाड़' कहते हैं। ...फिर पेड़ और पौधे!"

मास्साब सरल अन्दाज़ में बोले–"बस तो, तुम झाड़ ही कहो। देखो, समझ लो...। ये जो बड़े–बड़े... जैसे कि जामुन, पीपल, इमली, नीम... ये पेड़ हैं। जिनके बड़े–बड़े तने होते हैं। और जैसे कि...। उन्होंने अपने आसपास नज़र दौड़ाई। उन्होंने सोचते हुए कहा कि जो छोटे होते हैं वे पौधे होते हैं। ...जैसे चना, गेहूँ, मक्का, घास, तुलसी।"

"तुम लोग परेशान क्यों होते हो? तुम तो झाड़ ही बोलो ना भई! नारंगी के चेहरे पर ख़ुशी थी। टोलियों में हिम्मत लौट आयी थी। टोलियों ने तय कर लिया कि 'झाड़' कहने से बात बन जायेगी।

बच्चे मास्साब अवलोकन में जुटे हुए थे। छीतर अब टोलियों में घूम रहा था। वह भी पेड़–पौधों की डाली पर लगी पत्तियों को ध्यान से देख रहा था। लच्छू चिल्लाया–"आमने–सामने है इसमें तो! एक इधर, दूसरी उधर। इसको तो जोड़ीदार पत्ती कहेंगे।" यह कहते हुए वह अपनी कॉपी को घुटने पर टिकाकर चित्र बनाने लगा।

बच्चों के हाथों में किताब और कॉपी थी। अवलोकन करने के चक्कर में किताब व कॉपी फिसले जा रही थी।

छीतर ने एक टोली को इशारा किया कि उसके पास आकर बहुत ही सुन्दर पत्ती को देखें। उसने एक बेल वाले पौधे की नरम–सी कोपल

को अपने हाथ में सँभाल रखा था। छीतर कह रहा था कि इसमें डाली के चारों ओर पत्तियाँ जमी हुई हैं। इसमें गुच्छेदार जमावट है।

तभी एक दूसरी टोली चिल्लायी–"इसमें तो पत्ते डाली के दोनों ओर एक–एक करके जमे हैं। इसे तो अकेली पत्ती ही कहना ठीक होगा।"

जिस टोली में से ज़ोर से चिल्लाने की आवाज़ आयी थी उसमें अब नारंगी शामिल हो चुकी थी। नारंगी बोली–"इतनी बार बेर तोड़–तोड़कर खाये मगर पत्ती की जमावट पर ध्यान ही नहीं गया।"

डमरू बोला–"अब ये तो तुम्हारे ऊपर है कि बेर खाते वक़्त तुम क्या सोच रही थीं। अगर तुम पत्तों की जमावट के बारे में सोच रही होतीं तो तुम्हारा ध्यान उस पर ज़रूर जाता। तब तो तुम्हारा ध्यान केवल बेर तोड़कर खाने पर रहा होगा। तुमने सोचा होगा कि पत्तियों से क्या लेना–देना!"

डमरू की बातों को मास्साब गौर से सुन रहे थे। मास्साब डमरू की बात सुनकर सोच में डूब गये कि आख़िर बच्चे भी कितना गहराई से सोच सकते हैं।

नारंगी की टोली के बच्चे बेर के पत्तों को टहनी पर लगे हुए देख रहे थे। जैसा देख रहे थे वैसा ही बोल भी रहे थे, और वैसा ही कॉपी में लिखा भी जा रहा था। "बेर की पत्ती गोल–गोल। एकदम चिकनी। हरे रंग की। और हाँ निचली बाजू ऊपरी बाजू से एकदम फ़र्क़–ऊपरी बाजू एकदम हरी, चिकनी और निचली वाली छूने पर थोड़ी–सी मखमली और सफ़ेदी लिए हुए।"

बाग़ के सभी पेड़–पौधों की पत्तियों में जमावट को देखा जा रहा था। टोलियों की आवाज़ बाग़ में गूँज रही थी–"...इसमें भी अकेली, इसमें... जोड़ीदार, और इसमें....गुच्छेदार...। मगर इसमें...फिर से गुच्छेदार। और इसमें...।''

जल्द ही लगभग सभी बच्चे एक समस्या में फँस गये लग रहे थे। बच्चों को कई सारे पौधों के नाम पता नहीं थे। वे जमावट को पहचानने की कोशिश तो कर पा रहे थे, मगर पौधों को नहीं पहचान पा रहे थे। वे एक–दूसरे से पौधों के नाम पूछते। कुछ के नाम पता चल जाते तो अगले ही चरण में दूसरा कोई पौधा अनजान दिख जाता। बच्चों को लगा

कि क्यों न छीतर से पूछा जाये। छीतर तो उन पेड़ों के कुछ ऐसे नाम बताता जो एकदम ग्रामीण होते।

बच्चों को एहसास हुआ कि मास्साब के पास इस समस्या का समाधान ज़रूर होगा। मास्साब गाँव के कुछ लोगों से बतिया रहे थे। जब बच्चे उनके पास पौधे लेकर गये तो वे भी सोच में पड़ गये। उनके पास जवाब नहीं था। असल में उनको भी बाग़ के कई पेड़–पौधों के नाम नहीं मालूम थे। उन्होंने उनके पास खड़े होकर बतिया रहे लोगों से पूछा। वे भी उनके स्थानीय नाम बता रहे थे।

मास्साब ने कहा–"देखो ये जो भी नाम बता रहे हैं, उनको अपनी कॉपी में लिख लो। ये जो बता रहे हैं यही इनके सही नाम हैं। अरे, तुम्हारे साथ तो छीतर भी है। क्यों न तुम उससे भी पूछो।" नारंगी बोली– "वो भी तो गाँव के ही नाम बताता है।" मास्साब हँसते हुए बोले– "अरे, तो इसमें गलत क्या है। गाँव के नाम क्या 'नाम' नहीं होते? बिल्कुल उसकी मदद हमको लेनी चाहिए।"

मास्साब की बात सुनकर छीतर का सीना चौड़ा हो गया था। उसके चेहरे पर मुस्कान थी। उसे लग रहा था कि चलो, स्कूल नहीं गये तो क्या कुछ तो उसको भी अक्ल है। फिर क्या था। टोलियाँ अपनी कॉपी में पौधों के देसी नाम लिख रही थी।

लच्छू को ध्यान आया कि मास्साब ने पत्तियों को तोड़कर ले चलने को भी कहा था। पत्तियों को स्कूल में ले जाने के लिए वे पुराने अख़बार लेकर आये थे। टोली के कुछ बच्चे पुरानी किताबें लेकर आये थे, जिसमें पत्तियों को दबाकर ले जा सकें। भागचन्द्र पोलीथीन की थैली लेकर आया था।

टोलियों ने पत्तियाँ तोड़कर अपने साथ लाये अख़बार, पुरानी किताबों और पोलीथीन की थैली में रख ली थीं। अचानक ही एक साथ बच्चे बोले–"चलो खेलें।" फिर क्या था, उनके बीच अब नोक–झोंक हो रही थी, खेल के चुनाव को लेकर। मास्साब ने उनकी खेल की बात सुन ली थी। मास्साब उनके पास आ गये और बोले, चलो, "पत्तों वाला खेल खेलते हैं।" लगभग सभी बच्चे बोले–"पहले तो कभी खेला नहीं।"

मास्साब बोले–"तो चलो खेलकर देखते हैं। अपने आप पता चल जायेगा।" मास्साब जिस खेल की बात कर रहे थे वह बहुत ही जल्दी से

बच्चों को समझ में आ गयीं। "अरे," शाकिर बोला—"पत्तियों वाला खेल। अरे, पहचान करने वाला खेल।"

खेल में मास्साब भी बराबरी से शामिल थे।

घास पर सभी बैठ गये थे। अलग—अलग पत्तियों को गोल घेरे के बीचोबीच रख दिया गया। अब एक की आँख पर रूमाल की पट्टी बाँधकर उसे पत्तियों को पहचानना था। जो पत्ती को नहीं पहचान पाता उसे सभी मिलकर जो भी कहेंगे, वह करना होता। छीतर सोच रहा था कि उसे इस खेल में कोई नहीं हरा सकता। वह तो सभी पत्तियों को हाथ से छूकर एक झटके में ही पहचान लेगा। और वैसा ही हुआ भी। एक बार तो मास्साब को भी दाम देना पड़ा। मास्साब को सभी बच्चों ने मिलकर गाना गाने को कहा। मास्साब ने बच्चों के सामने एक अच्छा—सा गाना गाया। जब नारंगी की बारी आयी तो एक पत्ती को, वह भी नहीं पहचान पायी। नारंगी ने दाम दिया और एक क़िस्सा सुनाया, जो उसकी माँ रात को सुनाया करती थी। डमरू ने चुटकुला सुनाया।

मास्साब के निर्देशानुसार टोलियों ने पत्तियों को पुरानी किताबों व अख़बारों में दबाकर रख दिया था। कुछ दिनों तक पत्तियों को अख़बारों व पुरानी किताबों में दबाकर रखने का मकसद बच्चों को पता था। मास्साब ने बताया था कि पत्तियों को पुराने अख़बारों या पत्रिकाओं में दबाकर रखने से उनका स्वाभाविक स्वरूप बरकरार रहते हुए वे सूख जायेगी। मास्साब ने यह भी निर्देश दिये थे कि दो—तीन दिनों के बाद पत्तियों को किसी दूसरे पन्नों के बीच दबाकर रखना होगा। बच्चों ने यह कार्य बख़ूबी किया था।

× × ×

मास्साब गोंद की शीशी और ड्राइंग शीट्स लेकर कक्षा की ओर आ रहे थे। मास्साब ने अपने जूते कक्षा के बाहर छोड़े और कक्षा के अन्दर आ गये। कुछ बच्चे अभी भी कक्षा के बाहर ही थे। मास्साब को कक्षा में जाते देखकर बच्चे दौड़े और उन्होंने भी अपने जूते मास्साब के बगल में जमाकर रख दिये।

मास्साब ने ब्लैकबोर्ड की ओर मुँह करके कहा—"देखो।" फिर वो सबके सामने मुड़े और मानो कुछ और कहना चाह रहे हों। मास्साब कुछ

आगे कहें इसके पहले ही नारंगी बैठे–बैठे ही बोली–"हमको तो पत्तियों में जमावट कम ही देखने को मिली।" नारंगी की बात का मतलब मास्साब समझ गये थे। "तो तुम क्या समझ रही थीं?" नारंगी सभी की ओर से बोली–"हम तो समझ रहे थे कि हर झाड़ में अलग–अलग जमावट होती होगी।" मास्साब उसकी बात को सुनकर बोले–"हर पेड़–पौधे में चाहे कोई छोटा हो या बड़ा, सभी में जमावट का एक ख़ास तरीक़ा तो होता ही है। ये तो तुमने देखा है और अपनी कॉपी में उनके चित्र भी बनाये हैं।"

चित्रों की बात आयी तो सभी अपनी कॉपी में चित्रों को देखने में लग गये। डमरू ने पत्ती की जमावट वाले चित्र कॉपी के पीछे के अन्दर वाले कवर पर बनाये थे। उसको लगा कि वह घर पर बढ़िया से चित्र बनायेगा।

"बाग़ में तो हमको तीन तरह की ही जमावट मिली।" नारंगी बोली।

"तो क्या और तरह की जमावट भी होती है?" नारंगी ने फिर से पूछा।

मास्साब बोले–"देखो, इसका जवाब भी तुमको ही खोजना है। हाँ, अभी तो ख़ुद के अवलोकन के आधार पर हम इतना ही कह सकते हैं। तो अब पत्ती वाला पाठ ख़त्म नहीं हुआ है। असल पाठ तो अब शुरू हुआ है। अब तुमको जहाँ कहीं भी पेड़–पौधे दिखें तो उनमें पत्तियों की जमावट को बारीकी से ज़रूर देखना।"

"पत्तियों का रंग हरा ही क्यों होता है?" लच्छू ने पूछा।

"किसने कह दिया कि हरा ही होता है।" रघु बीच में ही बोला। "अरे, पत्तियाँ चितकबरी भी होती हैं। वह देख," दरवाज़े से बाहर उसने स्कूल की मेढ़ में लगे पौधे की ओर इशारा किया।

"हाँ, वह तो ठीक ही है। मगर झाड़ों पर लगी पत्तियाँ हरी होती है।" डमरू बोला।

मास्साब अब मुस्कराते हुए सोच रहे थे कि पत्तियों के हरे रंग वाली बात का जवाब कैसे दिया जाये, इन बच्चों को। इनको अभी तो इतना ही बताना चाहिए जिससे कि वे कठिन नाम सुनकर घबरा न जायें। "देखो, पत्तियों में हरे रंग की एक चीज़ होती है। पत्तियों में हरे रंग की यह चीज़ बड़ी कमाल की होती है। इस हरे रंग की चीज़ की बदौलत ही हम सभी को भोजन मिलता है। जिस हरियाली की बात तुम कर रहे हो, सच में तो यह पत्तियों की ही देन है।"

मास्साब की यह बात भी बच्चों को समझ में पूरी तरह नहीं आयी थी। यह जवाब सुनकर बच्चे चुप हो गये थे। मास्साब ने एक बारी तो सोचा कि बच्चों को बता दिया जाये कि पत्तियों में क्लोरोफिल होता है मगर उन्हें कुछ याद आया कि यह शब्द बच्चों को भारी लगेगा। मास्साब महसूस रहे थे कि बच्चों को पत्तियों के भोजन बनाने वाली बात भी भारी लग रही थी। बहरहाल, पत्तियों के हरे रंग का मामला टलता दिख रहा था।

तभी शाकिर साहित्यिक अन्दाज़ में बोला–"बरसात के आते ही हमारा बाग़ हरियाली से ढँक जाता है।"

शाकिर की बात सुनकर सभी भौचक रह गये।

"अरे, कई पत्तियों को तो हम खाते भी हैं।" हाँ बिल्कुल ठीक कह रहे हो डमरू। मास्साब ने कहा। "तो ऐसा करो कि तुम सब अब जो पत्तियाँ अपने साथ लाये हो उनको अलग–अलग गुणधर्मों के आधार पर समूह बनाते हुए कागज़ की शीट पर चिपकाओ।" मास्साब थोड़ा रुककर बोले–''जैसे कि चिकनी पत्ती, नुकीली पत्ती।" लच्छू अचानक खड़े होकर एक साँस में बोला–"जैसे कि दूध वाली पत्ती।"

मास्साब ने कहा–"शाबाश।"

रघु बोला–"जैसे कि कटे किनारे वाली पत्ती।"

मास्साब के चेहरे पर ख़ुशी थी।

अब भागचन्द्र की बारी थी–एक तरफ़ चिकनी, दूसरी तरफ़ खुरदरी।

मास्साब हँसकर अपनी सहमति दर्ज करा रहे थे।

शाकीर–खुशबूदार पत्ती!

मास्साब–बिल्कुल ठीक।

डमरू–पीली पत्ती।

भागचन्द्र–"कोई पीली पत्ती भी होती है। गलत बोल रहा है।''

भागचन्द्र की "हाँ" में "हाँ" दूसरे भी मिलाने लगे।

पत्ती तो हरी होती है।

बच्चे आपस में बहस कर रहे थे और मास्साब उनकी बातचीत का अवलोकन कर रहे थे। "पीली पत्ती किन पेड़–पौधों में होती है? ...तो डमरू से तो पूछा जाये। क्या उसने कोई पीली पत्ती देखी है?''

डमरू हिम्मत से उठा–"फागुन महीने में जामुन और महुवे की पत्ती पीली पड़ जाती हैं।"

अचानक सभी चुप हो गये और सोचने लगे।

तभी भागचन्द्र बोला– "राइट।"

मास्साब ने चर्चा में एक और नया मोड़ देने की कोशिश की। "अरे भई थोड़ी देर पहले ही तो कोई कह रहा था कि पत्तियाँ लाल रंग की भी होती हैं।"

नारंगी हिम्मत जुटाते हुए पूछने लगी–"पत्ती में ऐसा क्या है कि कोई लाल और कोई हरी और कोई चितकबरी होती है?''

मास्साब छत की ओर ताक़ते हुए बोले–"अच्छा सवाल है। मगर मुझे भी इसका जवाब नहीं मालूम।''

कक्षा के एक कोने में रखी हुई कुर्सी पर बैठते हुए मास्साब बोले–"तुमको तो बताया ही है कि तुम चाहो तो अपने सवाल सवालीराम को चिट्ठी लिखकर भी पूछ सकते हो।" इतना कहकर मास्साब कुर्सी पर से उठे और कक्षा से बाहर चले गये। कक्षा में बच्चे अपनी–अपनी टोलियों में पत्तियों के गुणधर्मों को चुनकर काग़ज़ की बड़ी शीट पर चिपकाने में जुट गये।

पत्तियों को चार्ट्स पर चिपकाया जा चुका था। पत्तियों के चार्ट्स को दीवारों पर लगा दिया गया था। ये चार्ट्स बच्चों ने बनाकर दीवार पर चस्पा किये थे इसलिए उनकी पहुँच में थे। वे उन चार्ट्स को जब चाहे छू सकते थे। कक्षा की दीवारें चार्टमय हो चुकी थीं।

बल्ब जलाओ जगमग–जगमग

"देखो...। मैं आज गणित में तड़ी मारने वाला हूँ।" भागचन्द्र ने गली के मोड़ पर इसरार और नारंगी से कहा।

"क्यों?" इसरार और नारंगी ने एक साथ पूछा।

परेशान भागचन्द्र बोला– "अगर मैं आज गणित की क्लास में दिख गया तो मास्साब तो पीट डालेंगे। गणित के सवाल तो आ ही नहीं रहे...।"

"...क्लास में मास्साब पूछेंगे तो?" नारंगी ठिठक गयी और चिन्ता में पड़ गयी।

"...सोचने तो दे।" भागचन्द्र को डर सता रहा था। डर उसे यह तय करने में बाधक बन रहा था कि आख़िर गणित के पीरियड में नहीं जाने की वजह बतायेगा क्या। बाद में उसका क्या हाल होगा इसे लेकर वह चिन्तित हो रहा था। भागचन्द्र बुदबुदाया–"क्या करूँ...? मास्साब ने सवाल करने को दिये थे उनमें से एक भी नहीं कर पाया हूँ।"

भागचन्द्र सोचे जा रहा था कि वह गलत कर रहा है। वह महसूस रहा था कि उसके दोस्त भी उसे गलत समझ रहे हैं। आख़िर वह बेबस व लाचार दिखाई दे रहा था। "चिन्ता मत करो। कह दूँगा पेट दर्द हो रहा था। ...बस।" भागचन्द्र ने पेट को पकड़ते हुए नाटकीय मंचन किया मानो सचमुच ही उसका पेट दर्द कर रहा हो।

"भागू तू गलत कर रहा है।" इसरार बोला।

"अरे, मैं विज्ञान में तो आ ही रहा हूँ। आज 'बिजली के कारनामे' जो होने वाले हैं।" अपने पेट को पकड़ते हुए बोला। "देख मैं तो घर से सेल भी लेकर लाया हूँ।"

"और...।" इसरार कहते–कहते रुक गया।

और क्या...? बोल...। भागचन्द्र के चेहरे पर डर साफ़ दिख रहा था मगर वह उस डर को छिपाने की पूरी कोशिश कर रहा था। एक डर तो गणित की कक्षा का और दूसरा स्कूल से ग़ायब रहने का। "...मास्साब ने हमसे पूछा तो?" इसरार सहमकर बोला।

"मेरा पूछे तो बोल देना मालूम नहीं। ...बस।" भागचन्द्र अपने आपको निश्चिन्त करने की कोशिश कर रहा था।

"चल, मैं स्कूल के पीछे खाई की तरफ़ जा रहा हूँ।" यह कहते हुए भागचन्द्र स्कूल का रास्ता बदलकर चल दिया।

जाते हुए भागचन्द्र की ओर मुड़कर नारंगी बोली–"मास्साब ने देख लिया तो तेरी बारह बजा देंगे।"

"हाँ, तेरे घर ख़बर पहुँच गयी तो तेरे बापू भी छोड़ने वाले नहीं।" इसरार चिन्तित हो रहा था कि कहीं ये बात भागचन्द्र के बापू से होते हुए उसके वालिद को पता न चल जाये।

नारंगी और इसरार स्कूल के अन्दर जाते हुए एक–दूसरे से कह रहे थे–"फँसेगा ये आज।" गणित का पीरियड लग चुका था। गणित वाले शिक्षक कक्षा में जैसे ही घुसे कि पूरी कक्षा में सन्नाटा छा गया था। वजह थी ज़्यादातर बच्चों को जो गृह कार्य दिया गया था उसे हल न कर पाना।

नारंगी सोच रही थी कि अगर वह लड़का होती तो वह भी आज स्कूल हरगिज़ नहीं आती। फिर उसने अपने आपको दिलासा दिया कि लड़की होने से क्या हुआ! बहाने बनाना तो उसको भी आता है। नारंगी अपने को हिम्मत दिलाने की कोशिश कर रही थी। नारंगी सोच रही थी कि भागचन्द्र जितना अन्दर से डरा हुआ है उतनी ही वह अन्दर से हिम्मत वाली है।

उधर इसरार सोच में पड़ा हुआ था कि बच्चू गणित से किसी तरह पीछा छूट गया तो सामाजिक अध्ययन जान ले लेगा। दरअसल, उसने अब तक सामाजिक अध्ययन की कॉपी में कुछ भी नहीं लिखा था।

यही हाल रघु, डमरू और दूसरों का था।

कक्षा में हाज़िरी ली जा चुकी थी। गणित के मास्साब ने कक्षा में नज़र दौड़ाई और बोले–"अच्छा, तो तुम अपना काम करो। ...ठीक है।"

इतना कहकर मास्साब हाज़िरी रजिस्टर बगल में दबाकर प्रधानाध्यापक के कमरे की ओर चल दिये।

मास्साब ने जैसे ही कक्षा की देहलीज़ से क़दम बाहर रखे कि बच्चों के चेहरों से डर रफूचक्कर होकर ख़ुशी छा गयी थी।

"नारंगी ने एक लम्बी साँस ली और अपने बगल में बैठे डमरू को कोहनी मारते हुए बोली–"बच गये आज तो...।"

गणित की कक्षा में गणित की किताब बच्चों ने बस्ते में से अब तक निकाली नहीं थी। कक्षा में सन्नाटा पसरा पड़ा था। बच्चों को डर था कि अगर वे शोर करेंगे तो मास्साब आकर गणित पढ़ाना शुरू कर देंगे। इस वजह से कुछ बच्चे अपनी कॉपी के पीछे के पन्नों पर चित्र बना रहे थे। कुछ कॉपी में से पन्नों को फाड़–फाड़कर अपनी पसन्द का खिलौने बनाने में जुट हुए थे। कुछ अपने बस्ते में रखी हुई चकमक पढ़ रहे थे।

खाई की पाल की झाड़ियों में दुबका भागचन्द्र पीरियड की घण्टी बजने का इन्तज़ार कर रहा था। उसने अपने आपसे कहा–"अब तो गणित का पीरियड ख़त्म होने वाला ही होगा। विज्ञान की कक्षा शुरू होने के पहले ही पहुँच जाना चाहिए।"

खाई पार करके जल्दी से भागचन्द्र दौड़ा और स्कूल के अन्दर घुसते हुए उसको याद आया कि उसे तो पेट दर्द का नाटक करना है। यह सोचकर चेहरे पर उदासी के भाव लाकर अपनी रफ़्तार धीमी कर चुका था। उसने मन ही मन तय किया कि अगर मास्साब ने पूछ लिया तो वह सचमुच ऐसा लगे कि पेट में दर्द हो रहा हो। इसीलिए वह अपने पेट को पकड़े हुए झुककर चल रहा था।

भागचन्द्र ने कक्षा में घुसकर राहत की साँस ली। उसके लिए सुकून की बात यह थी कि स्कूल में घुसने के दौरान उसका किसी भी शिक्षक से सामना नहीं हुआ। बच्चे उसकी ओर देख व्यंग्यात्मक ढंग से मुस्करा रहे थे।

भागचन्द्र यह देख इसरार और नारंगी पर नाराज़ होते हुए बोला–"कर दी चुगली। मैं भी अब देख लूँगा।"

इसरार बोला–"नहीं रे...।"

विज्ञान का ठोका लगने को पाँच मिनट बीत चुके थे। अब तक मास्साब कक्षा में नहीं पहुँचे थे। फिर भी बच्चे अपनी–अपनी टोलियों में

बैठने की प्रक्रिया में लगे हुए थे। पिछले पाँच महीनों में विज्ञान की कक्षा में बच्चों की आदत टोलियों में बैठने की पड़ चुकी थी। विज्ञान वाले मास्साब को कक्षा की ओर आते हुए देखकर सभी बच्चों के चेहरों पर ख़ुशी की लहर दौड़ गयी।

मास्साब, बिजली के तार और बल्ब वगैरह लिए कक्षा की ओर क़दम बढ़ा रहे थे। सामान उन्होंने टेबल पर रखते हुए बच्चों की ओर एक मुस्कान डाली। बच्चे टोलियों में सेट होने में लग गये। आज टोली नम्बर दो और तीन के तीन बच्चे अनुपस्थित थे इस वजह से दोनों टोलियों को मिलाकर पाँच बच्चों की एक टोली बनाने के निर्देश दिये। मास्साब ने देखा कि बच्चे उनके मुताबिक़ टोलियों में बैठ चुके हैं।

बिजली के तारों को सुलझाते हुए मास्साब बोले–"कौन–कौन सेल लाया है?" मास्साब ने देखा कि दो टोली के बच्चे ही अपने घर से सेल लेकर आये हैं। मास्साब ने दोनों टोलियों से सेल ले लिए। सेलों को उलट–पलटकर देखते हुए पूछा–"चालू तो है?" टोलियों को सेल लौटाते हुए मास्साब ने पूछा–"बाक़ी लोग सेल क्यों नहीं लाये?"

मास्साब के पूछने पर कक्षा में चुप्पी थी। मास्साब सोच रहे थे कि हो सकता है कि बच्चों के घर पर टार्च न हो। या हो सकता है कि घर के बड़ों ने मना कर दिया हो। मास्साब ने बिना कोई जवाब की उम्मीद किये जिन टोलियों में सेल नहीं थे उनको एक–एक सेल अपनी ओर से दे दिया। साथ ही सभी टोलियों में दो–दो तार, एक–एक बल्ब और बल्ब होल्डर वितरित कर दिये।

मास्साब ने जैसे ही तार, होल्डर और बल्ब आदि टोलियों में वितरित किया कि बच्चे उनको उलटने–पलटने में लग गये। मास्साब का ध्यान एक टोली पर गया। वे मन ही मन मुस्कराये कि बच्चों ने बल्ब को बिना होल्डर में फिट किये सेल से जोड़कर जला लिया है। मास्साब थोड़ा झल्लाये–"तसल्ली तो रखो। इतनी भी क्या जल्दी पड़ी है।"

मास्साब अपने को नियन्त्रित कर सोचने लगे कि बच्चों ने गलत तो कुछ भी नहीं किया। उन्हें याद आया कि शिक्षक प्रशिक्षण में उनकी कक्षा में भी तो ऐसा ही माहौल हो जाया करता था। मास्साब को ध्यान आया कि उनकी टोली के सदस्य भी तो इतनी ही जल्दी मचाते थे। मास्साब शान्त थे। "तो चलो बिजली का पाठ निकालो।" मास्साब ने किताब का

पाठ खोला और उसमें से पाठ का पेज नम्बर खोलकर बच्चों को कहा कि वे पेज निकालें।

शान्त व धैर्य के मूड में आ चुके मास्साब ने एक बार फिर से सभी को शान्त रहने को कहा। मगर भागचन्द्र अभी भी बल्ब को जलाये ही जा रहा था। मास्साब भागचन्द्र के पास गये और झुककर उसके कन्धे पर हाथ रखते हुए बोले–"तुम्हें अलग से कहना पड़ेगा।"

भागचन्द्र सोच रहा था कि वह तो चुप ही है। बस, बल्ब ही तो जला रहा है। सहमकर बोला–"जी मास्साब...।" मास्साब बोर्ड की ओर जाते हुए बोले–"क्या 'जी' 'जी' लगा रखा है। अभी ये बल्ब जलाना बन्द करो और पाठ खोलो।"

भागचन्द्र बल्ब जलाने में इतना मशगूल था कि उसने सुना ही नहीं कि मास्साब ने कौन–सा पेज खोलने को कहा है।

भागचन्द्र ने पास की ही टोली वाले की विज्ञान की किताब में देखा और अपनी किताब में पाठ खोल लिया।

मास्साब ने कहा–"चलो... पाठ के पहले पेज को पढ़ लो।" मास्साब कक्षा में टहल रहे थे। बच्चे टोलियों में पढ़ने की कोशिश कर रहे थे।

कक्षा में शोर होने लगा था। वजह यह थी कि बच्चे ज़ोर–ज़ोर से पढ़ रहे थे। मास्साब परेशान हो रहे थे कि आख़िर ये मन ही मन में क्यों नहीं पढ़ते। मास्साब ने इस बारी भी धैर्य रखा और कक्षा में किसी से कुछ नहीं कहा बच्चों की एक समस्या यह थी कि वे अक्षर–दर–अक्षर शब्द बनाकर पढ़ तो पाते मगर पूरा वाक्य पढ़कर समझ नहीं पाते थे। मास्साब का ध्यान इस पर भी था कि बच्चे पढ़ते वक़्त आख़िर कर क्या रहे हैं। मास्साब ने देखा कि बच्चे केवल हिज्जों को पढ़ते हैं। अर्थ तो दूर–दूर तक समझ में नहीं आ रहा है। हालाँकि कुछ अच्छा, उनकी पसन्द का हो जिसमें बढ़िया चित्र हो ऐसी किताब या पत्रिका को पढ़ने की कोशिश वे ज़रूर करते। चकमक उन पत्रिकाओं में से एक थी जो बच्चे अपनी मर्ज़ी से पढ़ते थे।

वैसे पढ़ने और पढ़कर समझने की यह समस्या इसी स्कूल के बच्चों की नहीं है। यह तो व्यापक समस्या रही है। मास्साब ने यह भी अनुभव किया कि बच्चों को मौखिक कोई बात कही जाये तो वे बढ़िया से समझ पाते हैं। इसी प्रकार से अगर किताब में कुछ लिखा हुआ उनकी अपनी

भाषा में बताया जाये तो वे उसे अच्छे से समझ लेते हैं। दूसरी बात जो मास्साब ने अनुभव की थी वह यह कि बच्चों को अगर कोई प्रयोग करने का तरीक़ा अच्छे से बता दिया जाये तो फिर वे उसे कर पाते हैं मगर वे ख़ुद पढ़कर, प्रयोग करने की क्षमता में निपुण नहीं हैं। इसकी वजह यही थी कि प्राथमिक कक्षाओं में बच्चों को पढ़ने व पढ़कर समझने के अवसर का न मिल पाना।

वैसे एक समय ऐसा था जब मास्साब और शिक्षक समुदाय ऐसा समझते थे कि बच्चे तो 'गधे' होते हैं मगर मास्साब का बच्चों के प्रति यह नज़रिया ढीला पड़ता जा रहा था। हालाँकि मास्साब इस धारणा से पूरी तरह मुक्त तो नहीं हुए थे मगर वे अब मानते लग रहे थे कि बच्चों के बारे में यह कहना–"वे गलत हैं, उन्हें आता नहीं, यह ठीक नहीं।"

मास्साब ने जब विज्ञान शिक्षण का प्रशिक्षण प्रारम्भ किया था तब अन्य स्कूलों के बाल विज्ञान के शिक्षक साथी भी गफलत में पड़ जाते। प्रयोग को स्रोत दल के द्वारा करते हुए देख या उनके द्वारा समझाने पर शिक्षक साथी बढ़िया से कर पाते थे। इसकी वजह यह थी कि मास्साब में भी किसी प्रयोग को पढ़कर प्रयोग करने का हुनर और आत्मविश्वास पैदा नहीं हुआ था। प्रशिक्षणों और मासिक बैठकों में बारम्बार इस प्रक्रिया से गुज़रने का ही परिणाम था प्रयोग करने और सवाल करने की कला का विकसित होना।

अब मास्साब ने बच्चों पर दोषारोपण करना बन्द कर दिया था। वे मानने लगे थे कि समस्या यह नहीं कि बच्चे पढ़ना सीख नहीं सकते। असल समस्या पढ़ना सिखाने के तरीक़ों में है।

करीब पन्द्रह मिनट से बच्चे कक्षा में अलाप लेकर पढ़े जा रहे थे। मास्साब को लगा कि जो पाठ्य तीन–चार मिनट में पढ़ा जा सकता है उसे पढ़ने में पन्द्रह मिनट भी कम पड़ रहे हैं। उन्होंने बच्चों को चुप कराया और पूछा–"क्या समझ में आया?" इस सवाल पर बच्चों में चुप्पी थी। मास्साब ने इस चुप्पी को तोड़ना उचित समझा और पाठ का पहला पेज ख़ुद पढ़ने लगे कि मानो वे बच्चों को कहानी सुना रहे हों। दरअसल बाल विज्ञान का यह पाठ्य कहानीनुमा ही था।

मास्साब बोर्ड के सामने खड़े होकर पढ़ते जा रहे थे–सबीहा के अब्बा परेशान थे। बार–बार टार्च को ठीक कर रहे थे। साथ ही कुछ बड़बड़ा

भी रहे थे। "अरे, आज ही तो छुट्टन नये सेल डलवाकर लाया है। फिर क्या हो गया इस कम्बख्त टार्च को।" यह सुनकर सबीहा चुपचाप उनके हाथ से टार्च ले आयी और एक कोने में बैठकर उसकी जाँच करने लगी। मन ही मन सोचती भी गयी। देखूँ, कहीं बल्ब तो फ्यूज़ नहीं हुआ? उफ़, कैसी कसकर घुमाई है इसकी चूड़ी। हाँ, खुल गयी। बल्ब निकालकर देखूँ। बल्ब तो बाहर से ठीक़ ही लग रहा है। इसे वापस वैसे ही लगा देती हूँ। सेल? सेल तो नये डाले हैं। फिर भी देख लेती हूँ। अरे, ये क्या? एक सेल तो उल्टा लगाया हुआ है। यह तो छुट्टन की ही करामात है।

जब पैराग्राफ़ में फ्यूज़ बल्ब का ज़िक्र आया तो कुछ बच्चे टोलियों में दिये बल्ब को बारीक़ी से फ्यूज़ होने का अर्थ उस छोटे से बल्ब में खोज रहे थे। मगर ये बल्ब तो मास्साब ने पहले से ही जाँच–परख कर टोलियों में उपलब्ध कराये थे।

पहला पैराग्राफ़ पढ़ा जा चुका था। मास्साब ने खुली हुई बाल विज्ञान की किताब को टेबल पर उल्टी रख बच्चों की ओर मुस्कान बिखेरी और पूछा–"समझ में आया कि नहीं?"

बच्चों ने एक साथ कहा–"हाँ मास्साब।"

मास्साब ने कहा–"चलो तो आगे भी पढ़ लेते हैं।" मास्साब ने एक पैराग्राफ़ और पढ़ा।

'दो मिनट में सबीहा ने लौटकर जलती हुई टार्च अब्बा के हाथ में थमाई। ख़ुशी से उन्होंने उसकी पीठ पर हाथ रखा और तुरन्त टार्च लेकर बाहर निकल आये।'

इन दो पैराग्राफ़ के बाद का किताब का अगला पैराग्राफ़ बच्चों के अनुभवों को कक्षा का हिस्सा बनाने के विचार से रखा गया था। मास्साब ने किताब के तीसरे पैराग्राफ़ को हूबहू न पढ़ते हुए उस पर बातचीत करना उचित समझा। पहले उस पैराग्राफ़ को मास्साब ने मन में ही एक साँस में पढ़ा व चर्चा प्रारम्भ की।

मास्साब ने कुछ देर बाद कहा–"क्यों समझ में आया...?"

रघु बैठे ही बैठे बोला–"सबीहा के अब्बा परेशान थे।"

मास्साब ने पूछा–"क्यों परेशान थे?"

"मास्साब...टार्च नहीं जल रही थी उसकी।" रघु बोला।

"तो फिर क्या किया?" मास्साब ने पूछा।

अबकी बार नारंगी बोली–"सबीहा ने टार्च में सेल को सही जमा दिया।"

"कैसे जमा दिये?" मास्साब ने पूछा।

नारंगी हिम्मत करके बोली–"सही तरीक़े से जमा दिये।"

मास्साब ने फिर से पूछा–"तुम लोगों ने टार्च देखी है?"

मास्साब के इस सवाल पर लगभग सभी बच्चों के हाथ उठे हुए थे।

चन्दर बोला–"मास्साब एक बार मेरे घर पर भी ऐसा ही हुआ था। मेरे घर पर टार्च में सेल गलत लगे थे तो मैंने उनको सही जमा दिये थे।"

मास्साब बोले–"वेरी गुड। टार्च को चालू करने के लिए सेल अच्छे से लगाना पड़ता है।"

बच्चों के साथ बातचीत के दौरान मास्साब ने एक और अवलोकन किया। बल्ब जलाओ जगमग–जगमग वाले पाठ के कार्टूनों को बच्चे चटखारे ले–लेकर पढ़ रहे थे। मास्साब को एहसास हुआ कि उन्होंने अब तक किताब के किसी भी पाठ के कार्टून की ओर बच्चों का ध्यान नहीं दिलाया मगर फिर भी वे कार्टूनों का आनन्द उठाते हैं। उन्हें ख़याल आया कि हो सकता है कि बाक़ी पाठों के कार्टूनों को भी बच्चों ने ज़रूर पढ़ा होगा।

मास्साब कार्टून के ख़याल से बाहर निकलकर टार्च वाली बात पर लौटे–"अच्छा, हमारे पास में एक टार्च है। कल तुम अपने घर वालों से पूछकर टार्च ज़रूर लेकर आना। कल हम देखेंगे कि टार्च कैसे काम करती है। पहले हम बल्ब जलाने का प्रयोग करते हैं।"

मास्साब को एहसास हुआ कि जैसा किताब में लिखा है वैसा का वैसा ही पढ़ने पर वक़्त काफ़ी लगेगा और हो सकता है कि बच्चों को बोरियत हो। इसलिए उन्होंने बच्चों को बताया–"चलो...। एक–एक करके हम पहले समझ लेते हैं। पता है ना बल्ब को जलाने के लिए हमको क्या–क्या चाहिएगा?"

कक्षा में कई सारे हाथ उठ खड़े थे। "मास्साब...मास्सा...मास्साब मैं... मास्साब...।" मास्साब को लगा कि सभी को बुनियादी बात पता है। फिर भी मास्साब ने उचित समझा कि बच्चों की बात को सुना जाये। "कौन बताएगा पहले?"

एक टोली ने बताया–"तार, सेल, बल्ब।" लगभग सभी टोलियों के एक से ही जवाब थे। बस बताने के क्रम में फ़र्क़ था। भागचन्द्र अपनी पेण्ट को कमर के ऊपर खिसकाकर खड़ा हुआ। "एक बल्ब और ये चैन।" दरअसल भागचन्द्र अपने गले में पहनी हुई चाँदी के रंग की चैन को दिखा रहा था।

मास्साब सहित सभी बच्चे भागचन्द्र के इस जवाब पर हँस दिये। मास्साब ने भागचन्द्र की तरफ़ देखा और फिर बच्चों की ओर। मास्साब इन्तज़ार कर रहे थे बच्चों की प्रतिक्रिया का।

नारंगी खड़ी होकर बोली–"हाँ, मास्साब, बल्ब जल गया था चैन से।"

दरअसल अन्य टोलियों के बच्चे यह करतूत नहीं देख पाये थे। इसलिए वे असमंजस में थे कि क्या कहें–"सही या गलत।"

भागचन्द्र कभी मास्साब की ओर देखता तो कभी टोलियों की ओर। उसे मन में डर लग रहा था कि कहीं चैन वाली बात गलत तो नहीं। उसे यह डर भी था कि कहीं खाई की पाल पर छिपने वाली बात कोई बता न दे।

मास्साब ने कहा–"भागचन्द्र ने कहा तो सही ही है। ...भई, उसने जब चैन को सेल से जोड़कर बल्ब जला दिया तो फिर गलत तो नहीं।"

यह सुनकर भागचन्द्र गद्गद हो गया। नारंगी को भी उतनी ही ख़ुशी हो रही थी। आख़िर उसने भी तो भागचन्द्र की बात का समर्थन जो किया था।

रघु बोला–"किताब में तो तार का कहा है।"

"हाँ... बिल्कुल ठीक कहा तुमने। चैन को तार की जगह काम में लिया है भागचन्द्र ने।" मास्साब बोले। मास्साब सोच रहे थे कि विज्ञान की यात्रा तो इसी तरह आगे बढ़ती है।

मास्साब ने एक पल को सोचा कि अब यहाँ पर बच्चों को बिजली के प्रयोगों को करने के बारे में बुनियादी सावधानी बता ही दी जाये। "एक बात तुम सब ध्यान से सुन लो...। हम बिजली के जितने भी प्रयोग करेंगे वे सब सेल से ही करेंगे। इस वाली बिजली से नहीं।" मास्साब ने कक्षा की दीवार की ओर इशारा करते हुए कहा। "कभी भी घर, दुकान पर या खेत के तारों में बहने वाली बिजली से प्रयोग मत करना।"

"लो...बिजली भी बहती है। ...बिजली कोई पानी थोड़े ही है।" केशव को बिजली के बहने वाली बात का भारी अचरज हो रहा था।

"चल, तो फिर तू बता–बिजली चलती है क्या?" रघु ने छूटते ही ताना मारा।

मास्साब दोनों की बहस को सुन रहे थे। वे बीच में बोले–"तो कोई बात नहीं...। तुम जो भी कहो। भई, हम तो बिजली का बहना ही बोलते हैं। तुम क्या बोलते हो?" बच्चों के साथ–साथ मास्साब भी अचरज में पड़ गये थे। दरअसल, वयस्क मास्साब बच्चों की माफ़िक ही सोच में डूब गये लगते थे। वे बोले–"बिजली तो तारों में बहती है। तुम चाहो तो कह सकते हो कि तारों में बिजली चलती है। बात एक ही है।" मास्साब ने थोड़ा रुककर पूछा, "सबको ये बात समझ में आ गयी?"

मास्साब आगे बोले–"देखो, भागचन्द्र ने जो प्रयोग किया वह एकदम सही है। इसने चैन को तार की जगह पर इस्तेमाल किया है। इस बात का सम्बन्ध आगे ज़रूर आयेगा।"

डमरू बोला–"मास्साब... चैन में बिजली बहती है।"

"हाँ, बिल्कुल ठीक कहा तुमने। इस बात की भी हम जाँच करेंगे कि बिजली किन–किन चीज़ों में से बहती है। सबसे पहले बल्ब को जलाकर देखेंगे।"

मास्साब को लगा कि शुरुआत बल्ब जलाने से करना ठीक होगा। बाद में आगे की कार्यवाही की जाये तो मज़ा बरकरार रहेगा वरना बच्चे बोर हो सकते हैं। "चलो, पहले टोलियों में बल्ब जलाते हैं।"

टोलियाँ तारों के सिरों का प्लास्टिक छीलकर होल्डर में जोड़कर बल्ब फिट कर सेल से जोड़ने की तैयारी कर रही थीं। एक टोली को छोड़कर बाक़ी के बल्ब जल चुके थे। इस टोली के बच्चे दोनों तारों के सिरों को सेल से जोड़कर पूरी ताक़त से दबा रहे थे। बोर्ड के पास खड़े होकर मास्साब ने टोली पर नज़र केन्द्रित की। "ज़ोर आज़माइश नहीं। ज़रा बल्ब को होल्डर में ढंग से फिट करो।"

टोली ने ऐसा ही किया मगर फिर भी बल्ब नहीं जल रहा था। पास में बैठा चन्दर धीरे–से बोला–"अरे, होल्डर के तार गलत लगे हैं।"

मास्साब को पहले तो लगा कि चन्दर कोई हरकत कर रहा है। मास्साब को पास आते देख चन्दर अपनी टोली की ओर खिसक गया। "हाँ, क्या कह रहे थे तुम इस टोली से?"

"मास्साब...होल्डर में तार गलत लगे हैं।" चन्दर अपनी टोली की ओर खिसककर बोला।

मास्साब ने देखा कि सचमुच होल्डर के एक ही सिरे से दोनों तारों के सिरों को जोड़ दिया है। इस कारण से बल्ब नहीं जल रहा है। दरअसल, चन्दर सही कह रहा था। "वेरी गुड।"

"देखो, ज़रा मदद करो इस टोली की।" चन्दर को मदद करने का कहकर मास्साब वापस पलटकर बोर्ड की ओर चले गये। मास्साब ने बोर्ड के पास पहुँचकर पलटकर देखा कि उस टोली में बल्ब जल चुका है। मास्साब देख रहे थे कि सभी टोलियों में बल्ब जल रहे हैं। "तो बल्ब तो जल गये मगर बल्ब जलाने के लिए कुछ बातों का ध्यान रखना होगा।"

"अच्छा तो अब बताओ कि बल्ब कैसे जलता है?" मास्साब ने पूछा।

"मास्साब सेल से जोड़ने पर।" विष्णु ने कहा।

"हाँ...।" मास्साब बोले जा रहे थे। "बल्ब तभी जलेगा जब सेल से तारों में बिजली बह रही हो। सेल जलने का मतलब 'परिपथ' पूरा है। अगर परिपथ अधूरा या गलत है तो सेल नहीं जलेगा।"

बच्चे मास्साब के चेहरे की ओर ऐसे देख रहे थे मानो परिपथ का अर्थ उनके चेहरे पर मिल जाये। मास्साब हकबका गये–"तो समझ में आया कि नहीं?"

बच्चों ने हाँ में सिर तो हिलाया मगर मास्साब को एहसास हुआ कि परिपथ का अर्थ नहीं समझ पाये हैं। मास्साब ने अबकी बार समझाने का दूसरा तरीक़ा चुना–"अच्छा, तो समझ लो, सेल से जब बल्ब को तारों से जोड़ते हैं तो इसको परिपथ कहते हैं। ...समझो कि परिपथ मतलब बिजली बहने का रास्ता।"

मास्साब बोर्ड की ओर मुड़े और टेबल पर से चॉक उठाकर परिपथ का चित्र बनाया। परिपथ का जो चित्र मास्साब ने बोर्ड पर बनाया था उसमें सेल, तार, बल्ब सब कुछ हूबहू दर्शाये गये थे। परिपथ का सांकेतिक चित्र अभी बच्चों की समझ से कोसों दूर था। मास्साब का लक्ष्य था कि वे आगे चलकर परिपथ के सांकेतिक चित्र तक पहुँचेंगे। अच्छा, बताओ इसमें बल्ब जलेगा ना! बच्चों ने कहा–"हाँ जलेगा।"

तो यह जो चित्र बनाया है इसे परिपथ कहते हैं। अगर इसमें से

एक तार को, सेल या बल्ब होल्डर से हटा दें तो बल्ब जलेगा या नहीं? बच्चों ने "नहीं" में जवाब दिया।

"तो यही परिपथ है। इसको अंग्रेज़ी में सर्किट भी कहते हैं। जब बल्ब जल रहा है तो सर्किट पूरा या चालू है। बल्ब नहीं जल रहा हो तो सर्किट अधूरा है। तो अब बताओ कि किताब में जो सर्किट के चित्र बने हैं वो कौन–कौन से पूरे हैं?" मास्साब ने किताब का पन्ना पलटा और टोलियों की ओर दिखाते हुए निर्देश दिये। "...अच्छा। इन चित्रों को ध्यान से देखो। अब बताओ कि किस–किस सर्किट में बल्ब जलेगा और किसमें नहीं जलेगा?"

टोलियाँ चित्रों को देखने में लगी हुई थीं। बच्चे किताब में ही चित्र के पास बल्ब जलने वाले के सामने सही और न जलने वाले के सामने गलत का निशान लगा रहे थे।

सामूहिक चर्चा प्रारम्भ हुई। तो बताओ चित्र में मन्नू, गोलू, मीना, छुट्टन और गुड़िया के बल्बों में से किसके जलेंगे?

दरअसल, बाल वैज्ञानिक के इस अध्याय में परिपथ के चित्र दिये थे जो इस तरह से प्रस्तुत किये गये थे कि मानो बच्चों के द्वारा बनाये गये परिपथ हों।

टोली नम्बर एक से शुरूआत करते हुए मास्साब ने पूछा–"हो गया हो तो बताओ।"

टोली नम्बर एक ने कोई जवाब नहीं दिया तो दूसरी टोली से मास्साब ने पूछा।

विष्णु उठकर बोला–"मन्नू का बल्ब।"

नारंगी खड़ी होकर बोली–"मीना, छुट्टन। ...मन्नू के बल्ब में तो एक ही तार लगा है।"

हाँ, तो मीना और छुट्टन का बल्ब तो जलेगा मगर मन्नू के बल्ब में एक ही तार लगा है।

रघु बोला–"गोलू के सर्किट में तार तो दो लगे हैं। पर तार सेल से लगा हुआ नहीं है। तार को सेल से लगा दें तो बल्ब जल जायेगा।

''और गुड़िया का बल्ब जलेगा या नहीं?'' मास्साब गम्भीर होते हुए बोले।

नारंगी बोली–"मास्साब... करके देख लेते हैं।"

"हाँ, ये बात अच्छी कही। करके देखना ठीक होगा।" मास्साब का यह रुख बच्चों का हौसला बढ़ाने में मददगार बन गया था। बच्चों को एहसास हो रहा था कि मास्साब उनके साथ हैं।

"अच्छा अब पीरियड ख़त्म होने वाला है। ऐसा करते हैं कि ये वाला प्रयोग कल करके देखना।"

स्कूल की छुट्टी हो चुकी थी। बच्चे अपने घर को जा चुके थे। बच्चे घर जाकर गुड़िया वाले सर्किट के बारे में ही सोच रहे थे। दरअसल किताब में गुड़िया वाले सर्किट के चित्र में बल्ब और तारों का जुड़ाव तो बराबर था। मगर एक अन्य तार सेल के दोनों सिरों को छुआकर दिखाया गया था। इस तार का एक सिरा सेल के धन सिरे से और दूसरा सिरा सेल के ऋण सिरे से जोड़ा गया था।

रघु को घर में टाल–मटोल करते हुए देख उसकी माँ ने पूछा– ''क्या खटर–पटर कर रहा है?''

रघु ने जवाब दिया–"...बस ऐसे ही।"

"कुछ तो ढूँढ़ रहा है। फिर बताता क्यों नहीं।" माँ ने ज़ोर देकर पूछा।

"टार्च...।" रघु बोला।

टार्च तो तेरा बड़ा दादा ले गया है।

नारंगी ने घर पर पहुँचकर तय किया कि गुड़िया वाले बल्ब का परिपथ बनाकर देखना चाहिए। नारंगी ने अपने घर पर टार्च में से सेल और बल्ब निकाल लिए थे। हालाँकि बल्ब निकालने के चक्कर में टार्च के आगे के ढक्कन में से काँच और रबर की चूड़ी अलग हो कर बिखर चुकी थी। उसने काँच और चूड़ी को यह सोचकर सँभालकर रख दिया कि प्रयोग के बाद में वह किसी तरह से फिट तो कर ही सकेगी।

नारंगी ने एक बार फिर से किताब का बिजली वाला पाठ खोला और समझने लगी कि आख़िर करना क्या है। उसने चित्र में देखा कि एक परिपथ बनाना है। फिर एक और तार लेकर उसके दोनों सिरों को सेल से जोड़ना है। उसे याद आया कि मास्साब ने सावधान किया था और चित्र में भी दिखाया कि अगर तार को इस तरह से जोड़ेंगे तो सेल ख़राब हो जायेगा मगर बिना किये तो किताब में दर्शाए गुड़िया के बल्ब का पता नहीं चल सकता ना!' (चित्र बाल वैज्ञानिक, पृ. 84 कक्षा छह)

नारंगी को टार्च तो मिल गयी थी मगर उसके सामने असल समस्या थी तार की। उसने घर में प्लास्टिक चढ़ा तार ढूँढ़ने की सोची। फिर उसे ख़याल आया कि घर में तार का क्या काम। कभी बापू लाये ही नहीं तो क्यों ढूँढ़ें। नारंगी जुगाड़ जमाने की कोशिश कर रही थी कि तार के बदले में और क्या चीज़ काम आ सकती है। उसे अपने गले में पहनी हुई माला का ख़याल आया मगर उसने यह समझने में देरी नहीं की कि इसमें तार तो प्लास्टिक का है। तभी उसे ख़याल आया कि लोहे का तार इसके लिए ठीक होगा।

नारंगी दौड़कर घर के पिछवाड़े में गयी और लोहे का कोई हाथ भर का तार ले आयी। तार को मोड़कर तोड़ने की कोशिश की मगर वह ऐसा नहीं कर सकी। लोहे का तार कड़ा जो था। उसने तार पर हाथ घुमाया तो पाया कि उसकी सतह बेहद खुरदुरी है। दरअसल तार में जंग लग चुका था। उसे ख़याल आया कि तार के सिरों को रगड़ देना चाहिए। उसने तार के सिरों को पत्थर पर रगड़–रगड़कर चमका दिया। जब कड़े तार से सेल और बल्ब को जोड़ने लगी तो वह एक दूसरी दिक्कत का सामना कर रही थी। पहले तो उसने सेल को एक हाथ से पकड़ने की कोशिश की मगर वे फ़िसल जाते। उसको महसूस हो रहा था कि अगर उसका कोई साथी होता तो इस प्रयोग को करने में आसानी होती। उसे अपनी बहन की याद आयी मगर वह तो बाहर खेलने गयी हुई थी। वरना वह सेल को पकड़ने में अपनी बहन की मदद तो ले ही सकती थी। फिर वह एक और सोच में पड़ गयी। अगर स्कूल में यह प्रयोग करते तो अपनी टोली के साथी मिलकर इस कड़े तार से भी बल्ब जला पाते। वह सोच रही थी कि स्कूल में तो टोली में उसके दोस्त होते।

वास्तव में बच्चों को विज्ञान विषय में टोलियों में काम करना होता था। चार–चार की टोलियों में पूरी कक्षा के बच्चे बँट जाते और फिर वे सारे काम करते। टोलियों में बच्चे एक–दूसरे से चर्चा करते, प्रयोग करते। जब प्रयोग किया जाता तो टोली के चारों बच्चे मिलकर उसे पूरा करते। जब प्रयोग के निष्कर्ष निकालने होते तो टोली मिलकर चर्चा करती। टोली की अवधारणा पर विज्ञान में काफ़ी बल दिया गया था।

माँ की आवाज़ नारंगी के कानों में पड़ी और उसने कहा–"आयी।"

× × ×

दूसरे दिन स्कूल में विज्ञान के पीरियड के लिए बच्चे उतावले हुए जा रहे थे। कक्षा में बच्चे, मास्साब के आने का इन्तज़ार कर रहे थे। मास्साब जब बिजली के तार और बल्ब वगैरह लेकर कक्षा की ओर जा रहे थे तो स्कूल के अन्य शिक्षक उनकी ओर देख हँसते हुए बोले–"आज फिर से कबाड़ से जुगाड़ होने वाला है।" हालाँकि मास्साब ने सुन लिया था मगर वे चुप रहे। मास्साब ने सोचा कि ठीक ही तो कह रहे हैं। कबाड़ का जुगाड़ करने ही तो जा रहा हूँ।

मास्साब के कक्षा में घुसते ही बच्चे उठ खड़े हुए। दो बच्चों ने आगे बढ़कर मास्साब के हाथों में से किट का सामान लेकर टेबल पर रख दिया।

टोलियों में अभी मास्साब ने किट नहीं दिया था। बच्चे उतावले हुए जा रहे थे कि कब मास्साब सामान दें और प्रयोग शुरू करें।

मास्साब ने आज एक नया प्रयोग करने के निर्देश दिये। ब्लैक बोर्ड पर मास्साब तालिका बनाते–बनाते बोल रहे थे–"आज हम पता करेंगे कि किन–किन चीज़ों में से बिजली बहती है और किनमें से नहीं। इस बात का पता कैसे चलेगा कि किसमें से बिजली बहती है?" टोली में बैठे अधिकांश बच्चे कॉपी में तालिका बनाने की कोशिश कर रहे थे।

मास्साब ने सवाल एक बार फिर से दोहराया–"परिपथ में बिजली बह रही है इस बात को कैसे जाँचोगे?"

इसरार को कुछ सूझा नहीं और बोल पड़ा–"करके।"

मास्साब कुछ बोले नहीं तो इसरार को एहसास हुआ, शायद उसका यह जवाब ठीक नहीं लगा मास्साब को। बच्चे सोच में पड़ गये थे।

नारंगी बोली–"बल्ब जलाकर।"

मास्साब बोले–"शाबाश...वेरी गुड! तो, परिपथ में बल्ब जल रहा है इसका मतलब उसमें बिजली बह रही है।"

मास्साब ने बच्चों को सामान देकर कहा–"चलो, अब कल जैसे ही सेल और बल्ब को जोड़कर परिपथ बना लो। आज एक काम ये करना कि बल्ब और सेल के बीच में एक तार ज़्यादा जोड़ना।"

बच्चों को मास्साब की बात समझ में नहीं आयी। मास्साब ने अबकी बार बच्चों को किताब में बने चित्र को देखने को कहा। बच्चों ने चित्र के अनुसार सेल, तार और बल्बों को जोड़कर परिपथ बना लिया।

अब वे सेल और बल्ब के बीच के दो तारों के बीच बारी–बारी से कील, प्लास्टिक की पन्नी, ब्लेड, काग़ज़, धागा, काँच, रबर, कपड़ा चॉक वगैरह को रख–रखकर जाँच रहे थे कि किनमें से होकर बिजली बहती है।

लगभग सभी टोलियों ने प्रयोग करके अपने निष्कर्ष तालिका में लिख लिए थे। दरअसल, बच्चों को प्रयोग करने के बजाय निष्कर्षों को लिखने में ज़्यादा वक़्त लग रहा था।

अब सामूहिक चर्चा की बारी थी। बोर्ड पर बनी तालिका में मास्साब ने वे नाम लिख दिये जो बच्चों ने अपनी मर्ज़ी से प्रयोग के लिए चुने थे।

टोली नम्बर तीन ने कहा–"पेंसिल सुचालक है।" जबकि टोली नम्बर चार कह रही थी–"पेंसिल कुचालक है।"

मास्साब कक्षा के कोने में खड़े होकर बच्चों की चर्चा को सुन रहे थे–"तो क्या करें? एक कह रहा है कि सुचालक और दूसरा कुचालक।"

मास्साब झबरीली, सफ़ेद–काली खिचड़ी मूँछों में से मुस्कराते हुए बोले–"...अच्छा, तो तुम दोनों टोली वाले फिर से सभी के सामने प्रयोग करके दिखाओ। अभी 'दूध का दूध और पानी का पानी हो जायेगा।' "

अबकी बार दोनों टोली के बच्चे मास्साब की टेबल पर सेल, तार वगैरह लेकर आ गये थे। दोनों टोलियों ने बारी–बारी से प्रयोग किया। दोनों टोलियाँ अपनी जगह पर सही थीं। "तो समझ में आया कि असल बात क्या है?"

मास्साब ने बात को आगे बढ़ाया–"अच्छा...ये बताओ कि लकड़ी कुचालक है कि सुचालक?"

तीन–चार बच्चों ने एक साथ कहा–"कुचालक।"

"अच्छा...।" तो टोली नम्बर तीन ने पेंसिल कैसी ली है। पेंसिल को मास्साब ने हाथ में पकड़कर दिखाया तो बच्चों ने पाया कि वह दोनों सिरों पर छिली हुई है। जब प्रयोग किया जा रहा था तो पेंसिल के अन्दर की काले–भूरे रंग की चीज़ से तारों को छुआया जा रहा था। जबकि टोली नम्बर चार ने बिना छिली हुई पेंसिल के साथ प्रयोग किया था।

मास्साब ने टोलियों को अपनी जगह पर बैठने का इशारा करते हुए कहा–"तो बात समझ में आयी? तो पेंसिल को छीलकर उसमें जो काले रंग की चीज़ से तारों को छुआते हैं तो बल्ब जलता तो है मगर काफ़ी कम रोशनी देता है।"

मास्साब अब टोलियों से प्रतिक्रिया का इन्तज़ार कर रहे थे। अबकी बार टोलियों ने लकड़ी की पेंसिल को छीलकर उस कार्बन की पतली सी रॉड से छुआकर देखा। कुछ टोलियों ने एक से ज़्यादा सेल लगाकर प्रयोग किया था।

मास्साब इन्तज़ार कर रहे थे कि बच्चे कोई सवाल करें। बच्चों के लिए यह एक नयी बात थी। दरअसल, पेंसिल को परिपथ में जोड़कर बल्ब जलाने की घटना बच्चों के लिए नयी थी।

मास्साब एक अन्य समस्या टोलियों के सामने रखने की तैयारी में थे। मास्साब ने बच्चों से पूछा–"हवा में से बिजली बहती है कि नहीं? कौन बतायेगा?"

रघु ने कोहनी से भागचन्द्र को इशारा किया–"हवा..., हवा को सेल और बल्ब में कैसे जोड़ेंगे?''

भागचन्द्र फुसफुसाया–"मैं भी यही सोच रहा हूँ।"

मास्साब बच्चों को सोचने को प्रेरित कर रहे थे– "सोचो, सोचो...।"

बच्चों के मन में कुछ चल रहा था। नारंगी अपने बालों की लट को उँगली में लपेटकर सोच में डूबी हुई थी–"हवा को तो देखा भी नहीं। फिर हवा कोई ऐसी चीज़ तो नहीं कि उसको पकड़ लें। मास्साब ने ये सवाल पूछा क्यों? ऐसा कोई प्रयोग ज़रूर होगा कि हवा को परिपथ में जोड़कर जाँच सकें...।"

"प्रयोग कैसे करेंगे हवा का?" नारंगी ने पूछा।

मास्साब पहेलीनुमा अन्दाज़ में बोले–"अरे, प्रयोग तो तुम सब लोग कर चुके हो अब तक। अभी तो तुमने इस प्रयोग को किया। सोचो, सोचो, सोचो...।" बच्चों को चुप देख मास्साब बोले–"अरे भाई, हवा कोई रबर, पेंसिल या लोहे की कील तो नहीं कि पकड़ लिया हाथ में!"

कक्षा में बच्चे विचारों में डुबकी लगा रहे थे। भागचन्द्र बोला–"मास्साब, हवा में से अगर बिजली बहती तो फिर तो बल्ब जल जाता।"

भागचन्द्र का जवाब सुनकर मास्साब की आँखों में चमक आ गयी—"हाँ, बात तो सही है। अब भी प्रयोग का ध्यान नहीं आया? अच्छा सोचो कि जब तुमने सेल और तारों को जोड़कर परिपथ बनाया तो दो तारों के सिरे खुले हुए थे?"

बच्चों ने कहा—"हाँ मास्साब।"

जब तारों के सिरे खुले हुए थे तो क्या बल्ब जल रहा था?

"नहीं।" बच्चों का यह सामूहिक जवाब था।

मास्साब—"क्यों?"

"क्योंकि बिजली नहीं बह रही थी।"

"अच्छा, अब ये बताओ कि खुले हुए तारों के बीच और क्या कोई चीज़ है?"

बच्चे फिर से सोच में डूब गये। "कुछ नहीं।"

"सोच लो...।" मास्साब ने पहेलीनुमा अन्दाज़ में एक बार फिर से कहा। बच्चों को कुछ सूझ नहीं रहा था। मगर सोच ज़रूर रहे थे। दरअसल वे जूझ रहे थे।

नारंगी हिम्मत करके बोली—"मास्साब... हवा है।"

"वाह...। तो वहाँ हवा है?" तो यह कुचालक हुई कि चालक?

नारंगी बोली—"चालक...।" उसने अपने मुँह को दोनों हाथों से छुपा लिया और बोली—नहीं, नहीं... कुचालक।"

मास्साब सोच रहे थे कि हवा वाली बात अब तक सभी बच्चों को समझ में नहीं आयी है। अबकी बार मास्साब बच्चों के बीच बैठ गये। और एक सर्किट बनाकर बच्चों से पूछने लगे—"दो तारों को जोड़ा और ये बल्ब जल गया। ये तार जुड़ गये तो सर्किट पूरा हो गया। अब मैं इन तारों को अलग—अलग कर रहा हूँ। ...क्या हुआ? बल्ब बन्द हो गया। तो तार के इन दोनों सिरों के बीच क्या है? हवा है ना!''

बच्चों को समझ में आ रहा था। वे बोले—"अच्छा...। अब समझ में आ गया।"

नारंगी अब अन्दर ही अन्दर कुलबुला रही थी। उसे एहसास हो रहा था कि शायद मास्साब गुड़िया वाले परिपथ की बात भूल गये हैं। सो उसने कहा—"मास्साब...वो गुड़िया वाला सर्किट?"

मास्साब बच्चों के बीच में से खड़े होते हुए बोले–"अरे हाँ, अच्छा याद दिलाया। ...क्या तुम सोच पाये?"

विष्णु ने पूछा–"मास्साब करके देख लें।"

मास्साब बोले–"हाँ ये ठीक होगा।"

मास्साब कक्षा में से जा चुके थे। बच्चों की टोलियाँ बिखर चुकी थीं। मगर बच्चे गुड़िया वाले परिपथ को बनाना चाह रहे थे। इसलिए उन्होंने बिजली का सामान अभी अलमारी में नहीं रखा था।

बच्चे परिपथ बनाने में जुटे हुए थे। नारंगी को याद आया कि घर पर जब वह अकेली इस प्रयोग को करने की कोशिश कर रही थी तो उसको दिक्कत हो रही थी। दिक्कत इस बात की हो रही थी कि उसके दो हाथ ही थे। भले ही टोलियाँ बिखर चुकी थीं मगर बच्चे टोलीनुमा समूह में बँटकर इस प्रयोग को करने में जुटे हुए थे। प्रयोग को सेट करने के साथ उनमें आपस में शर्त लगाई जा रही थी। एक कह रहा था कि बल्ब जलेगा तो दूसरा कह रहा था कि बल्ब नहीं जलेगा।

दो अलग–अलग समूहों में प्रयोग करके देख चुके थे। और दिलचस्प बात यह थी कि दोनों समूहों के निष्कर्ष एक जैसे ही थे।

डाकिया डाक लाया

मास्साब कक्षा में अटेंडेंस ले रहे थे। उन्होंने रजिस्टर में देखकर नाम पुकारा–"नारंगी।"

नारंगी अपनी जगह पर उठी–"यस मास्साब।"

नारंगी के बाद अगला नाम पुकारने के बजाय वे रूक गये। चश्मे में से झाँककर मास्साब ने झबरीली मूँछों को सँवारा और पहले पीछे बैठे बच्चों की ओर देखा और फिर नारंगी की ओर देखते हुए बोले–"जाओ, तुमको बड़े सर ने बुलाया है।"

नारंगी को भ्रम हुआ कि मास्साब किसी ओर से कह रहे होंगे। इसलिए वह अपनी जगह पर ही बैठी रही। मास्साब चश्मे को साफ़ करने के लिए अपनी जेब में से रूमाल निकालते हुए बोले– "...अरे, नारंगी को ही कह रहा हूँ।"

नारंगी घबरा गयी थी। उसे समझ में नहीं आ रहा था कि वह करे तो करे क्या। मास्साब अटेंडेंस में उलझे हुए थे। उधर नारंगी अपनी जगह पर सहमी–सी खड़ी थी। मास्साब ने एक बार फिर से उसकी ओर देखा और जाने का इशारा किया। कक्षा के बच्चे नारंगी की ओर इस सोच के साथ देख रहे थे कि नारंगी ने कोई गलत काम किया होगा। नारंगी के पैर धीरे–धीरे उठ रहे थे। कक्षा की देहलीज़ लाँघते हुए नारंगी ने एक बार कक्षा की ओर मुड़कर देखा और फिर मास्साब की ओर। नारंगी धीरे–धीरे, डरते–डरते हुए जा रही थी। वह सोचे जा रही थी बड़े सर के पास जाने का अर्थ है–कोई न कोई गलती की सज़ा।

वैसे प्रधानाध्यापक का बच्चों से कोई लेना–देना नहीं होता था। साल में दो–चार बार ऊधम करने वाले बच्चों को बुलाकर वे फटकार लगा देते।

प्रधानाध्यापक अपने स्कूल के शिक्षकों को आदेशात्मक सलाह दिया करते थे कि बच्चों को नियन्त्रित करने का सही तरीक़ा है साल में एक–आधी बार चपत लगा दी जाये। यही वजह है कि वे कई बार उन बच्चों को भी दण्डित कर देते थे जो बेगुनाह होते थे।

नारंगी सोच रही थी कि आज उसकी बारी है। वह जाते हुए सोच रही थी कि अगर बड़े सर ने डाँटा तो वह इतना तो पूछ ही लेगी कि किस बात के लिए सज़ा दी जा रही है। वह डर वाले कल्पना लोक में धँसती जा रही थी और सोचती जा रही थी कि बड़े सर अब उसकी कहीं चोटी पकड़कर मारेंगे तो नहीं। फिर वह सोचने लगी कि ऐसा कोई गलत काम तो उसने नहीं किया है। वह अपने आपको हिम्मत बँधाने की पूरी कोशिश कर रही थी।

नारंगी प्रधानाध्यापक के कमरे की ओर जैसे–जैसे बढ़ रही थी वैसे–वैसे उसकी घबराहट बढ़ती जा रही थी। आख़िर वह प्रधानाध्यापक के कमरे के दरवाज़े तक पहुँच ही गयी। दरवाज़े की चौखट को पकड़कर वह खड़ी हो गयी। चौखट पकड़े, घबराई नारंगी सोच रही थी कि आख़िर उसने ऐसी क्या गलती की है। वह सोचे जा रही थी कि रोज़ ही स्कूल आ रही है। आख़िर किस गलती पर उसे बड़े सर के सामने खड़ा किया जा रहा है?

कुर्सी पर बैठे प्रधानाध्यापक ने जैसे ही सिर ऊँचा कर दरवाज़े की ओर देखा तो उनकी नज़र दरवाज़े पर खड़ी बच्ची पर पड़ी। प्रधानाध्यापक ने फ़ाइल बन्द करते हुए कड़क आवाज़ में कहा– "क्या काम है?"

नारंगी ने कोई जवाब नहीं दिया। वह दरवाज़े की चौखट की किनोर को नाखून से कुरेद रही थी। उसकी घबराहट और बढ़ गयी थी। उसकी साँस तेज़ होती जा रही थी। अब तक उसका बड़े सर से कभी भी सामना नहीं हुआ था।

प्रधानाध्यापक फिर से अपने काम में मगन हो गये थे। टेबल पर रखा रजिस्टर जब उठाया तो उसके नीचे एक नीले रंग के अन्तर्देशीय पत्र को देख बुदबुदाये–"हूँ।"

प्रधानाध्यापक ने पूछा–"तुम्हारा ही नाम है नारंगी?"

डर के मारे नारंगी की साँस फूल रही थी। उसने "हाँ" में सिर हिलाया।

प्रधानाध्यापक ने नारंगी को हाथ से इशारा करके कमरे में बुलाया–"ये लो...तुम्हारी चिट्ठी आयी है।"

प्रधानाध्यापक ने नीले रंग की चिट्ठी देने के लिए हाथ आगे बढ़ाया और बोले–"कौन है ये सवालीराम?"

जाने–पहचाने सवालीराम का नाम सुनकर नारंगी की जान में जान आयी। उसे समझने में देर नहीं लगी। नारंगी का डर काफूर होता जा रहा था। नारंगी के चेहरे पर अब मुस्कराहट लौट रही थी। नारंगी बोली–"बाल विज्ञान वाले सवालीराम हैं।"

प्रधानाध्यापक बोले–''अच्छा, बड़ा ग़ज़ब का नाम है। नाम से तो लगता है कि ये सवाल करते होंगे।"

नारंगी हिम्मत करके बोली–"उँहू... हम सवाल करते हैं।"

चिट्ठी लेकर नारंगी कक्षा की ओर दौड़ पड़ी। नारंगी की साँस अब और ज़्यादा फूल रही थी। दरअसल नारंगी कक्षा से जाते हुए जितनी डरी–सहमी थी उससे दुगुनी वह लौटते हुए ख़ुशी के मारे फूली नहीं समा रही थी। प्रधानाध्यापक के कमरे से बाहर निकलते हुए वह चिट्ठी पर अपना नाम ही पढ़ पायी थी। हाँफते हुए नारंगी कक्षा में मास्साब से बिना पूछे ही घुस गयी। नीले रंग की चिट्ठी को वह अपने हाथ में लहराते हुए ख़ुशी के मारे झूम रही थी।

मास्साब अटेंडेस ले चुके थे। मास्साब ने नारंगी को ख़ुश देखकर पूछा–"क्यों भई क्या बात है?"

नारंगी ने हाँफते हुए हाथ में चिट्ठी को लहराया और इतना ही बोल पायी–"सवाली ...सवालीराम...की चि...चिट्ठी... ।"

मास्साब बोले–"क्या? सवालीराम की चिट्ठी... और वो भी तुमको आयी...। मास्साब अब मुस्करा रहे थे–"ओहो...हो...हो। सवालीराम की चिट्ठी आयी है।"

हर कोई नारंगी के हाथ में से चिट्ठी लेना चाह रहा था। आख़िर चिट्ठी नारंगी के हाथों में से बच्चों के हाथों में जा चुकी थी और कक्षा में अफरातफरी का माहौल बन चुका था।

कक्षा की व्यवस्था बरकरार रखने के लिए मास्साब बोले–शी... शी... । "

मगर बच्चे तो बच्चे ठहरे। मास्साब के शान्त करने के इशारे का बच्चों पर कोई असर नहीं हो रहा था। हर बच्चे की जिज्ञासा उफान पर थी और वह जानना चाह रहा था कि आख़िर चिट्ठी में लिखा क्या है। सवालीराम का ज़िक्र मास्साब ने बच्चों के साथ कक्षा में दो–तीन बार जरूर किया था।

शिक्षक प्रशिक्षण के दौरान चर्चा सत्र में बाल विज्ञान नामक किताब में छपी हुई सवालीराम की चिट्ठी को शिक्षकों को पढ़ने को कहा गया था। दरअसल यह चिट्ठी सवालीराम ने बच्चों के लिए लिखी है। मास्साब को याद आ रहा था कि उन्होंने प्रशिक्षण के दौरान स्रोत दल से पूछा था कि बच्चों की जिज्ञासा को कैसे शान्त किया जाये? इस सवाल पर स्रोत दल ने काफ़ी अलग ढंग से तर्क सहित चर्चा की थी। मास्साब सोच रहे थे कि बच्चों की जिज्ञासा को शान्त नहीं करना है। दरअसल बच्चों की सोचने की भूख को और बढ़ाना है न कि उसे शान्त करना है।

फिर भी मास्साब को स्पष्ट नहीं था कि आख़िर सवालीराम हैं कौन। मास्साब ने शिक्षक प्रशिक्षण के दौरान ही यह जाना था कि बच्चों को जब खोजी पद्धति से विज्ञान का शिक्षण करने का मौक़ा मिलेगा तो उनके दिमाग़ में कई प्रकार के सवाल उठेंगे। स्वाभाविक है कि बच्चों के इन सवालों के जवाब देने की कोई औपचारिक व्यवस्था होनी चाहिए। इसी बात को ध्यान में रखते हुए होशंगाबाद विज्ञान में सवालीराम नामक एक पात्र की कल्पना की गयी।

जब बच्चे कक्षा छठी में पहुँचे थे तब मास्साब ने सवालीराम के बारे में बताया था। उन्होंने बच्चों को बाल विज्ञान के शुरुआती पन्नों पर सवालीराम की बच्चों के नाम चिट्ठी पढ़ने को कहा था। मगर कुछ बच्चे तो ऐसे थे जो ठीक से पढ़ भी नहीं पा रहे थे। और जो पढ़ पाते थे वे समझ नहीं पाते थे कि लिखा क्या है। इस पर मास्साब ने कक्षा में सवालीराम की चिट्ठी को पढ़कर समझाते हुए सुनाया था।

तब बच्चों को यह भी कहा था कि वे चाहें तो सवालीराम को चिट्ठी भी लिख सकते हैं। वैसे तो सवालीराम का चित्र बच्चे बाल विज्ञान में देखते आ रहे थे। बच्चों को वह चित्र देखने में बड़ा ही मज़ा आता। बच्चे यह समझ गये थे कि सवालीराम के चित्र में कुछ सवाल लिखे हुए हैं। और उन सवालों से ही सवालीराम का चित्र बनाया गया है। हालाँकि बाल

विज्ञान में सवालीराम के चित्र में लिखा हुआ इतना बारीक था कि वे ठीक से पढ़ नहीं पाते थे। कुछ अस्पष्टता किताब छपाई की वजह से थी। फिर भी उनको कक्षा में बिल्लोरी काँच हाथ लग जाता तो वे सवालीराम के चित्र में बारीक हरूफों में लिखे हुए सवालों को पढ़ते।

आख़िर मास्साब ने अपने हाथ को टेबल पर ठोककर, गरजते हुए कहा—"अरे भाई ये क्या लगा रखा है तुम लोगों ने?"

मास्साब ने सबसे पहले चिट्ठी अपने कब्जे में की और कहा—"अच्छा तो सवालीरामजी की चिट्ठी आयी है। ...तो तुम्हारी चिट्ठी तुम ही खोलो।"

मास्साब ने नारंगी को चिट्ठी थमा दी। नारंगी को समझ में नहीं आ रहा था कि इसको खोला कैसे जाये। उसने तो पहली बार ही चिट्ठी को देखा था। और फिर उसके अपने नाम पर तो यह पहली चिट्ठी आयी थी। आख़िर मास्साब ने नारंगी को अपने पास में बुलाकर अन्तर्देशीय पत्र खोलने में मदद की।

नारंगी के नाम पर उसके जीवन में यह पहला पत्र आया था। उसके दिमाग़ में हलचल मची हुई थी। हलचल तो हरेक बच्चे और मास्साब के दिमाग़ में भी मची हुई थी। इसरार सोच रहा था कि उसके नाम से चिट्ठी क्यों नहीं आयी? ऐसा ही भागचन्द्र, डमरू और रघु भी सोच रहे थे। उनके मन में कुछ जलन की भावना भी पैदा हो रही थी कि सवालीराम ने उन्हें चिट्ठी क्यों नहीं लिखी। मास्साब के दिमाग़ में हलचल इस बात की मची हुई थी कि उनकी कक्षा के एक बच्चे के नाम पर सवालीराम ने चिट्ठी भेजी है। मास्साब के नाम पर अब तक आदेश ज़रूर आये थे। मगर वे याद कर रहे थे कि ऐसी चिट्ठी तो उनके विद्यार्थी जीवन में कभी आयी ही नहीं। वैसे इस गाँव में किसी बच्चे के नाम पर पहली बार ही चिट्ठी आयी थी। मास्साब काफ़ी खुश लग रहे थे कि उनकी कक्षा के एक विद्यार्थी और वह भी एक लड़की के नाम पर चिट्ठी आयी है।

मास्साब ने नारंगी से कहा—"तो पढ़ो, पढ़ो...। क्या लिखा है। हम सबको सुनाओ।"

नारंगी ने चिट्ठी में देखा तो सबसे ऊपर उसका नाम लिखा था। वह अपना नाम देखकर एक बार फिर से ख़ुशी के मारे गुब्बारा बन चुकी थी।

मास्साब ने एक बार फिर से कहा–"पढ़ो ना...।"

बोर्ड के सामने जहाँ मास्साब अकसर खड़े होते हैं वहाँ नारंगी ने खड़े होकर चिट्‌ठी पढ़ना शुरू किया।

प्रिय नारंगी

नमस्ते

तुम्हारा पत्र मिला। मुझे बहुत अच्छा लगा कि तुमने पत्र लिखा और बताया कि बाल विज्ञान तुमको और तुम्हारे दोस्तों को अच्छा लगता है। मगर तुमने यह नहीं बताया कि आख़िर तुमको बाल विज्ञान क्यों अच्छा लगता है। अगली बार जब तुम चिट्‌ठी लिखो तो ज़रूर बताना कि बाल विज्ञान में तुमको क्या अच्छा लगता है और क्या नहीं।

नारंगी, तुम्हारे पत्र से पता चला कि तुम्हारे मास्साब तुम्हारी कक्षा को परिभ्रमण पर ले गये थे। परिभ्रमण में तुमको और तुम्हारी कक्षा के बच्चों को काफ़ी मज़ा आया। यह जानकर मुझे भी काफ़ी अच्छा लगा कि तुम्हारे मास्साब परिभ्रमण पर ले गये थे।

तो चलो, तुम्हारे सवालों पर आते हैं, जो तुमने पूछे हैं।

तुम्हारा पहला सवाल है कि ठण्ड के दिनों में सुबह–सुबह नदी, तालाब में से भाप निकलती क्यों दिखती है? ठण्ड में हमारे मुँह में से भी भाप क्यों निकलती है?

जवाब : वैसे नदी या तालाब से हमेशा भाप निकलती रहती है। और हमारे मुँह में से भी भाप निकलती है। गर्मी के दिनों में भी निकलती है। मगर गर्मी के दिनों में जो भाप निकलती है वह हवा में मिल जाती है और हमें दिखाई नहीं देती। यह तो तुम जानती हो कि ठण्ड के दिनों में वातावरण का तापक्रम कम हो जाता है। जब वातावरण का तापमान कम हो जाता है तो यह भाप ठण्डी हवा के सम्पर्क में आकर पानी के छोटे–छोटे कणों में बदल जाती है। और यही पानी के कण हमें दिखाई देने लगते हैं। गर्मी के दिनों में भी अगर हम दर्पण पर मुँह से हवा छोड़ें तो गीलापन महसूस होता है जो भाप के कारण होता है।

तुम्हारा दूसरा सवाल है कि मुर्गी अण्डे पर क्यों बैठती है?

जवाब : शरीर की जैविक क्रियाओं के लिए एक निश्चित तापक्रम की ज़रूरत होती है। जब मुर्गी अपने अण्डों पर बैठती है तो उनको अपने शरीर की गर्मी देती है। मुर्गी के अण्डे में भ्रूण के विकास के लिए यह

ज़रूरी है कि उसे निश्चित तापक्रम मिलता रहे। जब मुर्गी अण्डों को सेहती है तो वह अपने शरीर की गर्मी से अण्डों को गरमा रही होती है। अण्डों को सेहने की यह प्रक्रिया और भी पक्षियों में होती है। अब कभी ध्यान से देखना कि पक्षी घोंसले में बैठकर उन पर घण्टों बैठकर अण्डों को गरमाते हैं।

अब तुम्हारे दिमाग़ में जो भी सवाल उठे उन्हें मुझे ज़रूर लिखकर भेजना।

अपने दोस्तों और सहेलियों को नमस्ते कहना। और हाँ, अपने शिक्षक को भी नमस्ते कहना।

हाँ, तुम्हारी कक्षा में कौन–कौन से प्रयोग हुए और कौन–से नहीं। उनके बारे में बताना। यह भी बताना कि बाल विज्ञान तुमको और दोस्तों को कैसा लगता है। तुम्हारे दिमाग़ में जो भी सवाल उठे उनको मुझे बेहिचक लिखना। मैं तुम्हारे सवालों के जवाब देने की कोशिश करूँगा।

पत्र ज़रूर लिखना।

प्यार सहित

तुम्हारा सवालीराम

कक्षा में सभी बच्चों और मास्साब ने चिट्ठी को बड़े ध्यान से सुना था। जब नारंगी चिट्ठी को पढ़ रही थी तब कक्षा में सूई पटक सन्नाटा छाया हुआ था। हर कोई ध्यान से सुन रहा था। हरेक बच्चे को ऐसा एहसास हो रहा था मानो उनको ही चिट्ठी लिखी है। जैसे कि हम बरसात के दिनों में जब इन्द्रधनुष देखते हैं तो प्रत्येक व्यक्ति का अपना–अपना अलग–अलग इन्द्रधनुष होता है। वैसा ही एहसास बच्चों को सवालीराम का यह ख़त दे रहा था।

यह अलग बात थी कि सवालीराम की चिट्ठी में लिखे जवाब का सम्पूर्ण अर्थ नारंगी समेत सभी बच्चों को पूरी तरह से समझ नहीं आया था। मगर उस सन्दर्भ को अपने से जोड़ने की पुरज़ोर कोशिश कर रहे थे।

नारंगी ने अटक–अटककर पूरी चिट्ठी पढ़कर मास्साब को थमा दी। मास्साब चिट्ठी को अलट–पलटकर देखते हुए खुश हो रहे थे।

मास्साब ने पहले तो पूछा–"ये तुमने कब लिखी? हमें तो पता ही नहीं चला। कोई बात नहीं...। अच्छा किया।"

भागचन्द्र मास्साब की हाँ में हाँ मिलाते हुए बोला–"हमको भी नहीं बताया इसने। ...पर अच्छा किया इसने।"

नारंगी को मास्साब ने शाबाशी दी। "...भले ही बताया नहीं। तुमने बहुत अच्छा किया। तुम्हारी हिम्मत की दाद देनी चहिए।"

नारंगी को मास्साब की यह बात अच्छी लगी। मगर वह सोच रही थी कि चिट्ठी लिखकर तो वह कभी की भूल गयी थी। नारंगी ने कोई तीन–चार महीने पहले चिट्ठी लिखकर डाक के डिब्बे में डाल दी थी। उसे चिट्ठी लिखने की प्रेरणा मास्साब से ही मिली थी। मास्साब कभी–कभार सवालीराम का ज़िक्र कर देते थे कि कोई सवालीराम है। चाहो तो तुम चिट्ठी लिख सकते हो।

सवालीराम को चिट्ठी लिखी जाये, यह स्कूल की पढ़ाई के दौरान कोई ज़रूरी तो नहीं था। मास्साब ने भी कभी किसी बच्चे के साथ ज़ोर–जबर्दस्ती नहीं की थी। मगर नारंगी को मास्साब की सवालीराम वाली बात कुछ जम गयी और उसने चिट्ठी लिख दी। इसका नतीजा था सवालीराम का पत्र जो नारंगी को ख़ुशी का एहसास दे रहा था वहीं दूसरे बच्चों को चिट्ठी लिखने की प्रेरणा।

वैसे मास्साब भी प्रेरित हो रहे थे कि वे बाल वैज्ञानिक विषय पढ़ाने के दौरान आने वाली समस्याओं का हल जानने के लिए सवालीराम को पत्र लिखें। यह प्रेरणा उन्हें होशंगाबाद विज्ञान नामक बुलेटिन से मिली थी। होशंगाबाद विज्ञान बुलेटिन एक अनियमित पत्रिका थी जो शिक्षकों के बीच संवाद का जरिया बन गयी थी। बुलेटिन में भी सवालीराम का कॉलम ज़रूर होता था।

आज बाल विज्ञान का पीरियड नारंगी के नाम सवालीराम की आयी चिट्ठी को ही समर्पित था। कक्षा में सवालीराम और सवालीराम की चिट्ठी छाये हुए थे।

स्कूल की छुट्टी के बाद भी बच्चों के बीच सवालीराम ही छाये हुए थे। हर कोई बच्चा उस चिट्ठी को देखना और पढ़ना चाह रहा था। नारंगी को इस बात का भी गर्व था कि उसे सवालीराम ने अपने हाथों से चिट्ठी लिखी है। स्कूल से घर जाते हुए नारंगी अपने साथियों से बोली–"देख ना। मेरे को तो पहली बार किसी ने चिट्ठी लिखी है।"

"और हमको भी नमस्ते लिखा...।" भागचन्द्र बोला।

"चल हठ"—नारंगी तपाक से बोली।

"अरे ये क्या कर रही है। हम तेरे दोस्त न हों तो बता।" इसरार बीच में टपक पड़ा।

"हाँ, बात तो सही है। मेरा तो मन करता है कि सवालीराम से मिलूँ।" नारंगी बोली।

रघु को कुछ—कुछ याद आ रहा था कि नारंगी एक बार पोस्ट ऑफ़िस गयी थी। और उसके बस्ते में एक कार्ड भी देखा था उसने। रघु बोला—''अच्छा...। अब समझ में आया। तू उस दिन पोस्ट ऑफ़िस इसीलिए गयी थी।''

नारंगी मुँह बनाकर बोली—"तू भी लिख देता। तेरे को किसी ने मना थोड़े ही किया था।"

नारंगी सोचती जा रही थी कि वह अब और भी सवाल पूछेगी। और केवल सवालीराम से ही नहीं हर किसी बड़े से और अपने दोस्तों से उन पर बातचीत करेगी।

घर पहुँचकर उसने चिट्ठी बापू और माँ को बताई। माँ और बापू की ख़ुशी का ठिकाना नहीं था। माँ ने नारंगी को अपने से लिपटा लिया था। वह कहे जा रही थी—"छोरी बाँच के तो सुना।"

माँ ने बड़े गर्व से चिट्ठी नारंगी के बापू को देते हुए कहा—"देखो तो जबरदस्त काम कर दिया छोरी ने...।"

नारंगी के बापू को अपनी बेटी के चेहरे पर ख़ुशी के साथ—साथ आत्मविश्वास भी दिखाई दे रहा था। उसमें चिट्ठी लिखने का आत्मविश्वास जो आ गया था। बेशक, सवालीराम ने चिट्ठी का जवाब लिखकर नारंगी में सवाल करने का और चिट्ठी लिखने के आत्मविश्वास का जज़्बा पैदा कर दिया।

पानी की जाँच

बाल विज्ञान का एक वर्ष का अनुभव लिए बच्चे कक्षा छठी से सातवीं में पहुँच चुके थे। अब तक कोई आधा दर्जन अध्याय वे सातवीं की बाल विज्ञान के कर चुके थे। इन अध्यायों में एक मज़ेदार खेल, जन्तुओं की दुनिया, फूलों से जान–पहचान, ध्वनि, व पौधों में प्रजनन थे। अब बारी थी 'जल–मृदु और कठोर' की।

वैसे मास्साब ने 'जल–मृदु और कठोर' वाले पाठ को छोड़ने का मन बना लिया था। इसकी एकमात्र वजह यह थी कि इस पाठ में से प्रायोगिक और लिखित परीक्षा में प्रश्न कम ही बन पाते हैं। हालाँकि होशंगाबाद विज्ञान ने तथाकथित परीक्षा को भी चुनौती देने की भरपूर कोशिशें कीं मगर फिर भी इसकी सीमाएँ साफ़तौर पर परिलक्षित होती थीं। प्रायोगिक परीक्षा में भी कुछ ख़ास अध्यायों से ही प्रयोग करने को दिये जाते थे। लिखित परीक्षा में इस पाठ से नाम मात्र को ही प्रश्न पूछे जाते थे। वैसे एक अन्य नज़रिए से देखें तो पानी जैसी चीज़ हमारे जीवन का अहम हिस्सा है। यों कहें कि 'पानी ही जीवन है', बावजूद इसके परीक्षा की प्राथमिकता में यह अध्याय शामिल न होने की वजह से शिक्षण का हिस्सा बनने से कई बार रह जाता। शिक्षा परीक्षा पर भारी पड़ जाती। अगर कोई ऐसी अवधारणा हो जिस पर शिक्षक की बेहतर समझ बन जाये और उस पर काम करने में कुछ रोमांच पैदा हो तो फिर वह कक्षा शिक्षण का हिस्सा बनने से कैसे वंचित रह सकती है।

ऐसा ही कुछ हुआ इस अध्याय के साथ। चूँकि इस अध्याय पर विस्तृत चर्चा शाला संगम केन्द्र पर आयोजित मासिक बैठक में हुई थी, यह एक वजह थी कि मास्साब ने इसे बच्चों के साथ करने का मन

बनाया। मासिक बैठक, शिक्षकों का एक ऐसा मंच रहा है जहाँ शाला संगम केन्द्र के अन्तर्गत आने वाले समस्त स्कूल के बाल विज्ञान शिक्षण करने वाले शिक्षक शामिल होते। इस बार की मासिक बैठक में 'जल–मृदू और कठोर' के लगभग सारे प्रयोग करवाये गये थे। इसके लिए उस इलाके के विविध स्रोतों से पानी एकत्र किया गया। जल की जाँच के लिए शाला संगम केन्द्र पर आवश्यक रसायनों के घोल बनाये और जाँच की गयी थी।

बच्चों ने कक्षा में पानी वाला पाठ पढ़ाने का आग्रह किया। दरअसल, बच्चों को यह तो ठीक से पता नहीं था कि आख़िर इस अध्याय में किस प्रकार के प्रयोग किये जाने होंगे। यानीकि बच्चों के पास बाल वैज्ञानिक होने के बावजूद चाहे उन्होंने पानी वाले अध्याय के पन्नों पर नज़र डाली हो मगर वे इस बात को नहीं पकड़ पाये थे कि इस अध्याय से पानी को लेकर किस प्रकार की समझ बनेगी। उन्होंने मास्साब से आग्रह केवल इस आधार पर किया था कि अध्यायों की सूची में अगला अध्याय 'जल–मृदु और कठोर' था।

बच्चों के कहने पर मास्साब ने हामी भर ली। ख़ास बात यह थी कि मासिक बैठक का विमर्श कक्षा शिक्षण को काफ़ी हद तक प्रभावित कर देता। इस मामले में भी ऐसा ही कुछ हुआ। चूँकि पानी वाले इस अध्याय पर विस्तार से प्रयोग और चर्चाएँ हो चुकी थीं इस वजह से मास्साब को इस अध्याय को कक्षा में कराने को प्रेरित कर दिया।

बच्चे, कक्षा में मास्साब के आने का इन्तज़ार कर रहे थे। कक्षा में मास्साब प्रवेश कर चुके हैं। कक्षा में टोलियाँ बन चुकी हैं। "तो आज से हम पानी की जाँच वाला पाठ शुरू करते हैं।" मास्साब ने बात को जारी रखा–"पानी का इस्तेमाल तो तुम रोज़ ही करते हो। पानी इतनी ग़ज़ब की चीज़ है कि इसके बिना हम ज़िन्दा नहीं रह सकते। वैसे तो तुम पानी के कई गुण जानते हो। अच्छा ऐसा करते हैं कि पानी के गुणों की सूची बनाते हैं सबसे पहले।"

टोलियों ने पानी के गुणों की सूची बना डाली। पानी के गुणों की सूची बनाते–बनाते आधा पीरियड बीत चुका था।

मास्साब ने कक्षा की कार्यवाही को आगे बढ़ाया। "तो इस पाठ में हम पानी के ख़ास गुणों का अध्ययन करेंगे। अच्छा ये बताओ कि क्या तुमने

कभी ऐसे पानी का इस्तेमाल किया है जिसमें साबुन लगाने पर झाग नहीं बनता? यह पानी कहाँ का था?" दरअसल, मास्साब ने यह प्रश्न बाल वैज्ञानिक में से ही पढ़कर पूछा था।

नारंगी की माँ हर वक़्त कपड़े धोते वक़्त बुदबुदाती कि बड़े कुएँ का पानी बहुत मोटा है। इसमें कपड़े साफ़ नहीं धुलते। इस बात को नारंगी पकड़ चुकी थी जब कपड़े नहीं धुलते तो हो सकता है कि इसका लेना–देना झाग से ही हो। वह सोचकर बोली–"मास्साब बड़े कुएँ के पानी में झाग नहीं बनता।"

"मास्साब बड़े कुएँ के पानी को तो हम पीते भी नहीं।" विष्णु बैठे हुए ही बोला।

केशव को लगा कि वह भी कुछ बोले, इसलिए उसने कहा– "हम तो टाँके का पानी पीते हैं।"

"बड़े कुएँ का पानी क्यों नहीं पीते?" मास्साब ने अचरज भरी मुद्रा बनाकर दोहराया। "बड़े कुएँ में ऐसा क्या है कि वह पीने लायक नहीं है?" और टाँके के पानी में ऐसा क्या है कि उसे पीते हैं?" केशव को एहसास हुआ कि मास्साब ने उसकी बात को भी ध्यान से सुना।

केशव सोच में डूब गया। "मास्साब बड़े कुएँ का पानी मीठा नहीं लगता।"

डमरू दुबके हुए बैठे–बैठे ही बोला–"मेरी माँ कहती है कि इस कुएँ के पानी में दाल नहीं गलती।"

''क्यों झाग नहीं बनता बड़े कुएँ के पानी में? क्यों दाल नहीं गलती बड़े कुएँ के पानी में?" मास्साब ने सवाल किया।

टोलियों में बच्चे सोचते और सोचते जा रहे थे। वे सोच रहे थे कि आख़िर पानी में ही कुछ तो ऐसा होगा कि दाल नहीं गलती उसमें। क्या होगा उसमें ऐसा कि झाग नहीं बनता और दाल नहीं गलती? इसको लेकर उन्हें कोई सूत्र पकड़ में नहीं आ रहा था। यह सवाल उन्हें सोचने को ज़रूर प्रेरित कर रहा था। हाँ, उनके अनुभव इस प्रकार के ज़रूर थे जो वे बयाँ कर रहे थे। वैसे कक्षा में अनुभवों को शामिल करना शिक्षा का अहम हिस्सा है जो बाल विज्ञान में काफ़ी जगह पर एक सहज प्रक्रिया के रूप में होता दिखता है।

"हाँ तो, इन्हीं सवालों का जवाब खोजने की कोशिश करेंगे। चलिए, सबसे पहले कुछ प्रयोग की तैयारी करते हैं। ...तो हम अलग–अलग स्थानों जैसे कुआँ, तालाब, हैंडपम्प आदि का पानी लाएँगे। अच्छा, तो तुमको याद है ना कि मैंने तुमसे बरसात का पानी इकट्ठा करवाया था।"

दरअसल, मास्साब ने बच्चों की मदद से बरसात के पानी को इकट्ठा करवा लिया था। बरसात के पानी को इकट्ठा करने के लिए बरसात में लोहे के पीपे को खुली जगह पर रख दिया गया था। इस बात का ध्यान रखा गया था कि उसमें बाहर से मिट्टी वगैरह न गिरे। इकट्ठे किये गये पानी को ग्लूकोज़ (सलाइन) की बोतल में भरकर रखा गया था। पास के क़स्बे के अस्पताल से ग्लूकोज़ की बोतलों को साफ़ करके किट में शामिल कर लिया गया था। इन्हीं बोतलों में बरसात का पानी एकत्र करके जमा कर लिया गया था।

मास्साब अपने साथ एक साबुन और डिटर्जेंट लेकर आये थे जो उन्होंने टेबल पर रख दिया था। मास्साब ने साबुन को टेबल से उठाकर अपने हाथ में लिया। ''तो हमारे पास बरसात का पानी है। बरसात का पानी एकदम साफ़ होता है। इसे हम 'आसुत जल' कहते हैं। अगला काम होगा–साबुन का घोल बनाना। हमें साबुन का घोल बनाना है जो मेरे हाथ में है।'' मास्साब ने स्पष्ट करना उचित समझा। ''जो साबुन हम नहाने के काम में लेते हैं उसे हम साबुन कह रहे हैं। हमें कपड़े धोने वाली टिकिया जिसे हम डिटर्जेंट कहते हैं उसका इस्तेमाल करना है।'' मास्साब ने बात को जारी रखा। "आधा बीकर पानी लेना है और इसमें डिटर्जेंट की टिकिया डालना है। घोल थोड़ा गाढ़ा बनाना होगा।"

कक्षा में सामूहिक रूप से घोल बनाने की प्रक्रिया शुरू हुई। आसुत जल से भरी ग्लूकोज़ की बोतल मास्साब ने टेबल पर लाकर रख दी। सभी बच्चे टेबल के इर्द–गिर्द एकत्र हो गये। बीकर को आसुत जल से भर लिया तथा उसमें साबुन के छोटे–छोटे टुकड़े काट–काटकर डाल दिये गये। कुछ देर तक साबुन के टुकड़ों को गलने दिया। फिर अच्छे से हिलाकर साबुन का गाढ़ा घोल बना लिया गया। घोल इतना गाढ़ा बनाया गया कि एक–तिहाई परखनली आसुत पानी में इसकी 5–10 बूँदें डालने पर ख़ूब झाग बने।

इसी प्रकार से डिटर्जेंट का घोल भी बनाया गया। डिटर्जेंट की एक टिकिया को आधा बीकर आसुत पानी में घोल लिया गया। डिटर्जेंट का घोल भी गाढ़ा बन चुका था।

कुल मिलाकर दो प्रकार के घोल तैयार हो चुके थे। एक साबुन का और दूसरा डिटर्जेंट का।

प्रयोग की सामग्री तैयार हो गयी तो मास्साब ने कहा कि जो भी हम पानी पीते हैं पहले उसको जाँचते हैं। सबसे पहले हम स्कूल के पानी की जाँच करेंगे।

जिस भी पानी की जाँच करनी होगी उसे परखनली में लेंगे और उसमें साबुन के गाढ़े घोल की बराबर–बराबर बूँदें डालेंगे। फिर देखेंगे कि कितना झाग बना है। प्रयोग करने के पहले कुछ सावधानियों की बात कर लेते हैं। मास्साब ने कुछ सावधानियाँ बतायीं जो बाल वैज्ञानिक में लिखी गयी थीं–

1. तुलना के लिए पानी की बराबर–बराबर मात्रा ली जाये।
2. साबुन के घोल की बराबर–बराबर बूँदें डाली जायें।
3. तुलना करते समय साबुन का घोल डालने के बाद पानी के हर नमूने को बराबर समय तक हिलाया जाये।

दरअसल, जो सावधानियाँ पुस्तक में लिखी गयी थीं उन्हीं को मास्साब ने सवाल के रूप में पूछा था। तुलना के लिए पानी की बराबर मात्रा लेना क्यों ज़रूरी है? जब मास्साब ने सवाल पूछा तो भागचन्द्र जवाब देने की कोशिश करने लगा– "मास्साब अगर पानी की मात्रा ज़्यादा–कम लेंगे तो रिजल्ट में गड़बड़ होगी। हमको साबुन भी बराबर लेनी पड़ेगी।"

अभी तो मास्साब ने पानी की बराबर मात्रा लेने को लेकर ही सवाल पूछा था। मगर बच्चे ने तो दूसरी सावधानी पर भी अपनी राय प्रस्तुत कर दी थी। मास्साब ने फिर से दोहराया–"भागचन्द्र ने सही कहा। हमको साबुन के घोल की बराबर बूँदें लेनी होंगी। इस बात को भी याद रखा जाये। और जब साबुन का घोल डालकर हिलाया जाये तो यह भी ध्यान में रखना है कि ऐसा न हो कि एक पानी के नमूने को दो मिनट तक हिलाएँ और दूसरे को कुछ ही सेकेण्ड। लगभग बराबर ही हिलाया जाये। अगर बराबर समय

तक न हिलाया तो झाग की मात्रा कम या ज़्यादा बन सकती है और प्रयोग के नतीजे अलग हो सकते हैं।"

सबसे पहले जो काम किया गया वह यह कि दो परखनलियों को आसुत पानी से एक तिहाई भर लिया गया। अब एक में साबुन के घोल की पाँच बूँदें डालकर हिलाया गया। दूसरी परखनली में डिटर्जेंट के घोल की पाँच बूँदें डालकर हिलाया गया। इन दोनों परखनलियों पर लेबल लगाकर रख दिया गया। मास्साब ने ज़ोर देकर कहा कि ये जो दोनों परखनलियों के आसुत जल में साबुन और डिटर्जेंट की पाँच–पाँच बूँदें डाली गयी हैं इनसे ही आगे तुलना करनी होगी।

स्कूल के हैंडपम्प से पानी लाया गया। टोलियों में स्कूल के हैंडपम्प का पानी बीकरों में परोसा गया। टोलियों में साबुन और डिटर्जेंट का गाढ़ा घोल भी दे दिया गया। साथ ही ड्रापर भी आवश्यकतानुसार टोलियों में वितरित कर दिये गये।

टोलियों में स्कूल के हैंडपम्प के पानी की जाँच प्रारम्भ हो गयी। सबसे पहले दो परखनलियों में हैंडपम्प के पानी की बराबर मात्रा ली गयी। एक परखनली पर "क" और दूसरी पर "ख" लिख दिया गया। "क" परखनली में साबुन के घोल की पाँच बूँदें डाली गयीं और "ख" में डिटर्जेंट की पाँच बूँदें। दोनों को हिलाया गया। हिलाकर झाग की तुलना आसुत पानी वाली सम्बन्धित परखनलियों से की गयी। बच्चों ने अपने–अपने अवलोकन तालिका में लिख लिए।

अब बारी थी प्रयोग के बाद चर्चा की। वैसे प्रयोग का जितना महत्त्व है उससे कहीं ज़्यादा प्रयोग से प्राप्त नतीजों के विश्लेषण के लिए की गयी चर्चा का। इस लिहाज़ से प्रयोग करने के बाद चर्चा के लिए आगे का प्रयोग रोक दिया गया। स्कूल के हैंडपम्प के पानी के नमूने में साबुन से झाग कितना बना? इस पर बच्चों ने फिर से अवलोकन किया। कक्षा में थोड़ी देर के लिए सन्नाटा छा चुका था। केशव ने सन्नाटे को भंग किया–"मास्साब, हैंडपम्प के पानी में साबुन से झाग तो बना पर कम बना।"

"मतलब कि आसुत पानी वाली परखनली की तुलना के आधार पर तुम कह रहे हो।" मास्साब ने स्पष्टता लाने के लिए यह बात पूछी थी। दरअसल कक्षा में यह बात ठीक से समझ में आ चुकी थी कि झाग की

तुलना आसुत पानी में बने झाग वाली सम्बन्धित परखनली से करनी है। तभी इसरार बोल पड़ा—"डिटर्जेंट में झाग ख़ूब बन रहा है।" "किसकी तुलना में?" यह अपनी ही टोली के रघु ने पूछ लिया। मास्साब को लगा कि जो सवाल मुझे पूछना था वही रघु ने पूछकर मुझे मुक्त कर दिया।

चूँकि सवाल रघु ने पूछा था इसलिए इसरार ने सवाल को ज़्यादा महत्त्व नहीं दिया। मास्साब ने जब देखा कि इसरार उस सवाल को किनारे कर रहा है तो उसे टोका—"रघु के सवाल का जवाब क्या है?" अबकी बार इसरार सचेत हो गया। रघु को एहसास हुआ कि उसने सही बात कही।

मास्साब ने फिर से पूछा—"स्कूल के पानी में डिटर्जेंट डालने पर आसुत जल में डिटर्जेंट के घोल से ज़्यादा झाग बन रहा है?"

वास्तव में डिटर्जेंट में हैंडपम्प के पानी में झाग, साबुन की तुलना में काफ़ी बन रहा था। जो इसरार कहना चाह रहा था मगर तुलना तो आसुत पानी में डिटर्जेंट से बने नमूने वाली परखनली से करना था।

हैंडपम्प के पानी में डिटर्जेंट में तो आसुत पानी में डिटर्जेंट के मानक उतना ही झाग बन रहा था मगर साबुन में झाग कम बना था। इसी प्रकार बारी—बारी से अगले दिनों में बड़े कुएँ और टाँके के पानी की जाँच कर अपने अवलोकन तालिका में लिख लिए गये। जब अवलोकनों के निष्कर्ष निकाले गये तो पाया कि सभी जगह के पानी में डिटर्जेंट में तो ख़ूब झाग बनता है मगर बड़े कुएँ के पानी में साबुन में सबसे कम झाग बना। टांके के पानी में साबुन में सभी नमूनों की तुलना में ज़्यादा झाग बना। एक और अवलोकन की ओर ध्यान दिलाया गया—पानी के सभी नमूनों में डिटर्जेंट में झाग आसुत पानी वाले डिटर्जेंट के मानक नमूने के बराबर ही बना। यह बात बच्चों को काफ़ी दिलचस्प लगी कि डिटर्जेंट में झाग ख़ूब बनता है।

लगभग यही नतीजे सभी टोलियों के थे।

अभी भी वह प्रश्न अनुत्तरित ही था कि किस कारण से पानी में झाग की मात्रा कम या ज़्यादा होती है। झाग का दाल गलने या कपड़े साफ़ न धुलने से क्या लेना—देना है, इन सवालों का जवाब खोजने के लिए अब अगला प्रयोग किया जाना था।

अगले प्रयोग के लिए कुछ रसायनों की ज़रूरत होती है। और इन

रसायनों को आसुत पानी में घोलकर साबुन और डिटर्जेंट के घोल की निर्धारित बूँदें डालकर झाग बनता है या नहीं या झाग की मात्रा का पता लगाना था। अगले दिन ऐन वक़्त पर मास्साब को याद आया कि प्रयोग के लिए कुछ रसायनों की ज़रूरत होगी। इधर पीरियड लग चुका था मगर प्रयोग करवाने के लिए रसायनों की व्यवस्था नहीं हुई थी। मास्साब हड़बड़ाहट में थे। वैसे कक्षा में जाने के पूर्व तैयारी का मामला काफ़ी कमज़ोर होता था। ऐसा बहुत ही कम होता कि शिक्षक कक्षा में जाने के पहले हर प्रकार से तैयार होकर जाते। ख़ासकर स्कूली शिक्षा में कक्षा में पढ़ाने जाने के पहले पूर्व तैयारी की संस्कृति को विकसित करने के प्रयास भारत जैसे देश में काफ़ी कम हुए हैं।

कक्षा में से लौटकर मास्साब ने किट की अलमारी में टटोला। रसायनों की डिब्बियों को लेकर कक्षा में मास्साब पहुँच चुके थे। इस प्रयोग के लिए आसुत पानी की ज़रूरत थी जो कक्षा में ही रखा हुआ था।

मास्साब ने अध्याय से सम्बन्धित कुछ पूर्व की बातों को याद दिलाया। उन तीनों सावधानियों की बात एक बार फिर से की। मास्साब ने बताया कि इस प्रयोग में हम यह समझने की कोशिश करेंगे कि अगर पानी में झाग नहीं बनता है तो उसके कारण क्या हैं? यह तो तुम जानते ही हो कि आसुत पानी में किसी भी प्रकार की अशुद्धि नहीं होती है। तो यहाँ हम आसुत पानी में कुछ रसायनों को घोलेंगे।

मास्साब ने छह रसायनों के घोल चार टोलियों के हिसाब से अलग–अलग बीकर में बना लिए। मास्साब ने रसायनों के नाम बोर्ड पर लिखे–

1. कैल्शियम क्लोराइड
2. सोडियम क्लोराइड
3. कैल्शियम सल्फेट
4. मैग्नीशियम सल्फेट
5. सोडियम कार्बोनेट
6. कैल्शियम बाईकार्बोनेट

मास्साब ने कहा था कि ये सब लवण हैं। बच्चों को लवण का कुछ–कुछ अर्थ समझ में आ रहा था बाक़ी इन छहों नामों से वे पूरी तरह

अनभिज्ञ थे। बच्चे एक–दूसरे का मुँह देख रहे थे। बहरहाल, मास्साब समझ चुके थे कि ये नाम बच्चों की समझ से कोसों दूर है। मास्साब बच्चों को हिम्मत बँधाने की कोशिश कर रहे थे। "इन नामों से घबराने की ज़रूरत नहीं है। ये दूसरे नम्बर वाला जो 'सोडियम क्लोराइड' लिखा है, ये नमक है जो हम रोज़ खाते हैं।" इतना कह मास्साब रुक गये। बच्चों को थोड़ी राहत महसूस हुई। बाक़ी के नामों से भी घबराने की ज़रूरत नहीं है। हम इनके 'काम' की बात करेंगे। 'नाम' के चक्कर में नहीं उलझेंगे।

"तो मैं अब आपको इन छहों रसायनों के घोल अपनी–अपनी टोलियों की परखनलियों में दूँगा। ये घोल आसुत पानी में बनाये गये हैं। परखनलियों पर इन घोलों का लेबल लगा लें।" मास्साब ने टोलियों में घोल बाँटना प्रारम्भ कर दिया।

मास्साब ने बोर्ड पर तालिका बना दी। बच्चे प्रयोग करने में जुट गये।

बच्चों ने प्रत्येक परखनली में साबुन के घोल की निर्धारित बूँदें डालीं और झाग की मात्रा का अवलोकन किया। इसी के बाद परखनली धोकर डिटर्जेंट के घोल की निर्धारित बूँदें डालीं और झाग का अवलोकन किया गया।

अवलोकन में यह बात समझ में आयी कि डिटर्जेंट के साथ तो सभी में झाग बना मगर साबुन के घोल के साथ सभी में झाग बहुत कम या नहीं बना। जैसे कि कैल्शियम क्लोराइड, कैल्शियम सल्फेट, मैग्नीशियम सल्फेट के साथ साबुन डालने पर झाग न के बराबर बना।

तो साबुन के साथ दो प्रकार के अवलोकन आये। एक तो जिनमें साबुन के साथ झाग बना और दूसरे वे जिनमें झाग न के बराबर बना।

यहाँ बच्चे समूहीकरण की प्रक्रिया को एक बार फिर से अपना रहे थे। दो समूह बनाये गये–जिन रसायनों के पानी में होने से झाग बनता है और जिन रसायनों के साथ झाग नहीं बनता है।

"जिस पानी के साथ साबुन ख़ूब झाग दे उसे हम 'मृदु पानी' कहते हैं। और जो पानी कम झाग देता है या झाग नहीं देता है उसे 'कठोर पानी' कहते हैं।"

बच्चों को सोचने को बहुत कुछ मिल चुका था। नारंगी ने झट से

बात पकड़ ली। "अच्छा तो अपने बड़े कुएँ का पानी 'मोटा' मतलब कि 'कठोर' है।" यह बात अकसर नारंगी अपनी माँ के मुँह से सुनती रहती है कि 'कुएँ का पानी मोटा है'।

मास्साब ने बच्चों के साथ चर्चा की। अगर साबुन के साथ झाग न बने तो वह पानी कठोर होता है। और जिस पानी में झाग बने वह पानी मृदु कहलाता है।

आज बच्चों को पानी का मर्म कुछ हद तक समझ में आ चुका था।

जीवन–चक्र

नारंगी समेत तेरह बच्चे आठवीं कक्षा में आ चुके थे। जुलाई का महीना आधा बीत चुका था।

कक्षा में बच्चे, मास्साब का इन्तज़ार कर रहे थे। टाइमटेबल प्रधानाध्यापक की टेबल पर रखते हुए मास्साब ने सोचा–"फालतू की चीज़ है। टाइमटेबल के हिसाब से चलना मुश्किल भरा काम है। दूसरे कामों के चलते पढ़ाई तो पानी में बह जाती है। मगर शिक्षा विभाग को तो टाइमटेबल चाहिए। ...ये रहा टाइमटेबल।" तभी मास्साब का ध्यान एकदम टूटा और उन्होंने देखा कि कमरे के बाहर कक्षा आठवीं के बच्चे खड़े हैं।

कमरे में से बाहर आकर मास्साब बच्चों के बीच खड़े हो गये– "तो क्या हाल हैं तुम लोगों के? ठीक हो?"

सभी बच्चों ने हाँ में सिर हिलाया और बोला–"ठीक।"

"तो क्या योजना है?... अब तो तुम प्रयोग करने में माहिर हो गये हो।"

मास्साब के मुँह से तारीफ़ सुनकर बच्चे गद्‌गद हो रहे थे। मास्साब बोले–"असल में अब तुमको और ज़्यादा मेहनत करनी होगी। फिर इस साल के बाद तो तुम लोगों को बड़े स्कूल में जाना होगा। आगे का विज्ञान अलग होगा।"

यह सुनकर बच्चों के चेहरे पर चिन्ता की लकीरें साफ़ दिखाई दे रही थीं। भागचन्द्र ने रघु को कोहनी मारी–''ले, अब क्या होगा?"

वे बच्चों की ओर प्यार भरी नज़रों से देखते हुए बोले–"नहीं अभी चिन्ता नहीं करने की। अभी तो मन लगाकर पढ़ो। आठवीं में विज्ञान में तुम और अच्छे से प्रयोग वगैरह सीख लो। नौवीं में तुमको विज्ञान में शायद इस तरह के प्रयोग करने का मौक़ा नहीं मिलने वाला है।"

इतना कहकर मास्साब फिर से कमरे में जाकर अपने काम में लग गये। बच्चे मास्साब से पढ़ाई शुरू करने को लेकर पूछने की हिम्मत नहीं कर पाये। वे अब भी मास्साब के कमरे के बाहर ही खड़े होकर बातचीत कर रहे थे।

नारंगी निराश होकर बोली—''अगले साल मेरे बापू बड़े स्कूल में भेजेंगे भी कि नहीं ये कुछ भी पता नहीं।"

रघु बोला—"हाँ, हाँ...। तेरे बापू तो पाँचवीं के बाद ही तुझे स्कूल भेजने का मना कर रहे थे।"

नारंगी अपने बाल की लट को उँगली में लपेटते हुए बोली—"हाँ रे...। पर अगले साल क्या होगा कुछ पता नहीं...।''

रघु बोला—''देखो...। मेरा तो क्या है कि पास हो गया तो ठीक नहीं तो बकरी चराना पक्का।"

भागचन्द्र ने चुटकी लेते हुए कहा—"तो अभी भी तो चराता है। इसमें क्या गलत है।"

"...और इसरार तो सब्ज़ी बेचेगा"—इसरार ने उँगली अपनी ओर कर कहा। "चलो छोड़ो यार...। आज क्या करना है इसकी बात करो।'' भागचन्द्र ने अपने हाथों को ऐसे झटका मानो वह इस समस्या से हुए गीले हाथों को झटक रहा हो।"

''विज्ञान में रटेंगे कैसे रे...?'' रघु मायूस होकर नौंवी कक्षा की चिंता करने लगा था।

नारंगी समेत सभी बच्चे उलझन महसूस कर रहे थे। नारंगी ने चुप्पी तोड़ी—"जैसे सामाजिक अध्ययन और हिन्दी में रटते हैं...।"

''...और मुझे तो गणित में भी रटकर काम चलाना पड़ता है। कुछ समझ में ही नहीं आता।"—भागचन्द्र मुँह लटकाकर बोला।

रघु फुसफुसाया—"कोई चिन्ता नहीं अपुन को। ... अपुन का बापू अगले साल पढ़ने भेजने वाला नहीं।"

मास्साब ने कमरे की खिड़की में से बाहर की ओर झाँककर देखा कि बच्चे अब भी वहीं खड़े हैं।

मास्साब ने सोचा कि विज्ञान में कोई काम देकर बच्चों को व्यस्त कर दिया जाये। मास्साब सोच में डूब गये। मास्साब ने अलमारी खोलकर

काग़ज़ों और फ़ाइलों को उलटा–पुलटा और बाल विज्ञान किताब निकालकर पन्ने पलटने लगे।

कुछ देर बाद मास्साब कमरे से बाहर आये और बोले–"तो चलो, ऐसा करते हैं कि अब कुछ काम शुरू कर दें।"

दरअसल बच्चे भी चाहते थे कि पढ़ाई प्रारम्भ हो। वे मास्साब की सहमति का इन्तज़ार कर रहे थे। पिछले दो सालों में विज्ञान ने बच्चों में दिलचस्पी काफ़ी जगा दी थी। बच्चों को एहसास हो रहा था कि मास्साब उनके साथ विज्ञान में बराबरी से बात करते हैं। ख़ास बात यह कि बच्चों को स्वतन्त्र रूप से सोचने और मन की बात करने का अवसर मिलता था।

मास्साब ने पूछा–"अच्छा ये बताओ...।" बच्चे उतावले हुए जा रहे थे। बच्चे मास्साब से डरने के बजाय बराबरी से बात करने लगे थे। अतः नारंगी हिम्मत जुटाकर बोली–"मास्साब आप कुछ कह रहे थे।"

मास्साब बोले–"हाँ, तो मैं क्या कह रहा था...। अच्छा हाँ, ये बताओ कि आसपास डबरों में पानी इकट्ठा हो गया है क्या?"

भागचन्द्र दूर खाई की ओर नज़र घुमाते हुए बोला–"मास्साब एक बार ही बरसात हुई। थोड़ा पानी भरा था पर ज़मीन चूस गयी।"

मास्साब रघु के कन्धे पर हाथ रखकर बोले–"तो ऐसा करते हैं कि शुरुआत थोड़ी मज़ेदार होनी चाहिए। ...चलो, पन्द्रह–बीस मिनट के बाद तुम्हारी क्लास में आ रहा हूँ...।"

इतना कहकर मास्साब कमरे में कुर्सी पर बैठकर टेबल पर रखे काग़ज़ों में खो गये।

इधर बच्चे स्कूल के मैदान में चहलक़दमी कर रहे थे। एक बार की हल्की बरसात होने से ज़मीन पर छायी हरियाली धूप की वजह से कुम्हलाने लगी थी। भागचन्द्र, नारंगी और रघु चहलक़दमी करते हुए स्कूल की बागड़ में लगे झाड़ीदार वनस्पति में खो चुके थे। जब भी मौक़ा मिलता वे पत्तियों की पहेली खेल लेते। नारंगी ने इस बार एक छोटी–सी पत्ती तोड़कर भागचन्द्र को दिखाई। भागचन्द्र इतराकर बोला–"जाली विन्यास।"

"और जड़?" नारंगी ने पूछा–"सब कुछ मुझसे ही पूछेगी?"

तो इसका मतलब कि तुझे पता नहीं है–"बस कर अब... मूसला।"

इतना कहकर भागचन्द्र वहाँ से दूसरी ओर चल दिया।

नारंगी को लगा कि भागचन्द्र को बुरा लग गया है। अब वह अकेली ही पौधों को देख रही थी। नारंगी का ध्यान पत्ती की नीचे वाली सतह पर बैठी इल्ली पर अटक गया। वह इल्ली को ध्यानपूर्वक देखने लगी।

"...अरे, देखो।" नारंगी चिल्लाई मगर तब तक रघु और भागचन्द्र दूर जा चुके थे। नारंगी ने भागचन्द्र और रघु को आवाज़ भी लगाई मगर उन्होंने नारंगी की बात को अनसुना कर दिया। जिस पत्ती पर इल्ली थी उसे नारंगी ने तोड़ लिया और कक्षा में लेकर पहुँच गयी। वह पत्ती पर बैठी इल्ली का हैंडलैंस से अवलोकन करने में मग्न हो गयी। अन्य बच्चे भी कक्षा में आ चुके थे।

कक्षा में नारंगी के हाथ में पत्ती देख भागचन्द्र ने इच्छा जताई कि वह भी अवलोकन करना चाहता है। इस पर नारंगी ने नाराज़गी व्यक्त की। "जब मैं वहाँ बुला रही थी तब तो मुँह फेर लिया। ये इल्ली ही तो दिखा रही थी। ...नहीं देखना है तो मत देखो।"

नारंगी, इल्ली की बड़ी–बड़ी आँखों में आँखें डाल रही थी। बीच–बीच में इल्ली की पीठ पर हौले से हाथ घुमाती। इल्ली अपने को सिकोड़कर प्रतिक्रिया देती। नारंगी ने हाथ फेरते हुए वैसे ही पुचकारा जैसे कि वह अपनी गली के कुत्ते को पुचकारती है।

इस बार उसकी पुचकार सुनकर भागचन्द्र बोला–"मैडम, सुनाई नहीं देता इल्ली को।"

नारंगी ने भागचन्द्र की बात को अनसुना कर अपने को इल्ली के साथ व्यस्त रखा। अब तक मास्साब कक्षा में आ चुके थे। नारंगी ने सोचा मास्साब को इल्ली दिखानी चाहिए। सो वह मास्साब के पास जाकर इल्ली बताती उसके पहले मास्साब ने पत्ती पर इल्ली को देख लिया।

मास्साब को नारंगी के पास आता देख वह खड़ी हो गयी– "मास्साब...ये बागड़ में थी।"

"अरे वाह...। तो चलो आज से तुम्हारी पढ़ाई इसी इल्ली से शुरू होगी।" मास्साब कुर्सी पर बैठते हुए बोले–"ऐसा करो कि इस इल्ली को सब ध्यान से देखो और इसका चित्र अपनी कॉपी में बना डालो। और

हाँ, इसकी लम्बाई भी नापकर लिख लेना। याद है ना इल्ली की लम्बाई कैसे नापेंगे।''

मास्साब इतना कहकर वापस कुर्सी से उठे और प्रधानाध्यापक के कमरे की ओर चल दिये।

एक ही इल्ली थी पूरी कक्षा में। पूरी कक्षा ने नारंगी को घेर लिया था। नारंगी किसी तरह से पीछा छुड़ाना चाह रही थी। इस वक़्त उसे सबसे ज़्यादा चिन्ता इल्ली की हो रही थी। वह चिन्तित थी कि कहीं उसके हाथ में इल्ली दब न जाये।

नारंगी ने एक सुझाव दिया–"ऐसा क्यों न करें कि हम बाहर चलें।"

"हाँ ये ठीक रहेगा।" भागचन्द्र झेंपते हुए बोला।

नारंगी नाराज़ होकर बोली–"ना... ना...ना... अब तू तो रहने ही दे। जब मैं इल्ली को पकड़कर लायी और दिखा रही थी तब तो दादागीरी कर रहा था।"

"चल...। अरे...। सॉरी...।" भागचन्द्र महसूस कर रहा था कि नारंगी का नाराज़ होना स्वाभाविक है।

सभी बच्चे बरामदे में पहुँच गये थे। इल्ली को काँच के बीकर में पत्ती सहित रख दिया गया था। हैंडलैंस की मदद से इल्ली का सामूहिक अवलोकन किया जा रहा था। बच्चों ने कक्षा सातवीं में जन्तुओं का अध्ययन नामक पाठ में जन्तुओं का अध्ययन करना सीख लिया था। वे इल्ली का अध्ययन उसकी रचना को समझने के अन्दाज़ में कर रहे थे। अवलोकन कर बच्चे अपनी कॉपी में इल्ली का चित्र बना रहे थे।

मास्साब सोच रहे थे कि ये बढ़िया होगा कि इल्ली का अध्ययन जीवन–चक्र के लिए किया जाये। हालाँकि जन्तुओं के जीवन–चक्र नामक पाठ की शुरुआत मक्खी के जीवन–चक्र से होनी हैं मगर इल्ली से करना गलत नहीं होगा। दरअसल मास्साब स्वयं भी समय के अनुसार अपने विचारों को तराशकर बदलते जा रहे थे। उनका तथाकथित प्रचलित तरीक़ों पर से भरोसा कम होता जा रहा था। इल्ली, तितली के जीवन–चक्र की एक अवस्था है यह वे जानते थे। अतः उन्होंने तय किया कि तितली के जीवन–चक्र को समझने में इसे प्रयोग का हिस्सा बनाना चाहिए।

मास्साब बच्चों के क्रियाकलापों को बड़े ध्यान से देख रहे थे। तभी उन्होंने बच्चों से कहा कि वे इस इल्ली को एक खोखे में रख दें। मास्साब बच्चों की आँखों में आँखें डालकर बोले–"हाँ, हाँ भई...। इसको एक खोखे में रख लो। ...और हाँ, खोखे में रोज़ाना ताज़ी–ताज़ी पत्तियाँ इल्ली को खाने के लिए डालते रहना।"

नारंगी बोली–"इल्ली मैं लायी थी। इसलिए इसको मैं पालूँगी।"

भागचन्द्र, इसरार, रघु और अन्य बच्चों ने तय कि वे सब भी इल्लियाँ खोजेंगे।

मास्साब सोच रहे थे कि एक लड़की होकर नारंगी कई मामलों में कुछ ऐसा कर डालती है जो मिसाल बन जाती है। अगर नारंगी इल्ली को पकड़कर नहीं लाती तो इल्ली के अध्ययन वाला आइडिया उनके दिमाग़ में नहीं आता।

बच्चों ने मास्साब के निर्देशानुसार इल्ली खोजकर खोखे में रख दी।

नारंगी ने गत्ते का खाली खोखा लेकर उसमें बागड़ की झाड़ी में से पत्तियाँ तोड़कर खोखे में डाल दी। कक्षा के दूसरे बच्चों ने भी ऐसा ही किया। दिलचस्प बात यह थी कि इल्ली वाला यह प्रयोग टोली के बजाय प्रत्येक विद्यार्थी स्वयं कर रहा था। मास्साब ने हमेशा की तरह यह नहीं बताया कि इस प्रयोग के निष्कर्ष क्या होंगे। बच्चे भी परिणाम की चिन्ता किये बगैर प्रयोग सेट करने की प्रक्रिया में जुट गये थे।

बच्चों के दिमाग़ में यह बात प्रयोग–दर–प्रयोग अंकित होती जा रही थी कि प्रयोग को सफलतापूर्वक करना ही अपने आप में एक चुनौती है। दरअसल बच्चों में उत्साह का सागर हिलोरें ले रहा था जो अमावस और पूर्णिमा के दौरान समुद्र में आये ज्वार की तरह चरम पर होता है। दरअसल विज्ञान सत्य की खोज का दूसरा नाम है। विज्ञान में प्रयोग करने का अर्थ ही यह है कि उस सत्य को खोजा जाये।

अनुभव बताते हैं कि अगर बच्चों को उनकी दिलचस्पी का काम मिले तो वे पूरी निष्ठा और ईमानदारी से उस काम में लग जाते हैं। बाल विज्ञान ने एक महत्त्वपूर्ण काम यह किया कि बच्चों को उनकी मनपसन्द मगर चुनौतीपूर्ण विज्ञान की गतिविधियाँ और प्रयोग उपलब्ध कराये।

बाल विज्ञान ने पिछले दो सालों में ऐसे कितने ही अवसर बच्चों को दिये जिनमें वे अपनी–अपनी क्षमताओं का भरपूर इस्तेमाल कर पाये। इतना ही नहीं इस दौर में वे अपनी और अपने साथियों की क्षमताओं और कमियों की पहचान कर सके। इस कार्य में शिक्षक की भूमिका अहम कही जा सकती है। पढ़ाई के दौरान कई बार शिक्षक का मामूली तौर पर हस्तक्षेप काफ़ी महत्त्वपूर्ण हो जाता।

अन्य बच्चे अपना–अपना खोखा घरों से ले आये थे। कोई जूते का खोखा तो कोई चाय की पत्ती का खोखा लाये थे। एक बच्चा प्लास्टिक की पारदर्शी बर्नी ले आया था।

वैसे बच्चों ने अपनी रोज़मर्रा की ज़िन्दगी में खेतों, बगीचों, जंगल में आते–जाते हुए तरह–तरह की इल्लियाँ देखी थीं मगर इस प्रयोग से वे जीवन–चक्र की निराली बात समझने वाले थे जो उन्हें पता नहीं थी।

मास्साब बच्चों की गतिविधियों पर पैनी नज़र गढ़ाए हुए थे। जब पूरा कार्य हो गया तो मास्साब ने बस इतना ही कहा कि खोखों में रखी इल्लियों का पूरा ध्यान रखें। उन्हें इतना भर ही कहा गया था कि जब तक इल्ली दिखती रहे तब तब वे रोज़ाना वही ताज़ी पत्तियाँ डालते रहें व इल्ली में होने वाले बदलाव का अवलोकन करे।

बच्चे अपने–अपने खोखों को बगल में दबाये हुए ख़ुशी–ख़ुशी घर की ओर रवाना हो गये थे।

× × ×

मास्साब आज कक्षा में कुछ हैंडलैंस लेकर आये थे। उन्होंने टोलियों में हैंडलैंस पकड़ाते हुए कहा कि आज हम मक्खियों के अण्डों को खोजेंगे। टोलियों में बैठे बच्चों से मास्साब ने एक सवाल किया– "अब तो बरसात अच्छी हो चुकी है। तो अब तो डबरे भर ही गये होंगे?"

बच्चों को मास्साब का सवाल तो समझ में आ गया था मगर वे यह नहीं समझ पा रहे थे कि आख़िर डबरों में पानी भरने से उनका क्या लेना–देना।

रघु बोला–"जी मास्साब, अब तो तालाब में भी पानी आ गया है। बाग़ में एक बड़ा–सा डबरा है उसमें मैंने पानी देखा है।"

मास्साब यह इसलिए जानना चाह रहे थे ताकि मेंढक के जीवन–चक्र का अध्ययन प्रारम्भ किया जा सके। मेंढक तो बरसात होने पर डबरों में भरे पानी में ही अण्डे देते हैं।

बहरहाल, मास्साब ने बच्चों को निर्देश दिये कि हम अपने साथ मिट्टी के कुल्हड़ लेकर ऐसी जगह पर जायेंगे जहाँ मक्खी ने अण्डे दिये हों।

कक्षा में मक्खियों को भिनभिनाते देख चन्दर बोला–"मास्साब मक्खियाँ तो यहाँ पर भी हैं।"

"हाँ, ठीक कहा तुमने मगर यहाँ मक्खियाँ अण्डे नहीं देतीं। घरों में भी मक्खियाँ होती हैं मगर ये हर कहीं अण्डे नहीं देतीं। मक्खियाँ गोबर में अण्डे देती हैं। इसलिए हमें ऐसी जगह पर जाना होगा जहाँ गोबर हो। या तो जहाँ गाय–भैंस रहती हो वहाँ या जहाँ घूरे में गोबर डाला जाता है, ऐसी जगह पर अण्डे खोजने होंगे। कभी–कभार गाय–भैंस के ताज़े गोबर में भी मक्खियों को अण्डे देते देखा जा सकता है।" मास्साब के निर्देश बच्चों को आसान लग रहे थे लेकिन असल में मक्खी के अण्डों को पहचानना व खोजना मुश्किल भरा काम है।

टोलियाँ अपने–अपने कुल्हड़ लेकर मास्साब के साथ मक्खी के अण्डों की खोज में निकल चुकी थीं। सबसे पहले गाय–भैंस जहाँ बाँधे जाते हैं वहाँ जाकर अवलोकन किया मगर वह जगह एकदम साफ़ थी। अब यहाँ से मास्साब व टोलियाँ घूरे की ओर रवाना हो गये। घूरे में गोबर को कुरेदकर देखा मगर उसमें अण्डे नहीं मिले। हाँ, कुलबुलाते हुए मिट्टी रंग की इल्लियाँ ज़रूर मिलीं। मास्साब यह देखकर प्रसन्न हो गये। उन्होंने टोलियों को अपने पास बुलाया। "देखिए, ये जो इल्लियाँ दिख रही हैं, ये मक्खी की हैं। इनसे मक्खी बनेगी। ऐसा करते हैं कि इन इल्लियों को कुल्हड़ में रख लेते हैं।" यह कहते हुए मास्साब ने एक टोली के हाथ से कुल्हड़ लेते हुए उसमें कुरेदा हुआ गोबर भरकर इल्लियों को रख दिया।

दरअसल, पुस्तक में मक्खी के जीवन–चक्र का अध्ययन अण्डे से प्रारम्भ होकर मक्खी के बनने तक वर्णित किया गया था। मगर मक्खी के अण्डे खोजना बड़ा ही मुश्किल भरा काम था। मास्साब अभी पूरी तरह सन्तुष्ट नहीं थे इल्लियों के खोज लेने के बाद भी। उन्होंने कहा–"कहीं गाय–भैंस ने ताज़ा गोबर दिया हो वहाँ चलते हैं।"

टोलियाँ बाग़ की ओर निकल पड़ी जहाँ गाय–भैंस चर रहे थीं। विष्णु ने इशारा करके बताया कि वो गाय गोबर कर रही है। बस फिर क्या था। गाय के गोबर के चारों ओर टोलियाँ जमा हो गयीं। मास्साब ने बच्चों को कहा कि गोबर पर मक्खियों के बैठने का इन्तज़ार किया जाये। मक्खियाँ भिनभिना रही थीं गोबर पर। मक्खियाँ गोबर पर बैठतीं और उड़ जातीं। फिर बैठतीं व उड़ जातीं। मास्साब ने कहा–"धीरज से काम लेना होगा। मक्खियों को बैठने दिया जाये।"

अब एक मक्खी गोबर पर बैठी तो बैठी ही रही। मास्साब ने धीरे–से कहा–"चांस बनता है कि ये मक्खी अण्डे दें। देखना, ये गोबर में जो दरारें पड़ी हुई हैं इनके अन्दर अण्डों को घुसाएगी।" मगर मक्खी उड़ गयी। कोई मक्खी फिर से आयी व गोबर पर बैठ गयी। मास्साब मन ही मन सोच रहे थे कि अबकी बार तो यह अण्डे देगी ही। मक्खियाँ गोबर पर बैठ तो रही थीं मगर अण्डे नहीं दे रही थीं।

इस बार मास्साब ने एक दूसरी युक्ति सोची। उन्होंने अपनी जेब से पुड़िया निकाली व उसे खोला। बच्चों को कुछ समझ में नहीं आया कि आख़िर मास्साब शक्कर की पुड़िया क्यों साथ लाये हैं। मास्साब ने पुड़िया में शक्कर के दाने गोबर पर बिखेर दिये। अब वे मक्खियों के आने का इन्तज़ार करने लगे। बच्चे समझ गये थे कि मक्खियों को रिझाने के लिए शक्कर बुरबुराई है गोबर पर। थक–हारकर आख़िर वहाँ से बच्चे व मास्साब चल पड़े। शक्कर बुरबुराने पर भी मक्खियों ने अण्डे नहीं दिये थे। दरअसल, मक्खियों को लुभाने के लिए एक तरीक़ा अख़्तियार किया गया था कि शायद शक्कर की मिठास के चक्कर में वे अण्डे दें। दरअसल मक्खियाँ अपने वंश को बरकरार रखने के लिए ऐसी जगह चुनती हैं जहाँ अण्डे से निकलने वाली इल्लियों को भोजन भी मिले व सुरक्षित रह सकें।

अब वे स्कूल की ओर चल पड़े थे। उन्हें मक्खियों की इल्लियाँ मिली थीं। कुछ नहीं से कुछ तो बेहतर है। मक्खी के अण्डे नहीं मिले तो इल्ली से आगे की अवस्था से प्रयोग प्रारम्भ करना मजबूरी बन जाती है।

एक बार फिर मास्साब को आस बनी और वे रास्ते के बाजू में घूरे में सड़ रहे गोबर में अण्डे खोजने लगे। सड़ रहे गोबर की ऊपरी सतह पर मास्साब की नज़रें टिकी हुई थीं। बच्चे मास्साब को देख रहे थे। मास्साब सोच रहे थे कि किताब में जितना आसानी से लिखा है मक्खी के अण्डे प्राप्त करना, मगर यह काफ़ी मुश्किलों वाला काम है।

आख़िर मेहनत रंग लायी। अण्डे मिल गये थे। गोबर के अन्दर अण्डों के गुच्छे मास्साब को दिखाई दिये। उन्होंने बच्चों को मक्खी के अण्डे दिखाये। बच्चों ने मक्खी के अण्डे पहली बार देखे थे। अण्डे सफ़ेद–भूरे रंग के लगभग एक–डेढ़ मिलीमीटर लम्बे थे। मास्साब ने गोबर का वह हिस्सा कुल्हड़ में लिया जिसमें मक्खी के अण्डे थे।

बड़े सलीके से अण्डों को गोबर सहित कुल्हड़ में रख दिया गया था। मास्साब ने निर्देश दिया कि अण्डों को ज़्यादा छेड़ें नहीं। अण्डे मिलना अपने आप में एक बड़ी उपलब्धि थी। स्कूल पहुँचकर मक्खी के अण्डों का प्रयोग सेट करवाया। दरअसल, इस प्रयोग में तुलना का प्रावधान था। यह मान्यता पुराने समय से रही है कि मक्खियाँ गोबर से पैदा होती हैं। अतः इस मान्यता को खण्डित करने के लिए वैज्ञानिकों ने प्रयोग में तुलना का प्रावधान किया था। इस अध्याय में प्रयोग की डिजाइन इसी उद्देश्य से की गयी थी कि बच्चे विज्ञान में तुलना के प्रावधान के महत्त्व को समझते हुए स्वतः जनन की धारणा को खण्डित कर सकें।

एक कुल्हड़ में गोबर में अण्डों को रखा व दूसरे कुल्हड़ में मात्र गोबर। जिस कुल्हड़ में गोबर में अण्डे थे उस पर “क” तथा जिसमें केवल गोबर था उस पर “ख” लिख दिया गया था। दोनों कुल्हड़ों के मुँह पर धागे से कागज़ को कसकर बाँध दिया गया था। कुल्हड़ के मुँह पर बाँधे गये कागज़ में आलपिन से छोटे–छोटे छेद कर दिये गये थे ताकि डिब्बे में हवा आ–जा सके लेकिन मक्खियाँ या अन्य कीड़े नहीं। अब यह देखना था कि क्या केवल गोबर से मक्खी पैदा होती है।

मक्खी की इल्लियाँ जो मिली थीं उन्हें भी गोबर सहित कुल्हड़ में रखकर उसके मुँह पर कागज़ कसकर बाँध दिया गया था।

अब अगला क़दम था अण्डों से निकलने वाली इल्ली का अवलोकन। मास्साब ने बताया था कि एक–दो दिन के बाद “क” कुल्हड़ में इल्लियाँ दिखाई देंगी।

× × ×

“क” कुल्हड़ को पहली बार जब इसरार की टोली ने खोला तो उसमें गोबर की ऊपरी सतह सूखने लगी थी। टोली को गोबर की सतह पर

कोई इल्ली नहीं मिली। टोली के केशव ने अब तक बाल विज्ञान का जीवन–चक्र वाला अध्याय खोल लिया था। उसने मक्खी के अवलोकन को लेकर पुस्तक की कुछ लाइनें पढ़कर सुनायी–"शुरू में यह इल्ली अण्डे से ज़रा–सी बड़ी होती है। यदि तुम्हें गोबर की सतह पर अण्डे या इल्लियाँ नहीं मिलतीं तो गोबर को थोड़ा–सा कुरेदकर देखो।"

इसी के आगे एक सवाल और था जो पढ़ा गया। सवाल था–"क्या तुम्हें "क" डिब्बे में मक्खी के अण्डे या इल्ली मिली?"

इस सटीक सवाल ने बच्चों को एक बार अवलोकन करने को बाध्य कर दिया। सवाल में अण्डे या इल्ली दोनों के मिलने की सम्भावना व्यक्त की गयी थी। अर्थात यह भी हो सकता है कि अब तक अण्डे फूटे ही न हों तो इल्ली कैसे दिखाई देगी।

टोली को न तो अण्डे दिखाई दे रहे थे न ही इल्ली। अबकी बार इसरार ने वही करने का सोचा जो पुस्तक में उस सवाल की पहले की पंक्ति में लिखा था। इसरार तिनके की खोज में बाहर गया तब तक केशव ने झोले में से पेंसिल निकालकर कुल्हड़ के गोबर को कुरेदने लगा। केशव गोबर में इल्ली खोज चुका था। "अरे, ये रही...।"

"कहाँ?" इसरार ने तिनके को कक्षा के कोने में पटककर इल्ली का अवलोकन करना चाहा। इल्ली गोबर में हिल–डुल रही थी। अगले सवाल के जवाब में टोली के सदस्यों ने इल्ली का चित्र अपनी कॉपी में बना लिया। जैसा गोबर में इल्लियाँ रेंग रही थीं वैसा ही चित्र बच्चों ने बनाया था। प्रत्येक बच्चे का चित्र अपने अन्दाज़ में बना हुआ था।

क्या खाती होगी इल्ली गोबर में? इस सवाल को लेकर टोली में चर्चा छिड़ चुकी थी। टोली का अनुमानित जवाब था कि गोबर ही खाती होगी। बच्चों ने आत्मविश्वास से अपनी कॉपी में लिख लिया। यह कार्य मास्साब के निर्देशों को ध्यान में रखते हुए बच्चों ने सुचारु ढंग से कर लिया था।

बच्चे रोज़ाना कुल्हड़ में इल्ली का अवलोकन कर रहे थे। दिन–ब–दिन इल्ली बड़ी होती जा रही थी। अण्डे से इल्ली निकलने के चौथे रोज़ वह सुस्त पड़ने लगी थी। किताब के निर्देशानुसार बच्चे अवलोकन लेने की कोशिश कर रहे थे कि क्या इल्ली के शरीर पर कोई खोल चढ़ने

लगा है या चढ़ गया है। यह अवस्था शंखी या प्यूपा होती है। शंखी का चित्र बच्चों ने अपनी कॉपी में बना लिया था। आगे के दिनों में बच्चों को शंखी का अवलोकन करना था। समय–समय पर मास्साब बच्चों से पूछ लेते कि प्रयोग कहाँ तक पहुँचा। मास्साब ने सावधानी बरतने को कहा था कि एक दिन ऐसा आयेगा जब यह शंखी मक्खी में बदल जायेगी। अतः बच्चे जब कुल्हड़ को खोलते तो बड़े ही ध्यान से कि कहीं मक्खी बनकर उड़ न जाये।

उधर बच्चों ने घर पर जो इल्ली पाल रखी थी उसके अवलोकन भी किये जा रहे थे। बच्चों के घर पर खोखे में रखी इल्लियाँ बड़ी होती जा रही थीं। यह दिलचस्प बात है कि बच्चे अब मक्खी की इल्ली से तितली की इल्ली की तुलना करते हुए समझ रहे थे कि इससे भी कोई दूसरा जीव बनेगा मगर वे अब भी यह समझ नहीं पा रहे थे कि आख़िर इससे जो जीव बनेगा वह आख़िर क्या होगा।

पत्तों पर नाग–नागिन

बरसात रह–रहकर मगर जमकर बरस रही थी। घरों की हर चीज़ में सीलन आ चुकी थी। चारों ओर डबरे लबालब भरकर बहना शुरू हो चुके थे। जिधर देखो उधर कीचड़ मचा हुआ था। घनघोर बरसात की वजह से पूरा गाँव एक तरह से सुस्ता रहा था। पशुओं को घर में ही बाँधकर रखा गया था। मेंढकों के टर्राने का शोर दिन में भी सुनाई दे रहा था। एक डबरे में से कोई मेंढक टर्राता तो दूसरी ओर से और ज़ोर से दूसरे के टर्राने का शोर होता। मानो मेंढकों में टर्राने की प्रतिस्पर्धा हो रही हो। डबरों में उगी हरी घांस पर रंगबिरंगे ड्रेगनफ्लाय सुस्ता रहे थे। परिन्दे पेड़ों पर पत्तों की आहट में पनाह पा रहे थे।

भारी बरसात की वजह से गाँव का शहर से सम्पर्क पूरी तरह से टूट चुका था। नाले पर बनाई पुलिया कोई दो साल पहले ही ढह चुकी थी। पुलिया मरम्मत लायक भी नहीं बची थी। पुलिया नये सिरे से बनाने की माँग कर रही थी। पिछले दो दिनों से गाँव से दूध ले जाने वाले शहर नहीं जा पाये थे। इस वजह से भट्ठियों में दूध को उबालकर मावा बनाया जा रहा था। गाँव के कई स्त्री–पुरुष और बच्चे बीमारी में जकड़े हुए थे। गनी चाचा के बड़े भाई कँपकँपीदार बुखार में तप रहे थे। भर बरसात में मरीज़ों को शहर के अस्पताल में ले जाना नामुमकिन था।

हर कोई घर में ही दुबका हुआ था। कुछ ख़ास ज़रूरत पड़ने पर ही लोग–बाग़ घर से बाहर निकल रहे थे। नारंगी के आँगन में बच्चे चिंयों के खेल में मशगूल थे। इमली के चिंयों की फाँक बना–बनाकर उनसे खेल खेलने के अलावा और कोई चारा नहीं था। आँगन में एक तरफ़ कुत्ता अगले दोनों पैरों को आगे निकालकर उन पर सिर सटाकर खेल

रहे बच्चे की ओर ताक रहा था। गाँव के पुरूष चौपड़ और ताश के पत्ते खेलकर वक़्त काट रहे थे।

नारंगी ने आँगन में से दूर देखा कि हरियाली ही हरियाली छायी हुई है। घरों की बाहरी दीवार पर उग आये छोटे–से पौधे पर नारंगी की नज़र पड़ी। उसे छोटे–से पौधे की छोटी–छोटी पत्तियों पर कुछ सफ़ेद सी, महीन लकीर जैसी आकृतियाँ दिखाई दीं। नारंगी ने झुककर ध्यान से देखा तो उसे लगा कि पत्ती पर मानो नाग फन फैलाए हुए हो। उसने जल्द ही निगाह घुमाई और खेलने में लग गयी।

इन दिनों पूरे देश में एक अज़ीब–सी अफ़वाह फैली हुई थी कि पौधों की पत्तियों पर नाग–नागिन की आकृति उभर आयी है। ऐसा इसलिए हुआ क्योंकि किसी किसान ने नाग–नागिन के एक जोड़े को मार डाला। बस वे ही नाग–नागिन पत्तियों पर प्रकट हुए हैं। अफ़वाह ने कुछ ऐसा ज़ोर पकड़ा कि सब्ज़ी बाज़ार में हरी सब्ज़ियों की कीमतें औंधे मुँह गिर गयीं। जैसे–जैसे अफ़वाह फैलती गयी लोगों ने हरी सब्ज़ियाँ, ख़ासकर पत्तेदार सब्ज़ियाँ खाना और ख़रीदना बन्द कर दीं। जो लोग ऐसी बातों पर यकीन नहीं करते थे, वे एक–दूसरे से पूछते "कि मामला क्या है?"

उधर अख़बारों में भी ऐसी ख़बरें छपने लगीं। ख़बर के मुताबिक एक राज्य में एक छोटी–सी बात ने राई का पहाड़ बना डाला। लोगों में यह अफ़वाह फैली कि नाग देवता ने टमाटर और पालक की पत्तियों पर उभरकर एक नये अवतार का रूप धारण किया है। कुछ ने तो यहाँ तक कहानी गढ़ ली कि किसी नें एक नाग को मारकर पेड़ों पर फेंक दिया था। इसलिए नाग देवता नाराज़ होकर बदला ले रहे हैं।

कई तरह की बातें हो रही थीं। कई तरह के अनुमान लगाये जा रहे थे। राज्यसभा में सवाल पूछा गया, "सरकार अफ़वाह को रोकने के लिए क्या क़दम उठा रही है?" एक सांसद ने पूछा था कि उनके राज्य में इस अफ़वाह का व्यापक असर हुआ है। गाँवों में लोगों ने हरी सब्ज़ियाँ खाना छोड़ दिया है। ऐसे में महिलाओं की हालत और भी ख़राब है। महिलाओं को तो वैसे भी पौष्टिक खाना नहीं मिलता है।

मगर गाँव के अधिकांश लोग इन अफ़वाहों और ख़बरों से अछूते थे।

भारी बरसात की वजह से स्कूल की छुट्टी हो गयी थी। मटके में रखे हुए मेंढक के टेडपोल के अवलोकन के लिए नारंगी और उसके साथी दिन में एक बार स्कूल ज़रूर जाते।

एक हाथ में हैंडलैंस लिए और दूसरे हाथ से टाट की बोरी को अपने सिर पर डाले हुए नारंगी स्कूल जा रही थी। इसरार, लच्छू और डमरू भी पीछे–पीछे आ रहे थे। स्कूल के पास में बागड़ में नारंगी की नज़र पड़ी तो वह वहीं ठिठककर रुक गयी और पत्तियों को देखने लगी। उसने देखा कि हरी–हरी पत्तियों पर वैसी ही नाग की आकृतियाँ बनी हुई हैं जैसी कि उसके घर की दीवार पर छोटे से पौधे पर देखी थीं। जितनी बड़ी पत्ती, उस पर उतनी ही बड़ी आकृति। किसी–किसी पत्ती पर तो एक से ज़्यादा आकृतियाँ।

अब तक इसरार, लच्छू और डमरू भी उसके नज़दीक आ चुके थे। नारंगी धीरे–से बोली–"देख रहे हो।"

"अब पत्तियों को क्या देखना। पत्ती वाला पाठ तो पूरा हो गया है।" लच्छू अपनी दोनों हथेलियों को आपस में बाँधकर उसमें अपनी साँस फूँक रहा था।

"अरे मैं पत्ती पर साँप जैसी आकृतियों की बात कर रही हूँ।" नारंगी थोड़ा चिढ़कर बोली।

"अच्छा, तो पत्तों पर नाग महाराज आकर बैठ गये।" डमरू बोला।

"देख, तो साँप जैसी लकीरें तो दिख रही हैं ना। ये देखना, इस टमाटर के पौधे की झालरदार पत्तियों पर कितने साँप बन गये हैं। मास्साब भी तो कहते हैं कि किसी भी चीज़ का अच्छे से अवलोकन करो। तो अपन अवलोकन ही तो कर रहे हैं।"

"ये टमाटर यहाँ बागड़ में क्या कर रहा है?" इसरार बोला।

डमरू बोला–"टमाटर हर कहीं उग आता है। अगर इस बागड़ में देखोगे तो और भी टमाटर मिल जायेंगे।"

"मगर सभी पत्ती पर नहीं बनी है। देखो, ये बेशरम के पत्ते तो साबुत ही हैं। और वो देखो, पीपल के पत्ते भी एकदम साफ़ हैं।" इसरार ने उँगली से इशारा करते हुए बताया।

स्कूल में मास्साब फ़ाइलों में उलझे हुए थे। बीच–बीच में मास्साब

अपनी झबरीली और आधी काली, आधी सफ़ेद मूँछों पर हाथ फेरते हुए कुछ सोचते हुए दिख रहे थे।

मास्साब ने झबरीली मूँछों पर हाथ घुमाते हुए नारंगी और उसकी टोली के साथियों को बागड़ के पास कुछ करते हुए देख लिया था।

नारंगी सहित सभी बच्चे स्कूल के बरामदे में आ चुके थे। स्कूल में आकर वे मटके में मेंढक के जीवन–चक्र के सेट किये प्रयोग के अवलोकन में जुट गये। अब तक अण्डों में से टेडपोल निकल आये थे। टोली के लोग देख रहे थे कि मटके में बीच में पत्थरों से बनाये टीले पर टेडपोल आ–आकर आराम फरमाते और फिर से तैरने लग जाते।

बच्चों का यह रोज़ का ही काम था। मेंढक के अण्डों में से निकले टेडपोल में होने वाले बदलावों के चित्र बनाना तथा उनको नोट करने का यह कार्य कोई एक महीने से चल रहा था। चाहे स्कूल की छुट्टी हो, मगर बच्चे अपनी–अपनी टोलियों में अवलोकन ज़रूर करते।

नारंगी ने सोचा कि अभी कोई फटाफट मेंढक बनने वाले तो हैं नहीं। बाद में भी अवलोकन किया जा सकता है।

वह वहाँ से उठी और फिर से बागड़ तक जाकर नाग वाल पत्तियाँ तोड़कर ले आयी।

"देखो, वो पत्ती तोड़कर ले आयी। अब वो सीधे मास्साब के पास ही जायेगी।" इसरार का अन्दाज़ सही निकला।

"मगर इसमें कौन–सी नयी बात है।" लच्छू टालते हुए बोला।

"मास्साब देखो, पत्ती पर नाग! ये तो बिना हैंडलैंस के ही साफ़ दिख रहा है।" नारंगी बोली।

मास्साब ने हमेशा की तरह किया–"हूँह...।"

मास्साब के चेहरे पर अचरज़ के भाव थे। पत्ते को हाथ में लेते हुए उसको उलट–पलटकर देखा–"तो अब ये देखने की कोशिश करो कि आख़िर ये मामला क्या है? क्या वजह हो सकती है इन आकृतियों की?" मास्साब मूँछों में से मन्द–मन्द मुस्कराते हुए बच्चों की हौसला अफ़जाई करने के अलावा कुछ ज़्यादा मदद और सुझाव देने की स्थिति में नहीं थे। दरअसल, मास्साब ने हाल ही के अख़बार में पत्तों पर नाग–नागिन की

ख़बरें ज़रूर पढ़ी थीं। मास्साब को कुछ भी नहीं सूझ रहा था। वे बच्चों को कुछ भी मदद करने की स्थिति में नहीं थे।

इतना कह मास्साब फिर से फ़ाइलों के काम में मशगूल हो गये।

"मास्साब कभी भी जवाब नहीं देते। वो तो सब कुछ अपने पर ही छोड़ देते हैं।" इसरार खीजकर बोला।

बच्चे मास्साब के इस तरीक़े को समझ चुके थे। वे जानते थे कि मास्साब सवाल का जवाब नहीं देते। इसके पीछे के कारण को तो वे नहीं जानते थे मगर वे मास्साब की इस अदा के दीवाने ज़रूर हो गये थे। चन्दू बोला–"ये तो मास्साब का स्टाइल है।"

"तो फिर अपुन का भी स्टाइल छानबीन करना। अपुन भी इसकी छानबीन करके ही दम लेगा।" नारंगी रोष में आकर बोली।

नारंगी घर आ चुकी थी। घर की कच्ची दीवार पर उगे पौधे को जब नारंगी ने देखा तो उस पौधे का ठूँठ ही बचा था। नारंगी मन ही मन बुदबुदायी–"बकरी को भी इसी पौधे को चरना था।"

नारंगी ने सोचा कि बड़ी पत्तियों पर अवलोकन करना ज़्यादा अच्छा होगा। उसने बाड़े में जाने के लिए पीछे का दरवाज़ा खोला मगर वहाँ कीचड़ मचा हुआ था। कीचड़ की वजह से उसने तय किया कि वो पौधों और उनकी पत्तियों को दरवाज़े में खड़े होकर ही देखेगी। उसके सामने धतूरे का पौधा था। पूरे पौधे पर पानी की बूँदें जमी हुई थीं जो मोतियों का एहसास करा रही थी। धतूरे के सफ़ेद फूलों को जब उसने देखा तो उसको ऐसा लगा मानो वो उसकी ओर मुस्करा रहे हों। दरवाज़े की देहलीज़ पर बैठकर आगे की ओर झुककर उसने धतूरे की पत्तियों को छूने की कोशिश की। वह पूरी तरह से झुक गयी। धतूरे की पत्तियों पर उसको बहुत ध्यान से देखने की ज़रूरत नहीं पड़ी। उसको साफ़ तौर पर पत्तियों पर सर्पीलाकार आकृतियाँ बनी हुई दिखाई दे रही थीं।

उसने धतूरे की एक पत्ती को तोड़ा और पिछवाड़े के दरवाज़े को बन्द कर कुंडी लगा दी।

अब नारंगी पत्ती लेकर आँगन में आ चुकी थी। नारंगी के पिताजी खटिया पर लेटे हुए थे। उन्होंने नारंगी के हाथ में पत्ती को देखकर

कहा—"वैज्ञानिक साहिबा इस धतूरे की पत्ती में ऐसा क्या है जो लेकर यहाँ—वहाँ घूम रही हो?"

नारंगी अपने पिताजी का व्यंग्य सुनकर सकपका गयी। मन ही मन कह रही थी कि बड़े लोग अपने आपको समझते क्या हैं। उनको लगता है कि बच्चे तो नासमझ ही होते हैं।

करवट बदलते हुए नारंगी के पिताजी ने सामने के घर के आँगन में खटिया बुन रहे गनी चाचा को ज़ोर से आवाज़ लगाकर बोला—"पत्तों पर बवाल मचा हुआ है। राज्यसभा तक में पत्तों पर बात कर रहे हैं।"

गनी चाचा और नारंगी के घर में दस फ़ीट की गली का ही फ़ासला था। गनी चाचा ने उधर से कहा—"सुना है अख़बारों में ख़बरें ज़ोर—शोर से छप रही है। बाज़ार में पत्तेदार सब्ज़ियों के भाव बुरी तरह से गिर गये हैं।"

"अच्छा...।" गनी चाचा की बात सुनकर नारंगी के पिताजी खटिया पर बैठ गये।

"ऐसा कोई पहली बार तो नहीं हुआ। ये तो पत्तों की बीमारी है। कुछ भी कहो, लोगों ने पत्तेदार सब्ज़ियाँ खाना बन्द कर दी हैं। गनी चाचा अपने घर के आँगन में काम में मशगूल हो बातचीत किये जा रहे थे।

छत के खपरैलों से आँगन के बाहर गली में टपक रहे पानी की बूँदों में नारंगी ने धतूरे की पत्ती को ठीक से धोकर देखा कि कहीं ऐसा तो नहीं कि बाहर से कोई दाग लग गये हों। नारंगी को पक्का हो गया कि पत्ती में अन्दरूनी ही कोई बात हुई है।

नारंगी सोच में डूबी हुई थी। सभी पत्तियों में तो ऐसे कोई निशान नहीं हैं। कुछ तो साफ़—सुथरी ही थीं। फिर उसने बाड़े में लगे अकाव की मोटी पत्तियों पर ऐसी कोई आकृतियाँ या निशान नहीं देखे थे।

वह बुदबुदायी—"क्यों न गनी चाचा से बात की जाये।"

अब तक लच्छू और इसरार भी आ चुके थे। तीनों गनी चाचा के पास पहुँच गये। उनकी खटिया बुनने का काम भी लगभग पूरा हो चुका था। बरसात बन्द हो चुकी थी मगर आसमान में बादल दौड़ लगा रहे थे। नीला आसमान कहीं—कहीं दिखता और फिर से बादल उसको ढँक लेते।

गनी चाचा उसी खटिया पर बैठ गये जिसको अभी—अभी रस्सी से बुना था। चाचा ने तीनों को भी खटिया पर बिठा लिया।

गनी चाचा तीनों बच्चों से ऐसे बात कर रहे थे मानो वे उनकी बराबरी के हों–"देखो, रेडियो में जो ख़बर आयी है उसके हिसाब से तो हालात ख़राब ही है। शहरों में तो हर घर में यही चर्चा हो रही है कि पत्तियों पर नाग–नागिन बने हुए हैं।"

गनी चाचा थे तो कम पढ़े–लिखे मगर दिमाग़ बड़ा तेज़–तर्रार था। वे बातों के धनी थे। छोटे से लगाकर बड़ों से बड़ी तहज़ीब से पेश आते। उनका सोचने का ढंग भी निराला था। दुनिया से परे हटकर वे सोचते। इसकी चिन्ता किये बगैर कि लोग–बाग़ क्या कहेंगे, अपनी बात बेबाक तरीक़े से कहते। कई बार लोगों को गनी चाचा की बात करेले–सी कड़वी लगती मगर आख़िरकार लोग उन्हें और उनकी नसीहतों को सुनने को बेताब रहते।

"तो तुम ऐसा करो कि अपने आसपास की पत्तियों के अन्दर देखो कि आख़िर साँप जैसे निशान किस चीज़ के हैं।" गनी चाचा की बात तीनों को सुहानी लगी।

नारंगी बोली –"अब तक तो हमने पत्तियों को बाहर से ही अच्छे से देखा है... ।"

"तो क्या करें अब...?" तीनों बच्चों के मुँह से एक ही सवाल निकला।

नारंगी सोचते हुए बोली–"ऐसा करते हैं कि पत्ती के अन्दर खोदकर देखते हैं।"

गनी चाचा कुछ गुनगुना रहे थे–"तू कहता कागद की लेखी, मैं कहता आँखन की देखी... ।"

चाचा ने गुनगुनाना बन्द किया और बोले–"सूई चाहिए तो तुम्हारी चाची से ले लो। मगर हाँ, इस बात का ख़याल रखना कि सूई लौटा ज़रूर देना। वरना तुम्हारी चाची का तो ख़ास हथियार है–सूई।"

नारंगी मुँह बनाकर बोली–"अब चाचा रहने भी दीजिए। हम इतने भी छोटे नहीं कि चाची की सूई को गुमा देंगे।"

गनी चाचा को एहसास हुआ कि नारंगी को बुरा लग गया। उन्होंने सफ़ाई देना चाही तब तक तो नारंगी चाची की ओर सूई लेने को दौड़ पड़ी।

उजाले में बैठकर नारंगी पत्ती को एक हाथ में पकड़कर सूई से कुरेद रही थी। आसपास लच्छू और इसरार हैंडलैंस लेकर झुककर बैठे हुए थे। तीनों ने मिलकर देखा कि जहाँ–जहाँ सफ़ेद–सी लकीर बनी हुई है उस पर एक महीन–सी फ़िल्म जैसी परत है। पत्ती पर सर्पीलाकार आकृति के पूँछ वाले सिरे से आगे की ओर कुरेदा गया। नारंगी, नाग की फन तक कुरेदते हुए आ गयी। इसरार ने हैंडलैंस सेट किया हुआ था।

"कुछ तो भी दिख रहा है। ऐसा लग रहा कि कोई कीड़ा हो।" इसरार बोला।

"तो असलियत कुछ और ही है।" नारंगी बोली।

"तो हम सच्चाई के बहुत नज़दीक हैं।" लच्छू बोला।

"हमको स्कूल में रखे माइक्रोस्कोप में देखना चाहिए।" हैंडलैंस को साफ़ करके जेब में रखते हुए इसरार बोला।

कुरेदी हुई धतूरे की पत्ती की नारंगी ने पुड़िया बना ली और अपनी फ्राक के बगल वाले जेब में रख ली।

"तो हमको अब फिर से स्कूल में चलना चाहिए। मास्साब अभी स्कूल में काग़ज़ों के काम में ही लगे होंगे।" नारंगी बोली।

इसरार ने सुझाया–"क्यों न भागचन्द्र और डमरू को भी बुला लिया जाये।"

"हाँ, तो हम इधर से जल्दी–जल्दी स्कूल पहुँचते हैं। तब तक तुम भी पहुँचो।" लच्छू बोला।

"अरे हाँ, उधर से पत्तों को तोड़ते हुए आना।" लच्छू चिल्लाकर बोला।

नारंगी और लच्छू कीचड़ में लथपथ होकर स्कूल पहुँचे। रास्ते में से नाग की आकृति वाली अलग–अलग पत्तियों को तोड़ लिया था।

मास्साब अपने सभी काग़ज़ और फ़ाइलों को समेट रहे थे। बच्चों को स्कूल की ओर आते देखकर सोचा कि अब कुछ देर के लिए रुकना भी पड़ सकता है।

"क्या बात है। इस वक़्त क्यों मस्ती कर रहे हो?" मास्साब फ़ाइलों को लोहे की पेटी में रखते हुए बोले।

"मास्साब! पत्ती के बारे में आपसे बात करनी है।" नारंगी बोलते हुए स्कूल के गेट की ओर देख रही थी जहाँ इसरार, डमरू और भागचन्द्र आते दिखाई दे रहे थे।

"ओहो, तो पूरी टीम ही यहाँ है।" मास्साब फिर से कुर्सी पर बैठ गये।

"गनी चाचा और मेरे पिताजी तो बातें कर रहे थे कि पत्तियों के बारे में राजनीति हो रही है। लोगों ने सब्ज़ी खाना बन्द कर दिया है।" नारंगी ने एक ही साँस में वह सब बोल दिया जो उसकी समझ में आया था।

मास्साब को ज़ोर की हँसी आ गयी। नारंगी को लगा कि कहीं मास्साब उस पर तो नहीं हँस रहे हैं। मास्साब सफ़ाई देते हुए बोले–"माफ़ करना नारंगी, मैं तुम पर नहीं हँस रहा हूँ। असल में गनी चाचा और तुम्हारे पिताजी ठीक ही कह रहे हैं।"

नारंगी ने अपनी फ्राक की बगल वाली जेब में से पत्ती की पुड़िया निकालकर खोली। मगर वह बारीक–सी चीज़ उसमें नहीं थी जो उसने सूई से कुरेदकर निकाली थी। नारंगी ने जेब में हाथ डाला और जेब के कोनों में नाखूनों से खुरचने लगी। उसके नाखूनों में कुछ धागों के रेशे ही आये। ज़ाहिर है कि वह कुरेदी हुई चीज़ अत्यन्त ही सूक्ष्म थी।

नारंगी निराश होकर बोली–"हमने पत्ती में सूई से कुरेदकर देखा था। वो तो कहीं गिर गया।"

मास्साब बोले–"कोई बात नहीं। किसी दूसरी पत्ती में कुरेदकर देख लिया जाये। ऐसा तो होता रहता है।"

लच्छू, नारंगी, इसरार, डमरू, भागचन्द्र और मास्साब नीचे फ़र्श पर सूखी जगह देखकर बैठ गये।

माइक्रोस्कोप निकाला जा चुका था। पाँचों बच्चे और मास्साब खुद भी पत्तियों को अलग–अलग कुरेद रहे थे। भागचन्द्र और डमरू, मास्साब की ओर देख रहे थे कि वे पत्ती को कैसे कुरेद रहे हैं।

मास्साब, भागचन्द्र और डमरू की ओर देखकर बोले–"देखो, ईमानदारी की बात ये है कि मैं भी तुम जैसा ही हूँ। पहली ही बार यह प्रयोग कर रहा हूँ। तुम तो बड़े किस्मत वाले हो कि इस तरह के प्रयोग

करने का मौक़ा मिला है। मुझे तो ऐसा मौक़ा अपने बचपन में कभी नहीं मिला। तो तुम मुझसे ज़्यादा होशियार हो।"

थोड़ा रुककर मास्साब फिर से बोले–"हालाँकि नारंगी, लच्छू और इसरार हमसे कहीं ज़्यादा होशियार हैं। इन्होंने तो एक बार अपने घर पर पत्ती को कुरेदकर देखा भी है।"

नारंगी ने बताया–"हमने पत्ती पर बने साँप की पूँछ की ओर से कुरेदना शुरू किया था। और धीरे–धीरे आगे की ओर बढ़ते गये।"

मास्साब बोले–"गुड।"

मास्साब की देखा–देखी भागचन्द्र भी बोला–"गुड।"

लच्छू के पास कुरेदने के लिए सूई नहीं थी। उसने सोचा कि क्यों न अलमारी में किट में रखे हुए बबूल के काँटे से यह काम किया जाये। दरअसल, होविशिका में बबूल के काँटे का फूल के विच्छेदन में इस्तेमाल एक बड़ी खोज थी। जब स्कूलों में शिक्षक और बच्चों को सूई या आलपीन आदि उपलब्ध नहीं हो रही थी ऐसे में एक बच्चे ने काँटे से फूल का विच्छेदन कर नवाचार कर डाला था। बबूल का काँटा सुई से भी ज़्यादा कारगर होता है।

भागचन्द्र चिल्लाया–"अरे, देखो, ये रहा कीड़ा।" पास में बैठे हुए मास्साब बोले–"इस बारीक–सी चीज़ को जिसको तुम कीड़ा कह रहे हो इसको धीरे–से काँच की पट्टी पर रखो और फिर माइक्रोस्कोप में सेट करके देखो।"

उधर से गनी चाचा लाठी के सहारे स्कूल में आकर मास्साब के बगल में बैठ चुके थे। बूढ़े गनी चाचा बच्चों को काम करते हुए बड़े ध्यान से देख रहे थे। और उनकी बातों को गौर से सुन रहे थे।

भागचन्द्र ख़ुशी के मारे हाँफ रहा था। उसने देखा कि कोई धागे–सा कुछ दिखाई दे रहा है। अब लच्छू अपनी काँच की पट्टी को माइक्रोस्कोप में देखते हुए बोला–"धागे जैसा ही कुछ दिख रहा है।" बारी–बारी से सभी ने सच्चाई अपनी आँखों से देख ली थी।

"वैसे इसकी लम्बाई कितनी होगी?" इसरार ने पूछा।

"नापकर देख लो ना।" भागचन्द्र ने जवाब दिया।

इसरार ने बड़े ही प्यार से कहा–"मुझे पता है। मैं तो केवल सवाल उठा रहा हूँ। और मैं यही करने जा रहा हूँ।"

इसरार ने ग्राफ़ पेपर पर कीड़े को धीरे–से रखा और उसको हैंडलैंस से देखने लगा। कीड़ा अभी भी कुलबुला रहा था। कीड़े को नापना मुश्किल हो रहा था। असल में वह ग्राफ़ पेपर पर अपने को पूरा का पूरा समेट लेता। बहुत मशक्कत के बाद उसने देखा कि लगभग एक–डेढ़ मिलीमीटर का होगा।

मास्साब ने अपने हाथ में से पत्ती और सूई को नीचे रखा और बच्चों की ओर मुखातिब होकर बोले–"अगर अब तुमसे इस पूरे मामले में कोई पूछे तो तुम्हारा मत क्या होगा?"

भागचन्द्र बोला–"ऐसा क्यों होता है कि हमारे यहाँ पर बिना देखे–परखे कोई भी कुछ भी कह देता है?

नारंगी बालों की लट को उँगली में लपेटकर बाहर की ओर देख रही थी। लच्छू बोला–"तो ये तो कीड़े का कमाल है। मगर ऐसी नाग जैसी आकृति क्यों बन रही है?"

"हाँ, यही सवाल मैं भी पूछना चाह रहा था।" इसरार बोला।

"मेरे मन में तो यह सवाल उठ रहा है कि आख़िर ये कीड़ा पत्ती के अन्दर कैसे घुसता होगा?'' डमरू बोला।

नारंगी का भी एक सवाल था–"हर कहीं इतना हंगामा हो रहा है तो बड़ी–बड़ी संस्था में बैठे हुए लोग कुछ करते क्यों नहीं?"

मास्साब बच्चों के सवालों को बड़े ही ध्यान से सुन रहे थे।

स्कूल के बरामदे में अचानक ही चुप्पी छा गयी थी। कई सारे सवाल वहाँ तैर रहे थे।

मास्साब ने बड़ी विनम्रता से कहा–"देखो, अब इन सब सवालों के जवाब तुम्हारी किताबों में मिलने वाले नहीं हैं। और असल बात तो ये है कि मुझे भी पता नहीं है। इनके बारे में हम सबको सोचना होगा। जब हम किसी समस्या के बारे में ठीक से और हिम्मत से सोचते हैं तो चाहे जवाब न मिले मगर उसके हल की ओर हम आगे बढ़ पाते हैं।"

वहाँ एक बार फिर से चुप्पी छा गयी थी।

अब नारंगी बोलने को उतावली हो रही थी–"कीड़ा पत्ते के हरे रंग को ही खाता होगा। और खाते हुए आगे को खिसकता होगा। जैसे–जैसे आगे खिसकता जाता है वैसे–वैसे बड़ा होता जाता होगा। इसीलिए आख़िरी में पत्ती पर लकीर चौड़ी हो जाती है।"

मास्साब खुश होकर बोले–"करेक्ट। ऐसा ही होगा। तुम बिल्कुल सही सोच रही हो।"

डमरू ने पूछा–"तो क्या पत्तों पर नाग इसी साल हुए हैं या पहले भी होते थे? अगर पहले भी होते थे तो इसी साल इतनी अफ़वाह क्यों उड़ी?"

मास्साब बोले–"देखो, मेरा मानना है कि पत्तों पर हर साल ही ऐसी आकृतियाँ बनती होंगी। इस साल कुछ ज़्यादा ही पत्तों पर इन कीड़ों का असर हुआ है। इसकी कोई वजह हो सकती है। हो सकता है कि इस बार का मौसम कीड़ों को ज़्यादा सुहाना लग रहा हो।''

लच्छू को लगा मानो सर कीड़ों की तरफ़दारी कर रहे हैं।

इसरार बोला–"इसका मतलब ये कि इस बरसात में कीड़े अधिक पनपे?"

"हाँ, ठीक कह रहे हो।" मास्साब बोले।

नारंगी बोली–"तो इस वजह से सब्ज़ी खाना ही बन्द कर देना ठीक है?"

गनी चाचा बीच में ही बोले–"नहीं, बिल्कुल नहीं। इतना किया जा सकता है कि उन पत्तों को फेंक दिया जाये जिन पर कीड़े लगे हुए हैं। लोगों ने तो गिलकी, तुरई और दूसरी सब्ज़ियों को खाना भी बन्द कर दिया है, जो गलत है।"

"कल तक हमारे यहाँ भी अख़बार आ जायेगा। और फिर अपने गाँव में भी इसी तरह की बातें होने लगेगी। तो, तुम इस बात के लिए तैयार रहना कि असलियत बता सको।''

मास्साब ध्यानमग्न हो गये थे कि यह सब कुछ इस करके सीखने वाले विज्ञान की ही देन है कि बच्चों ने पत्तों की बीमारी का राज पता कर लिया। ये वैसा ही काम किया जो किसी बड़े संस्थान के विशेषज्ञ करते हैं। बस फ़र्क़ इतना ही होता कि उनको उस कीड़े और बीमारी

के वैज्ञानिक पहलुओं के बारे में विस्तार से पता होता। उन्हें उनके जीव वैज्ञानिक नाम पता होते।

मास्साब का ध्यान टूटा। "अच्छा एक काम तुम सभी मिलकर करो। इस अफ़वाह का भण्डाफोड़ करने वाली एक ख़बर ख़ुद ही बनाओ। जो भी तुमने खोजबीन की उसे लिखो। तुम यह मानकर लिखना कि मानो वह ख़बर अख़बार में ही छपने वाली हो।"

सभी बच्चे एक–दूसरे के मुँह की ओर ताक रहे थे। उनके पास कुछ भी बोलने को शब्द नहीं थे।

गनी चाचा ने हौसला बंधाया–"अरे, घबराना क्यों। गलती हो जाये तो मास्साब हैं तो। और फिर जब नारंगी और तुम जैसे बच्चे अगर असलियत का पता लगा सकते हो तो काग़ज़ पर लिखना कौन–सी बड़ी बात है।"

मास्साब ने मन ही मन तय कर लिया था कि वे बच्चों द्वारा किये गये अनोखे कार्य का उल्लेख मासिक बैठक में ज़रूर करेंगे।

बरसात थमती दिख रही थी। हवा तेज़ हो चली थी। काले–भूरे बादलों के पर्दे पर झक सफ़ेद बगुले पंखों को फैलाकर उड़ रहे थे। हवा के तेज़ झोंके बरसाती बूँदों को छितर–बितर करने में कामयाब हो रहे थे। बच्चों के चेहरों पर चमक थी। बच्चे, गनी चाचा और मास्साब घर की ओर रवाना हो गये।

ज़िन्दगी से जुड़ा विज्ञान

चन्दू के बापू आज स्कूल में आये हुए थे। दरअसल वे शिकायत लेकर आये थे कि आये दिनों बच्चा कोई न कोई चीज़ घर में टटोलता फिरता है। चन्दू के बापू ने आव देखा न ताव–"तो फिर पढ़ाई का तो हो गया बंटाढार।"

मास्साब ने बड़े धैर्य के साथ चन्दू के पिताजी को बिठाया और उनसे बातचीत की–"देखिए, विज्ञान में बच्चों को प्रयोग करना होता है। और प्रयोग करने के लिए कुछ सामान की ज़रूरत होती है। हम चाहते हैं कि विज्ञान की पढ़ाई अपनी ज़िन्दगी से जुड़े। जब विज्ञान को ज़िन्दगी से जोड़ने की बात करते हैं तो फिर प्रयोग में लगने वाला सामान भी तो अपने घर–बार का ही होना चाहिए ना।"

चन्दू के बापू अब भी शान्त नहीं हुए थे। वे ताव में आकर बोले–"मैंने भी हाई स्कूल पास किया है कभी भी ऐसा कुछ तो नहीं हुआ। हमारे स्कूल में तो किताब से पढ़ाते थे। सवाल याद कर लो, परीक्षा दो और छुट्‌टी! बस, हमको तो विज्ञान किताब से ही पढ़ाया जाता था।"

मास्साब ने चन्दू के पिताजी की आँखों में आँखें डालकर कहा–"हाँ, मैंने भी रट्‌टा मारकर ही पढ़ा है। मगर विज्ञान रटकर पढ़ने का विषय तो नहीं है ना।"

दोनों के बीच चुप्पी छा गयी थी। मास्साब कुछ सोचकर बोले– "अब आप ही बताएँ कि विज्ञान की कोई बात आपको याद है जो आपने पढ़ी है?"

चन्दू के बापू सोचने लगे। "हाँ, बात तो सही है। पर बच्चे तो बाक़ी समय में किताब तो पढ़ते नहीं, न ही लिखते हैं। बस, जब देखो तब कोई न कोई खटर–पटर करते रहते हैं।"

''आपको पता है कि नहीं ये बात! उसकी क्लास के बच्चे इकट्ठे हो जाते हैं और फिर क्या कहते हैं, हाँ प्रयोग करते हैं...। ख़ूब हँसते हैं और एक–दूसरे से सवाल कर–करके ख़ूब बातचीत करते हैं।"

"अरे, ये तो बड़ी अच्छी बात कही आपने...।" मास्साब खुश हुए जा रहे थे। "यही तो विज्ञान है।"

"कल तो कमाल हो गया। बच्चे इकट्ठे हुए और क्या कहते हैं उसको...। अरे कुछ नाम ले रहे थे प्रयोग का...। बिल्कुल याद नहीं आ रहा।"

मास्साब ने इत्मिनान से कहा–"अच्छा कोई बात नहीं। नाम नहीं याद आ रहा तो काम बताएँ कि वो क्या कर रहे थे।"

चन्दू के बापू बताने लगे–"एक गोल सोख्ता काग़ज़ के टुकड़े पर काले रंग की गोल लकीर खींची। फिर उसके बीच में एक छेद कर रुई की बत्ती बनाकर उसमें पिरोई और पानी से भरी कटोरी में रख दिया। कुछ देर के बाद काग़ज़ पर रंग अलग–अलग हो गये। फिर वे सबके सब ख़ूब हँसने लगे।"

''तो आप क्रोमेटोग्राफी की बात कर रहे हैं।'' मास्साब ने एक लम्बी साँस लेते हुए कहा।

''अरे वाह, ये तो अच्छी बात है कि चन्दू ने जो प्रयोग दो साल पहले छठी में किया था वो अब करके देख रहे हैं।"

"हाँ। ऐसा ही कुछ बोल रहे थे।" मास्साब कुछ आगे कहें इसके पहले ही चन्दू के बापू बताने लगे। ''अभी मेरी लिस्ट ख़त्म नहीं हुई है। अब एक दिन चन्दू और इसकी क्लास के, बाड़ी में इकट्ठा हुए। वहाँ जाकर वे खेत को मापने लगे। दिन भर एक डोरी से खेत को मापकर क्या सीख रहे हैं।"

मास्साब चन्दू के बापू की बातें सिर नीचा करके, ध्यान से सुन रहे थे।

"अब क्या बताऊँ! गये दीवाली–दशहरे के पहले उस छोरी नारंगी के बाड़े में गिलकी–तुरई की बेलों पे पोलीथिन की थैलियाँ बाँधी।" चन्दू के बापू के पास ऐसे कितने ही बच्चों के उदाहरण थे।

मास्साब ने सोचा कि एक–एक करके बात कर ही लेना चाहिए–"अच्छा, इसके अलावा और कोई बात हो तो बताओ। मैं तो कहता हूँ कि आपका चन्दू बहुत समझदार है।"

चन्दू के बापू निराश हो चले थे–"अब बात क्या करनी जी, हम तो बड़ी मुश्किल से बच्चों को स्कूल भेजते हैं... और स्कूल में अगर ये सब कुछ होने लगे तो हमारा माथा तो ठनकेगा ना।"

"अच्छी बात है भाई साब।" मास्साब ने उनके कन्धे पर हाथ रखते हुए कहा। ''ऐसा है कि मैं भी ऐसा ही कुछ सोचा करता था। मगर मैंने इस विज्ञान की ट्रेनिंग ली और बच्चों को पढ़ाना शुरू किया। तब जाकर मुझे लगा कि विज्ञान को तो करके ही सीखा जा सकता है।"

मास्साब के दिमाग़ में वे सारी बातें घूमने लगीं जो उन्होंने होशंगाबाद विज्ञान के प्रशिक्षण में पहचानी और सीखी थीं। दरअसल मास्साब जब पहली बार प्रशिक्षण में गये थे तो उन्हें भी बड़ा अटपटा लगा था। वे भी उसी घिसी–पिटी शिक्षण प्रणाली के एक उत्पाद रहे हैं। सो, प्रशिक्षण के शुरुआती दिनों में तो वे और उनके सभी साथियों को रास ही नहीं आ रहा था। विज्ञान का यह तरीक़ा तो एकदम जुदा ही था। उन्होंने भी कभी कोई प्रयोग नहीं किया था। हालाँकि मास्साब ने इण्टर तक विज्ञान विषय पढ़ा था मगर वहाँ भी उन्हें कोई प्रयोग वगैरह करने का मौक़ा नहीं मिला था। धीरे–धीरे वे समझने लगे कि आख़िर माज़रा क्या है।

होशंगाबाद विज्ञान का असल मकसद केवल विज्ञान में तथ्यों, जबड़ातोड़ परिभाषाओं तथा समीकरणों पर ज़ोर बिल्कुल नहीं है। यहाँ तो उन्हें विज्ञान की प्रक्रिया से गुज़ारने पर ज़ोर था जिससे कि समझ बने। और जो समझ बने उसको वे कहीं और लागू कर सकें।

मास्साब सोचते हुए बोले–"देखिए, अपने ये बच्चे बड़ा ग़ज़ब का काम कर रहे हैं। जो शिकायत आप गिना रहे हैं ये सबकी सब उनकी अच्छाइयाँ हैं।"

मास्साब ने बोलना जारी रखा–"देखिए, गिलकी–तुरई के प्रयोग में बच्चे करके समझने की कोशिश करते हैं कि कैसे फल बनता है। फूल से फल तक की यात्रा के पाठ इस विज्ञान में शामिल किये गये हैं। अगर वे अपने आसपास के पेड़–पौधों में इस बात को नहीं देखेंगे तो फिर कहाँ देखेंगे। किताब में पढ़ लेने से तो नहीं सीख सकते ना!"

"...मगर वो तो पोलीथिन की थैलियाँ चढ़ा रहे थे फूलों पर... ऐसा क्यों कर रहे थे?" बापू अब समझने के लहजे से पूछ रहे थे।

मास्साब ने राहत की साँस ली–"अब आप ये तो मुझसे ज़्यादा अच्छे से जानते हो कि गिलकी, तुरई, कद्दू, ककड़ी की बेलों में दो तरह के फूल आते हैं। एक नर फूल और दूसरे मादा फूल। तो वो तो ये समझना चाह रहे थे कि नर फूल के बिना क्या फल बन सकता है। इसका एक सुन्दर प्रयोग दिया गया है इस विज्ञान में।"

"रही बात खेत की तो हमारे विज्ञान में क्षेत्रफल यानीकि एरिया का एक पाठ है। इसमें बच्चों को हक़ीक़त में किसी खेत, मैदान वगैरह का एरिया निकालने का अभ्यास करने को कहा गया है। ये तो मैंने ही कहा था कि वे खेत का एरिया निकालकर मुझे बताएं। मैं तो कहता हूँ कि खेत का एरिया निकालना इन बच्चों को बढ़िया तरीक़े से आ गया है।" मास्साब बाहर से जितने शान्त दिख रहे थे उतना ही उनके अन्दर उत्साह उबाल पर था।

''भाई साब, मैं तो इतना ही कह सकता हूँ कि विज्ञान पढ़ाने का सही तरीक़ा यही है। इस विज्ञान के हर सबक में बच्चों के अपने आसपास की मिसाल को शामिल किया गया है। सूरज–चाँद की बात भी बच्चे सीखते हैं। अपने खेत की मिट्टी, अपने हैंडपम्प–कुओं–बावड़ियों के पानी को जाँचने के प्रयोग करके विज्ञान सीखते हैं।"

"दूसरी बात ये है कि बच्चे अपने दोस्तों के साथ जो बातचीत करते हैं उससे भी बहुत कुछ सीखते हैं। अगर आप देखो तो ये बच्चे इकट्ठा होकर तरह–तरह के प्रयोग करते हैं और फिर उस पर बातें करते हैं...। ये तो बच्चों की समझदारी की बात हुई ना...।"

"मैंने सुना है कि ये विज्ञान तो गाँव वालों का विज्ञान है। फिर बच्चे तो गाँव के गँवार ही बने रहेंगे।" चन्दू के बापू को कहीं से पता चला था कि होशंगाबाद विज्ञान की वजह से उनके बच्चे पिछड़ रहे हैं।

मास्साब ने उन्हें समझाया–"आप तो अपने बच्चों को देखिए...। वो किसी भी हालत में नहीं पिछड़ रहे होंगे। मैं आपको एक बात और बताता हूँ। शिक्षा व्यवस्था शहरी बच्चों को ध्यान में रखते हुए तैयार की जाती है। जब हम कहते हैं कि भारत गाँवों का देश है, कृषि प्रधान देश है तो फिर शिक्षा गाँवों और खेती–किसानी वाली होनी चाहिए। एक बात और कह दूँ–खेती–बाड़ी के बारे में जो ज्ञान आपके पास है वह पढ़े–लिखे डिग्री वालों के पास नहीं है। उनके पास तो किताबी ज्ञान है। तो खेती–किसानी

के बारे में हमने आपसे कितना सीखा है। ये भी तो विज्ञान की बातें हैं जो आपसे सीखी।"

मास्साब अकेले ही नहीं बल्कि तमाम होशंगाबाद विज्ञान से जुड़े शिक्षक इस बवाल के मारे परेशानी में पड़े हुए थे। स्कूल में प्रधान अध्यापक क्या, अन्य शिक्षक क्या और उच्चतर माध्यमिक स्कूलों के कतिपय लोग एक ही बात को दोहराते फिरते थे कि इस विज्ञान से बच्चों का नुक़सान हो रहा है। दरअसल एकलव्य के लोग भी इस सवाल से जूझ रहे थे। हालाँकि एकलव्य के अध्ययनों से साफ़ ज़ाहिर होता है कि होशंगाबाद विज्ञान के बच्चे पिछड़ नहीं रहे हैं।

होशंगाबाद विज्ञान को सीखने की प्रक्रिया के रूप में देखा गया है जिसमें बच्चे में चिन्तन, विश्लेषण व प्रायोगिक कौशल के विभिन्न आयाम विकसित हो सकें। विज्ञान के विभिन्न विषयों की बुनियादी अवधारणाओं की एक गहरी समझ बन सके–ऐसी समझ जो बच्चे के आसपास की दुनिया को समझने व रोज़मर्रा की समस्याओं व सवालों के हल खोजने में सक्षम बना सके।

विरोध हो रहा था मगर विरोध के मसलों में औचित्य कम ही होता। बाल विज्ञान का एक प्रमुख विरोध रहा अणु–परमाणु, सूत्र, समीकरण को शामिल क्यों नहीं किया जाता। मगर होशंगाबाद विज्ञान बिरादरी इस पर अडिग रही। एक अध्ययन में यह बात साफ़ तौर पर पता चला कि परम्परागत विज्ञान में ये विषय बच्चों के लिए कठिन है व नौवीं में पहुँचने पर भी उनकी जानकारी तथा समझ बेहतर नहीं हो पाती।

अगर बच्चों की बात की जाये तो वे काफ़ी मज़ा करते। दरअसल होशंगाबाद विज्ञान के केन्द्र में बच्चे ही रहे। बच्चों की मानसिक समझ को ध्यान में रखते हुए बाल वैज्ञानिक तैयार की गयी थी। बहुत कुछ करके देखने और समझने पर ज़ोर था। यही वजह है कि बच्चे सीखने के लिए व्याकुल दिखाई देते। एक तो बच्चों पर कोई तथ्य, परिभाषाएँ, सूत्र–समीकरण आदि कण्ठस्थ करने का दबाव नहीं होता। दूसरा, बाल विज्ञान में शामिल सभी प्रयोग एवं गतिविधियों में स्थानीय चीज़ों का समावेश ज़रूर होता। इससे बच्चे सहज रहते। प्रयोगों के निष्कर्ष उन्हें विज्ञान की बुनियादी समझ देते।

मास्साब ने पत्तों पर नाग–नागिन वाली बात का जिक्र करना यहाँ लाजिमी समझा–"आपको वो तो पता ही है जब पूरे देश में पत्तों पर नाग–नागिन को लेकर हड़कम्प मचा हुआ था। पूरे देश भर में पत्तों पर नाग–नागिन उभरने वाली अन्धविश्वास की लहर ज़ोर पकड़े हुए थी। तब इन्हीं बच्चों ने इसका भण्डाफोड़ किया था। आपको एक बात और बताता हूँ। पत्तों पर नाग–नागिन की असलियत का राज अपनी ही स्कूल की बच्चियों ने उजागर किया। विज्ञान में डिग्रियाँ लिए हुए लोग भी जो बात समझ नहीं पाये थे उसका हल बड़े आत्मविश्वास और सहजता से उस स्कूल की बच्चियों ने खोज लिया था। फिर हमको पता चला और हमारे बच्चों ने भी पता लगाया। आख़िर बच्चों ने समझ लिया था कि पत्तियों पर सफ़ेद सर्पाकार लाइनों का कारण वह छोटा–सा कीड़ा जो पत्तियों की परतों में छिपकर उनका हरा पदार्थ खा रहा था। बच्चों ने सूक्ष्मदर्शी से बारीकी से देखा। यह घटना वाकई विज्ञान शिक्षण से उपजी वैज्ञानिक मानसिकता की अद्‌भुत मिसाल थी।"

चन्दू के बापू का सीना अब गर्व से फूल रहा था। "तो आप तो बच्चों को वैज्ञानिक बना दोगे लगता है।" चन्दू के बापू मास्साब के हाथ में हाथ रखते बोले।

"देखिए वैज्ञानिक बनेंगे या नहीं ये तो वक़्त ही बतायेगा मगर इन बच्चों में वैज्ञानिक चिन्तन तो पैदा हो चुका है। जब बच्चे अपने आसपास की चीज़ों और घटनाओं को देखेंगे तो वो उनके बारे में समझने की कोशिश करेंगे। भई, हम तो इतना जानते हैं कि हमारे बच्चे अजूबा कर रहे हैं। जहाँ–जहाँ बच्चों को स्वतन्त्रता से सोचने, सवालों के हल खोजने और स्वयं प्रयोग करने के लिए प्रेरित किया है वहाँ–वहाँ बच्चों ने कमाल की वैज्ञानिक मानसिकता दिखाई है। अब आप ही देखिए न कि बच्चे अपने खेत की फ़सलों का अध्ययन करते हैं। फ़सलों की बारीकियों को समझने की कोशिश करते हैं। और ये तो आप भी जानते हैं कि आपके ही खेत में मैं बच्चों को लेकर आया था और आपने कितनी सारी बातें बताई थीं।"

स्कूल की ओर से इसरार के वालिद गुज़र रहे थे तो उनका ध्यान चन्दू के बापू पर पड़ा। और वे भी स्कूल में चले गये। अन्दर देखा कि

चन्दू के बापू और मास्साब आमने–सामने बैठ बतिया रहे हैं। "खाँ, आज तुमने भी मास्साब को पकड़ ही लिया।"

चन्दू के बापू और मास्साब ने एक साथ इसरार के वालिद से दुआ–सलाम की। इसरार के वालिद बोले–"भाई जान, मैं भी बच्चों से परेशान होकर मास्साब से मुखातिब हुआ था।''

होशंगाबाद विज्ञान शिक्षण कार्यक्रम का एक व्यापक मकसद यह रहा है कि समाज के नज़रिये में बदलाव आये। समाज में वैज्ञानिक मानसिकता का विकास हो। असल में वैज्ञानिक मानसिकता का विकास विज्ञान की जानकारियों को महज रटकर तो नहीं हो सकता। होशंगाबाद विज्ञान पाठ्यक्रम का मूल मकसद बच्चों को विज्ञान की प्रक्रिया के विभिन्न पहलुओं से परिचित कराना है। बाल वैज्ञानिक में निहित शिक्षण विधि का आग्रह है कि बच्चों को विज्ञान की प्रक्रिया के मौके़ दिये जायें ताकि वे इसमें पारंगत हो जाय। बाल वैज्ञानिक पाठ्यक्रम का एक ज़्यादा व्यापक मकसद बच्चों को सोचने–समझने वाले व्यक्तियों के रूप में विकसित करना है। वे मात्र प्रस्तुत ज्ञान के ग्राहक या उपभोक्ता नहीं बल्कि इस ज्ञान के सृजक भी बनने की क्षमता हासिल करें। कम से कम वो उस प्रक्रिया से तो परिचित हों जिसके ज़रिये ज्ञान को हासिल किया जाता है। इस प्रक्रिया के विभिन्न पहलू ही बाल वैज्ञानिक का पाठ्यक्रम हैं।

चन्दू के बापू ध्यान से मास्साब की बात को सुनते हुए सिर हिला रहे थे। वे महसूस रहे थे कि उनके बचपन में तो ऐसा कुछ भी नहीं हुआ। वे अपने बचपन के दिनों में पहुँचकर याद कर रहे थे कि स्कूल की पढ़ाई उन्हें कितनी नीरस और उबाऊ लगती थी। वो सोच रहे थे कि गरीबी एक कारण था मगर सच में तो पढ़ाई ही रास नहीं आ रही थी। और फिर विज्ञान, गणित से तो पसीने छूटते थे।

चन्दू के बापू स्कूल के बरामदे में से नीले आसमान को ताक रहे थे। वे मानो कुछ गहरी सोच में डूब गये लगते थे।

चुप्पी को तोड़ते हुए चन्दू के बापू गहरी साँस लेते हुए तारीफ़ के अन्दाज़ में मास्साब से कहने लगे–"मास्साब, ये चन्दू आजकल सवाल पर सवाल करने लगा है।"

मास्साब को विज्ञान का मकसद पूरा होता दिख रहा था। वे बड़ी विनम्रता से हँसकर बोले–"सवाल करना हर बच्चे का और हर इंसान का

बुनियादी हक है। अगर आपका बच्चा सवाल करता है तो समझो उसको स्कूल में पढ़ाना सफल हो गया।"

मास्साब चन्दू के बापू की ओर रहस्यमयी ढंग से देख रहे थे। एक अभिभावक के लिए यह लाजिमी है कि वह अपने बच्चे के प्रति सरोकार रखे। स्कूल में वह क्या सीख रहा है कैसे सीख रहा है उसको लेकर वह निरन्तर संवाद की प्रक्रिया में शामिल हो यह भी बेहद ज़रूरी है।

तक़रीबन घण्टे भर की बातचीत के बाद चन्दू के बापू और इसरार के वालिद ने मास्साब से मुस्कराकर विदा ली।

मास्साब बरामदे में बैठे सोच में डूबे हुए थे। वे कुछ सार्थक सोच रहे थे। अचानक उनकी नज़र घड़ी पर अटकी तो पाया कि साढ़े पाँच से ऊपर बज चुका है। स्कूल की छुट्टी कबकी हो चुकी थी। कुछ बच्चे अभी मैदान में खेल रहे थे। मास्साब स्कूल के कमरे बन्द कर चाबियाँ प्रधानाध्यापक के कमरे में रखने गये तो पाया कि वहाँ कोई भी नहीं है। प्रधानाध्यापक के कमरे को ताला लगाकर मास्साब स्कूल से निकल पड़े।

कौन हारा, कौन जीता?

"अगर पूछूँ कि अगले साल बरसात अच्छी होगी या कम, तो तुम्हारा जवाब क्या होगा?" मास्साब ने अगला सवाल भी साथ–साथ पूछ डाला। "इस साल आम के पेड़ पर मोहर आयेंगे या नहीं, तो तुम क्या कहोगे?"

चन्दू, मास्साब के मूड को पढ़ने की कोशिश कर रहा था। वह कुछ बोले इसके पहले ही विष्णु बोल पड़ा–"मास्साब, बरसात तो दो साल से अच्छी हुई। इस साल भी मानकर चलो कि अच्छी ही होगी।"

चन्दू सोच रहा था कि जब पहले सवाल का जवाब विष्णु ने दे ही दिया तो अब वो क्या कहे। फिर भी चन्दू को लगा कि उसे जवाब देना चाहिए। "अन्दाज़न अच्छी बरसात होगी। ...अन्दाजन कम भी हो सकती है।" यह कहते हुए वह आत्मावलोकन कर रहा था कि उसका जवाब तो गोलमोल ही है।

चन्दू का जवाब सुनकर मास्साब की हँसी मूँछों में से उछलकर उनके पूरे चेहरे पर छा गयी। बच्चों में संकोच व भय की उन हदों को मास्साब ने पिछले ढाई सालों में तोड़ने में कामयाबी हासिल कर ली थी जो उनके कक्षा में सवाल करने और जवाब पूछने में पहाड़–सी बाधक बनती थी। वैसे सवाल करने की बाधाएँ तो शिक्षक समुदाय में भी काफ़ी व्याप्त है। होशंगाबाद विज्ञान शिक्षण कार्यक्रम में सवाल पूछने की संस्कृति को शिद्दत से स्वीकार कर पोषित किया गया था। मास्साब समझ चुके थे कि चन्दू का जवाब गोलमोल है मगर वह बेबाकी से अपनी बात को कह पाने का साहस पैदा कर पाया, यह एक उपलब्धि कही जा सकती है।

चन्दू ने सोचा कि क्यों न 'आम' वाले सवाल का जवाब भी दे ही दिया जाये। "मास्साब आम पर मोहर तो ख़ूब आये। आम बनेंगे कि नहीं इसका क्या भरोसा!"

"अच्छा तो औरों का क्या कहना है?" मास्साब कक्षा के अन्य बच्चों के जवाबों का इन्तज़ार कर रहे थे। केशव जो कि अक्सर गम्भीर रहता है उसने सोचा कि इस तरह के सवाल पर कुछ तो कहा जा सकता है। "बरसात के चांस तो बनते हैं मास्साब। गये साल आम ज़्यादा आये थे। इस साल आम पर मोहर कम आने की सम्भावना है।" केशव ने बड़ों से सुना है कि आम के पेड़ों पर तीसरे साल आम ज़्यादा लगते हैं। बीच के साल में आम कम आते हैं। उसने एक और कारण बताया आम के पेड़ों पर कम आम आने का। कभी मावठा हो जाये तो मोहर झड़ सकते हैं।

"ये महीना चल रहा है फरवरी का। आम पर मोहर तो आ ही रहे हैं। तुमने भी देखे होंगे कि बाग के कुछ आम के पेड़ों पर मोहर आ चुके हैं। तो अब अपने अवलोकनों से बताओ कि आम पिछले साल की तुलना में अधिक आयेंगे या कम?" मास्साब ने और सोचने को प्रेरित किया।

"गये साल के मुकाबले इस बार मोहर कम आये हैं। अगर आँधी चल जाये बीमारी लग जाये तो आम कम आयेंगे।" एकटूक जवाब भागचन्द्र ने दिया।

मास्साब, विषय का सन्दर्भ बनाने में काफ़ी हद तक सफल हो चुके थे। चर्चा को यहीं रोक बच्चों को बाल विज्ञान निकालने को कहा।

मास्साब ने पाठ में दिये गये उदाहरण पर चर्चा प्रारम्भ की। उदाहरण भटे से सम्बन्धित था। मास्साब ने इसे एक साँस में पढ़ डाला–"एक किसान ने अपने खेत में भटे की एक ऐसी क़िस्म लगायी जिसके प्रत्येक पौधे में औसतन आठ भटे लगते हैं।" इस जानकारी के बाद एक सवाल दिया गया जिसे मास्साब ने पढ़ा–"हाँ, तो अब सवाल है। ज़रा ध्यान से सुनना। यदि इस क़िस्म का एक पौधा फूल लगने से पहले तुम्हें दिखाकर पूछा जाये कि इस पौधे में कितने भटे लगेंगे तो क्या तुम इसकी पक्की भविष्यवाणी कर सकते हो? कारण सहित उत्तर दो।"

मास्साब बच्चों के जवाबों की प्रतीक्षा कर रहे थे। उन्होंने इस सवाल पर टोलियों में चर्चा के लिए कहा।

टोलियों के जवाब आने लगे। एक टोली के बच्चों ने सोचकर जवाब दिया–"मास्साब पौधे को देखकर ही बताया जा सकता है। पौधा अगर अच्छा होगा तो भटे आठ से ज़्यादा भी लग सकते हैं। कोई पौधा थोड़ा

छोटा होगा तो उसमें कम भटे लगेंगे।" मास्साब को इस टोली का जवाब रास आया।

मास्साब को इसी अध्याय पर आगे बढ़ना था लेकिन नारंगी बुदबदायी कि पाठ में शुरुआती भाग छोड़ क्यों दिया? बोर्ड को साफ़ करते हुए मास्साब के कान कक्षा को सुन रहे थे। वे पलटे और उन्होंने नारंगी की ओर देखकर कहा–"अगर तुम चाहती हो तो इसको भी पढ़ लिया जायेगा।" मास्साब ने यह हिस्सा इसलिए छोड़ दिया था कि अध्याय की भूमिका जिस घटना से शुरू होती है वह बच्चों के सन्दर्भ से नहीं जुड़ती। रेल और जिन स्टेशनों की बात की गयी है वह होशंगाबाद ज़िले में आते हैं। पिछली बार जब मास्साब ने बच्चों को पढ़ाया था तब उनका अनुभव यह रहा था कि बच्चे रेल और उन स्टेशनों के बारे में जानते नहीं, इसलिए इस घटना के बारे में समझ नहीं पाये थे।

नारंगी के आग्रह पर अध्याय के प्रारम्भिक हिस्से पर चर्चा शुरू की गयी। इस घटना में दो रेलों का ज़िक्र है। बताया गया है कि इटारसी–इलाहाबाद रेलवे लाइन पर होशंगाबाद ज़िले में बनखेड़ी रेलवे स्टेशन पर एक रेल बीना एक्सप्रेस रोज़ाना ही 15–20 मिनट लेट आती है। कभी–कभी बिल्कुल समय पर आ जाती है और महीने में एक या दो बार एक–दो घण्टा लेट हो जाती है। एक अन्य रेल इलाहाबाद–इटारसी का समय रेलवे टाइम–टेबल में लिखने के लिए ही है। महीने में कई दिन दो–चार घण्टे लेट होना आम बात है। कम–से–कम एक–आधा घण्टा लेट होना तो आम बात है। महीने में एकाध बार समय पर आकर सबको अचरज में डाल देती है।

इन दो घटनाओं पर बच्चों के सामने कुछ सवाल रखे गये। पहला सवाल कि एक सज्जन बीना एक्सप्रेस पकड़ने के लिए बनखेड़ी स्टेशन पर एक घण्टा लेट पहुँचे। तर्क सहित बताओ कि उन्हें रेल मिलेगी या नहीं? कक्षा असमंजस में पड़ गयी। मास्साब ने अभी दूसरी रेल को लेकर सवाल रोक लिया था।

कक्षा में सन्नाटा छा गया था। सभी सोच में डूबे थे। दरअसल, घटना अभी भी बच्चों को समझ में नहीं आयी थी। शिक्षक ने जानकारी को बोर्ड पर लिख दिया। बोर्ड पर लिख देने से समझना आसान हो गया।

कक्षा के सन्नाटे को केशव ने तोड़ा। "मिल सकती है ट्रेन उस आदमी को।"

"क्यों मिल सकती है ट्रेन उस आदमी को? तर्क दो।"

केशव के बदले जवाब नारंगी ने दिया–"चांस बनते हैं उसको रेल मिलने के। महीने में एक–दो बार रेल लेट होती है। इस कारण से उस आदमी को रेल मिल सकती है।"

"नहीं भी मिल सकती। महीने में एक–दो बार ही तो लेट होती है।" केशव का जवाब था।

"हाँ, नहीं मिल सकती। क्योंकि कभी–कभी तो अपने टाइम पर ही आ जाती है।" विष्णु का जवाब भी उस घटना के विवरण में से उपजे तर्क पर आधारित था।

टोलियों में चर्चा उफ़ान पर थी। एक टोली में चर्चा इस पर हो रही थी कि अगर वह आदमी उसी दिन लेट हो जाये जिस दिन रेल भी देर से आ रही हो तो। फिर तो उसको रेल मिल जायेगी। ये तो किस्मत की बात है। मास्साब उस टोली की बात को सुन रहे थे। वे अब टोली में बैठ गये। "तो किस्मत कहेंगे कि सम्भावना कहेंगे?"

मास्साब ने और सोचने को प्रेरित किया। अब वे बोर्ड के सामने आ गये। सवाल सभी के सामने दोहराया–"अगर वह आदमी स्टेशन देर से पहुँचे और रेल मिल जाये। क्या इसे किस्मत कहेंगे?"

बच्चों की परवरिश तो इसी प्रकार की हुई है। किस्मत, भाग्य पर भरोसा किया जाता है। अगर रेल मिल जाये तो किस्मत और न मिले तो भी किस्मत। इससे आगे बच्चे भी नहीं सोच पा रहे थे।

दूसरी घटना के बारे में मास्साब ने बोर्ड पर लिख दिया। इलाहाबाद–इटारसी रेल तो महीने में एकाध बार ही समय पर होती है। ज़्यादातर दिनों में उसका दो–चार घण्टे लेट होना आम बात है।

जो सज्जन लगभग पौन घण्टा लेट पहुँचे उन्हें भी रेल नहीं मिली। इसके कारण पर बच्चे सोच रहे थे।

अबकी बार तो बच्चे झुँझला उठे। ये कैसा सवाल है? वास्तव में जीवन के सवाल आसान नहीं होते। इसलिए मास्साब भी इस चर्चा में शामिल हो गये और उसी तरह से इस घटना को समझ रहे थे जैसे बच्चे। "इलाहाबाद–इटारसी रेल तो ज़्यादातर लेट ही चलती है। फिर भी उस

आदमी को रेल नहीं मिलती! यह असम्भव घटना तो नहीं है। जो जानकारी पुस्तक में दी गयी है उसके मुताबिक़ कभी–कभार रेल समय पर आ जाती है। वह आदमी उसी दिन देर से पहुँचा जब रेल समय पर आयी। फिर वही बात उनके सामने कि 'मिल भी सकती है और नहीं भी मिल सकती है।' अगर रेल मिल जाये तो किस्मत, और न मिले तो भी किस्मत।

वैसे हमारे जीवन में ऐसा खूब होता है। अगर कुछ अच्छा हो जाये तो किस्मत की दुहाई दी जाती है। और अगर कुछ अनर्थ हो जाये तो किस्मत को कोसते हैं। तो दोनों ही मामलों में किस्मत को आधार बनाया जाता है।

मास्साब ने पूछा–"क्या तुम्हारे साथ कभी ऐसा हुआ है?"

भागचन्द्र बोला–"मास्साब उस ट्रेन में कभी बैठा ही नहीं।"

भागचन्द्र के जवाब से मास्साब ने समझा कि अभी सवाल का अर्थ समझ में नहीं आया। असल में मास्साब का आशय यह समझाना था कि दैनिक जीवन में कोई ऐसी घटना घटी।

नारंगी ने कुछ कहने का हौसला जुटाया और एक घटना कक्षा में सुनायी। उसने बताया कि एक बार वह अपनी माँ और बापू के साथ शहर गयी थी। गाँव से बस पकड़कर वे जाने वाले थे। घर में माँ को काम करते हुए देर हो गयी। बापू नाराज हुए। माँ को और नारंगी को बापू ने भला–बुरा कहा। उस दिन बस देर से आयी और मिल गयी। बापू बोले–"वो तो किस्मत अच्छी थी कि बस मिल गयी।"

मास्साब को नारंगी का यह उदाहरण सटीक लगा। असल में, हम भाग्य को कोसते हैं जब हमारे साथ उलटा होता है। मास्साब बोले–"बात ये है कि हमारे गाँव में बस क्या रोज़ाना समय पर आती है? ये हमको देखना होगा। बस दस–बीस मिनट के अन्तर पर आती है।"

चन्दू बोला–"हाँ, जब बरसात होती है तो बस बहुत लेट होती है। कभी–कभी तो आती ही नहीं।"

"ये बात सही कही तुमने। लेकिन बाकी दिनों में बस थोड़ी–बहुत ही देरी से आती है।" मास्साब ने जोड़ा।

इस तरह की घटनाएँ हालाँकि हमारे जीवन में घटती रहती है जिसमें सफलता मिल जाने पर हम अपने भाग्य की सराहना करने लगते हैं अन्यथा कोसते रहते हैं।

"किसी भी घटना के होने या न होने की सम्भावना अलग–अलग होती है। पर हम सभी लोग इन घटनाओं को अलग–अलग तरह से देखते हैं और इनका विश्लेषण करते हैं। घटनाओं का विश्लेषण करने के लिए साधारणतया हम जिन शब्दों का उपयोग करते हैं, वे हैं, भाग्य, संयोग, इत्तेफ़ाक या सम्भावना। समाज में प्रचलित इन मान्यताओं को ग्रहण कर इन्हें अपनी ज़िन्दगी में भी उतारते हैं।"

इन घटनाओं को बच्चों के समक्ष रखने का मकसद सम्भावना की समझ बनाना था। किसी घटना को अनेक कारण प्रभावित करते हैं। जैसे कि एक पौधे में कितने भटे लगेंगे, यह भाग्य का मामला नहीं। उस भटे के पौधे को कितने कारक प्रभावित करते हैं, उन्हें समझना है और इस आधार पर सम्भाविता की समझ बनाने की कोशिश भर थी।

कुछ और उदाहरण लेकर मास्साब ने सवाल किया। "अगर एक सिक्का लें और उसे उछालें तो चित आने की सम्भावना कितनी है?" हालाँकि बच्चों ने चिंयो और कौड़ियों से खेल खेले हैं मगर चित आने की सम्भावना क्या है यह बात उन्हें समझ में नहीं आयी। मास्साब ने सिक्का निकाला और उसे उछालने के पहले पूछा–"चित आयेगा या पट? देखिए, दो ही सम्भावनाएँ बनती हैं सिक्के को उछालने पर। या तो चित आयेगा या पट।"

अबकी बार मास्साब ने सिक्के को उछाला। पट आया। अगली बार उछाला। अबकी बार भी पट आया। अगली बार फिर से उछालने के पहले पूछा। "अब क्या आयेगा? चित या पट? क्या अब भी पट आ सकता है?"

"क्या पता?" टोलियों से जवाब आया।

"फिर लोग कुछ घटनाओं की भविष्यवाणी कैसे करते होंगे? फिर से देखते हैं। एक सिक्के की दो ही साइड हैं–चित और पट। दो ही तो सम्भावनाएँ बन सकती हैं सिक्के की। सिक्के को उछालेंगे तो चित आने की सम्भावना 50 फीसदी और पट आने की भी 50 फीसदी।" अब मास्साब ने एक प्लास्टिक का घनाकार गुटका बच्चों को दिखाया जिसकी तीन सतहों पर सफेद–गोल निशान लगे थे और बाकी की तीन सतहें खाली थी। मास्साब ने प्लास्टिक का गुटका दिखाते हुए पूछा। "इस गुटके में सफ़ेद निशान को चित माना जाये और खाली सतह को पट। अब इसमें चित आने की सम्भावना क्या सिक्के के बराबर है या कम–ज़्यादा?"

बच्चे इस बात को समझ गये थे। चाहे गुटके की सतहें छह हों। इसमें से सफ़ेद–गोल निशान वाली तीन सतहें चित और बाकी तीन सतहें पट वाली होंगी।

अगली कोशिश मास्साब की यह थी कि चित–पट के अधिक आँकड़ों को एकत्र किया जाये और फिर उनमें पैटर्न देखा जाये। वास्तव में, 'संयोग और सम्भाविता' नामक इस अध्याय को होशंगाबाद विज्ञान में शामिल करने का मकसद ही यह था कि हम अपने दैनिक जीवन की घटनाओं को भाग्य से जोड़कर देखते हैं जबकि, इन घटनाओं के पीछे के कारणों को समझना बेहद ज़रूरी है। इस तरह की घटनाओं में पैटर्न को पकड़ने से हम किसी घटना की भविष्यवाणी कर सकने में भी सक्षम हो सकेंगे।

खेल की तैयारी के लिए स्कूल के मैदान में चूने से लाइनें खींच दी। इस खेल के लिए 20 बच्चों की ज़रूरत थी। सो कक्षा छठी और सातवीं के 9 बच्चों को आमन्त्रित किया गया। उन्हें खेल के नियम बताये गये। सभी बच्चों को एक–एक सिक्का दिया गया। और शून्य लाइन पर सभी बच्चे सिक्का लेकर खड़े हो गये। शून्य से आगे की ओर व पीछे की ओर सात लाइनें खींची गई थीं। अगर सिक्का उछालने पर चित आये तो आगे की ओर बढ़ना है और पट आये तो पीछे की ओर। मास्साब ने स्पष्ट निर्देश तीन बार दिये। जैसे ही रेफरी बने मास्साब सीटी बजायेंगे प्रत्येक बच्चा सिक्का उछालेगा। जमीन पर गिरे सिक्के को बच्चा देखेगा। अगर चित आता है तो एक लाइन आगे की ओर बढ़ना है। अगर पट आता है तो एक लाइन पीछे की ओर बढ़ना है। मास्साब ने बताया कि सात बार सिक्का उछालने पर अगर कोई आगे की सातवीं लाइन पर पहुँच जाता है तो वह जीत गया। अगर वह पीछे की ओर सातवीं लाइन पर पहुँच जाता है तो जीता समझो। यह खेल तब तक खेलना है जब तक कोई आगे या पीछे की सबसे आख़िरी सातवीं लाइन पर न पहुँच जाये।

खेल को खेला गया। सभी बच्चों के खेल का एक सामूहिक चार्ट बोर्ड पर बनाया गया और इस पर चर्चा हुई। "क्या इस खेल में कोई भविष्यवाणी कर सकता था कि सबसे पहले सातवीं लाइन पर पहुँचकर जीत हासिल कर लेगा?"

अपने–अपने चार्ट से समझ में आ रहा था कि सिक्का उछालने पर चित आयेगा या पट यह उनके हाथ में निर्भर नहीं है।

अगले दिन कक्षा में मास्साब ने सभी बच्चों को निर्देश दिये कि 100 बार सिक्का उछालकर देखना है कि कितनी बार चित आता है और कितनी बार पट? प्रत्येक बच्चे को ग्राफ पेपर में चित आने पर खाने में सही का निशान लगाना है और पट आने पर गलत का निशान लगाना है।

इस गतिविधि में काफ़ी वक़्त लगा। मास्साब ने सभी को निर्देश दिये कि अब सभी अपने–अपने ग्राफ पेपर में यह गिनें कि 100 बार सिक्का उछालने पर चित कितनी बार आया और पट कितनी बार। बच्चों ने गिनती कर ग्राफ पेपर के दूसरी ओर लिख लिया। अब एक सामूहिक तालिका बनायी गयी जिसमें सभी 11 बच्चों के चित–पट के आँकड़ों को दर्ज किया गया। अब बारी थी सम्भाविता की गणना करने की।

सम्भाविता को समझने के लिए बाल वैज्ञानिक का सहारा लिया गया। सम्भाविता आख़िर है क्या? अगर चित की सम्भाविता ज्ञात करनी हो तो कुल चित संख्या को कुल बार सिक्के को उछाली गयी संख्या से भाग देना होता है। यही बात पट की सम्भाविता ज्ञात करने के लिए भी लागू होती है।

मास्साब ने समझाया। "सम्भाविता कम–से–कम शून्य और अधिक–से–अधिक एक हो सकती है। अगर किसी घटना का होना निश्चित ही है तो उसकी सम्भाविता एक होगी। जैसे कि दिन के बाद रात आती ही है। इसलिए रात की सम्भाविता एक है। और ऐसे उदाहरण बच्चों को खोजने के लिए कहे गये जिनमें सम्भाविता एक हो।"

मास्साब ने अध्याय से ही एक समस्या बच्चों के समक्ष प्रस्तुत की। एक किसान के पास धान का पुराना बीज रखा हुआ था। उसने धान की बुआई करने के पहले बीजों का अंकुरण करके परखना चाहा। उसने बीजों के अंकुरण के प्रयोग किये। प्रयोगों के विवरण से बच्चों को निष्कर्ष निकालने थे। पहले प्रयोग में किसान ने एक बीज का अंकुरण करवाकर देखना चाहा, पर बीज अंकुरित नहीं हुआ। दूसरे प्रयोग में 10 बीजों का अंकुरण करवाया और दसों बीज अंकुरित हो गये। तीसरे प्रयोग में 150 बीजों का अंकुरण करवाया और उनमें से 60 बीज यानीकि 40 प्रतिशत अंकुरित हो गये। चौथे प्रयोग में 1000 बीजों में से 650 बीज अंकुरित हुए

और पाँचवें प्रयोग में आधा किलो बीजों में से लगभग दो–तिहाई बीज अंकुरित हुए।

प्रश्न यह पूछा गया कि किसान अपने बीज के अंकुरण का प्रतिशत पता करने के लिए किस प्रयोग पर भरोसा करे। प्रयोगों के इस विवरण पर बच्चों से तर्कसहित उत्तर की अपेक्षा की गयी। प्रश्न यह भी किया गया कि पहले और दूसरे प्रयोग में जहाँ बीजों का अंकुरण शत–प्रतिशत हुआ वहीं बाद के चौथे और पाँचवें प्रयोग में इतना अन्तर क्यों आया?

अगले दिन मास्साब ने वह सवाल बच्चों को करने को दिया जिस पर विधानसभा में हंगामा हुआ था। सट्टा सम्भाविता पर आधारित एक खेल है जिसमें खेलने वाले हारते ही हैं।

दरअसल, होशंगाबाद विज्ञान के मूल में था कि कैसे समाज के मसले विज्ञान शिक्षा के दायरे में आयें। जीवन के मसले कक्षा–शिक्षण का हिस्सा बनें और उन पर छात्र विमर्श करें, ये एक सामान्य–सी बात थी। अक्सर ऐसा भी होता कि जीवन के मसलों पर प्रशासनिक अधिकारी और यहाँ तक कि राजनैतिक प्रतिनिधियों के बीच रस्साकस्सी शुरू हो जाती। संयोग और सँभाविता को लेकर मध्यप्रदेश विधानसभा में एक स्थानीय विधायक ने सवाल पूछकर बवाल खड़ा कर दिया था। पहले वह सवाल जो बोर्ड परीक्षा में पूछा गया था–

सट्टा एक खेल है जो पैसों से खेला जाता है। इस खेल में 0, 1, 2, 3, 4, 5, 6, 7, 8, 9 कुल दस अंक होते हैं जिनमें से खिलाड़ी किसी एक को चुनकर उस पर पैसा लगा सकता है। वह अंक खुलने पर उसे जीता हुआ माना जाता है।

बताओ सट्टा खेलने वाले की जीतने की सम्भाविता कितनी होगी? जब सट्टा दो अंकों से खेला जाता है तब उसमें 00, 01, 02, ..., 98, 99 तक कुल सौ अंक होते हैं। इस खेल में खिलाड़ी किसी एक जोड़ी पर पैसा लगा सकता है एवं जोड़ी आने पर उसे जीता माना जाता है।

बताओ सट्टे की जोड़ी खेलने वाले की जीतने की सम्भाविता कितनी होगी?

उपरोक्त अवलोकनों के आधार पर बताओ कि सट्टा खेलना किसी व्यक्ति के लिए लाभप्रद है या हानिप्रद?

बात 1984–85 की है। होशंगाबाद विज्ञान की बोर्ड परीक्षा में सट्टे पर एक प्रश्न आया था। प्रश्न पूछने का आशय यही था कि दरअसल, हमेशा सट्टे में कोई जीतता नहीं है। सट्टे को संयोग और सम्भाविता की नज़र से छात्र देख सकें और इसकी मूल भावना को समझे इसलिए इसे आठवीं बोर्ड की परीक्षा में पूछा गया था।

बोर्ड के प्रश्न–पत्र में सट्टे से सम्बन्धित प्रश्न देखकर होशंगाबाद ज़िले के एक विधायक ने विधानसभा में प्रश्न पूछ लिया। परीक्षा सम्पन्न होने के दूसरे दिन अख़बारों में सुर्ख़ी बनी कि होशंगाबाद विज्ञान, बच्चों को सट्टा खेलना सिखाता है।

दरअसल, यह प्रश्न तो संयोग और सम्भाविता से सम्बन्धित है। इसमें सट्टा सिखाने जैसी कोई बात ही नहीं है। बल्कि इस प्रश्न के ज़रिए सट्टे की बुराई को उभारा गया है। जिन शिक्षक ने यह प्रश्न बनाया था उनके अनुसार–"मेरे घर के सामने एक सटोरिया रहता है। वह सट्टा लिखता है। मैं प्रतिदिन सट्टा खेलने वालों को देखता था जो दैनिक मज़दूरी करते थे। उनके दिमाग में बस एक बात रहती थी कि सट्टे में एक रुपये के अस्सी रुप मिलते हैं। परन्तु वे ये नहीं जानते कि 100 व्यक्तियों में किसी एक के जीतने की सम्भावना रहती है। इसके बावजूद भी सट्टे वाला अस्सी रुपए देकर भी बीस रुपये का लाभांश लेता है। यह खेल हज़ारों–लाखों रुपयों में चलता है। मैंने सट्टा लिखने वालों को सम्पन्न होते देखा है किन्तु खेलने वाला दरिद्र, फटेहाल होकर कई बार आत्महत्या, चोरी, डकैती के लिए मजबूर हो जाता है। मेरे प्रश्न पूछने का आशय था कि बच्चे एवं उनके माता–पिता इस प्रश्न को हल करके सबक लें कि सट्टा खेलना किसी व्यक्ति के लिए लाभप्रद है या हानिप्रद? (यह सवाल होशंगाबाद विज्ञान शिक्षण कार्यक्रम से जुड़े शिक्षक उमेश चौहान ने बनाया था। उपरोक्त तथ्य उमेश चौहान से बातचीत पर आधारित हैं।)

संयोग और सम्भाविता, दैनिक जीवन की घटनाओं से गहरे से जुड़ा हुआ है जो हमें घटनाओं को समझने में मदद करता है। मसलन, सट्टा खेलने वाले लोग इसे अपने भाग्य से जोड़कर देखते हैं। दरअसल, सट्टे की समझ सम्भाविता के सिद्धान्त से समझी जा सकती है कि किसी एक अंक के आने की सम्भाविता कितनी है।

बालमेला–मज़ा ही मज़ा

बरामदे में बैठे मास्साब ने मन ही मन तय कर लिया था कि बच्चों के लिए बालमेले का आयोजन किया जाना है।

मास्साब बुदबुदाये–"कुछ तो करना होगा। कुछ करेंगे तो कारवाँ आगे बढ़ेगा...।"

मास्साब जब मासिक बैठक में पहुँचे तो एकलव्य के सदस्य स्कूल के बाहर चाय की गुमटी पर मिल गये। दुआसलाम के बाद मास्साब ने चर्चा शुरू कर दी–"आपसे एक ज़रूरी बात करनी है।"

एकलव्य के सदस्य ने कहा–"अभी कर लेते हैं...भील भई को ढील नहीं...जो बात है यहीं करके आगे बढ़ते हैं।" यह कहते हुए एक सामूहिक ठहाका गूँज उठा।

मास्साब ने चाय की आखिरी चुस्की लेते हुए प्रस्ताव रखा–"हम अपनी स्कूल में बालमेला करना चाहते हैं। आपकी मदद चाहिए।"

एकलव्य के सदस्य ने "हाँ" में सिर हिलाया। "तो कब करना चाहते हैं? कितने बच्चे होंगे? और क्या करेंगे?"

मास्साब चाय का खाली गिलास रखते हुए बोले–"बाल मेला तो हम बच्चों के लिए करना चाहते हैं। खर्चे की व्यवस्था हम अपने स्कूल के लोकल फंड और गाँव में से कर लेंगे। ...ये काम आप मेरे ऊपर छोड़ दीजिए। आप तो बस अपनी टीम को भेज दो तो मज़ा आ जायेगा।"

"तो, ऐसा करते हैं कि बैठक में चर्चा कर लेते हैं।" चाय की गुमटी से निकलकर एकलव्य के सदस्य और शिक्षक मासिक बैठक के कमरे में पहुँच गये।

मासिक बैठक में चर्चा की शुरुआत बालमेले के आयोजन से हुई। सभी शिक्षक माँग कर रहे थे कि हमारे स्कूलों में भी बालमेला किया

जाये। मास्साब बोले–"मेरी राय है कि मेरे स्कूल में सभी स्कूल के बच्चे और शिक्षक साथी आ सकें तो अपन मिलकर एक सामूहिक बालमेला कर सकते हैं।"

सभी को मास्साब का सुझाव पसन्द आया। बैठक में बालमेले की तिथि तय कर ली गयी। एकलव्य के सदस्य ने आश्वस्त किया कि बालमेला टीम स्कूल में आकर पूर्व तैयारी वगैरह की बात कर लेगी।

मास्साब और शिक्षकों ने तय किया कि बाक़ी स्कूलों के बच्चे और शिक्षक कैसे और कब बालमेले में पहुँचेंगे।

× × ×

एकलव्य से दो साथी बालमेले की निर्धारित तिथि के हफ्ते भर पहले जाकर मास्साब और अन्य शिक्षकों के साथ तैयारी को लेकर चर्चा करने के लिए पहुँच गये थे। एकलव्य के सदस्य मास्साब और प्रधानाध्यापक से बोले–"तैयारी में समय लगेगा। आप तो जानते हो कि अपना बालमेला किस तरह का होता है। इसमें बच्चों की भागीदारी प्रमुख होगी। न कोई कांपिटिशन न ही प्राइज़...।"

मास्साब बोले–"देखिए, अपन जो चाहेंगे वो हो जायेगा। कोई दखल देने वाला नहीं है। अपन अलग–अलग कार्नर लगायेंगे। एक मिट्टी के खिलौने का, दूसरा ऑरीगेमी का, तीसरा...।"

"तो चलो बात पक्की समझो... हम अपनी टीम लेकर आपके स्कूल में एक दिन पहले पहुँच जायेंगे।" एकलव्य के सदस्य ने मास्साब को आश्वस्त किया। "आपके जिम्मे काम है–एक तो बच्चे सुबह दस बजे स्कूल में आ जायें। बस्ता वगैरह लेकर नहीं आना है। एक काम हो सकता है कि हम सभी बच्चों को मैदान में इकट्ठा करके बात कर लें।"

मास्साब ने हामी भरते हुए कहा–"पीरियड जैसे ही ख़त्म होता है कि हम सभी मैदान में आ जाते हैं। फिर अपन बच्चों से बात कर लेते हैं।"

सभी बच्चे मैदान में आ चुके थे। एकलव्य के सदस्य को बच्चे अच्छे से पहचानते थे। "तो...दोस्तो, हम सब एक बालमेला करने जा रहे हैं तुम्हारे स्कूल में...। बालमेले के दिन कोई भी अपना बस्ता लेकर नहीं आयेगा। बस ख़ूब मज़ा करेंगे।"

बच्चे एक साथ बोले–"हाँ, मज़ा आयेगा।" बच्चों की आवाज़ स्कूल के बाहर तक पहुँच रही थी।

× × ×

आख़िर वो दिन आ ही गया। संगम केन्द्र की सातों स्कूलों के बच्चे और शिक्षक स्कूल में प्रवेश कर चुके हैं। मास्साब स्कूल के द्वार पर बच्चों और शिक्षक साथियों के स्वागत में लगे हुए हैं। प्रत्येक समूह के बच्चों को एक छोटी–सी कार्ड शीट पर उसके समूह का नाम लिखा हुआ दिया गया जिस पर अपना नाम लिखकर सेफ्टी पिन से लगा लिए गये हैं। बड़ों के सीने पर भी बच्चों के समान ही नाम वाली कार्ड शीट लटक रही है।

बच्चों के अलग–अलग समूह बनाये जा रहे हैं। बच्चों के समूहों को नदियों का नाम दिया गया है। एक समूह है गंगा, दूसरा यमुना, तीसरा क्षिप्रा, चौथा चम्बल, पाँचवा गम्भीर, छठवाँ नर्मदा, सातवाँ कालीसिन्ध और आठवें समूह का नाम मान नदी। बालमेला शुरू हो चुका है। आज का दिन बच्चों के लिए बस्ता रहित है। स्कूल में आज प्रार्थना का आयोजन मुल्तवी कर दिया गया है। मैदान में सामूहिक गीत गाये जा रहे हैं।

बच्चों के चेहरों पर ख़ुशी और आँखों में चमक छायी हुई है। वे ऊर्जा, उत्साह और उमंग से लबरेज प्रतीत हो रहे हैं। सभी बच्चे अपने मनपसन्द कॉर्नर्स में पहुँच रहे हैं। आज किताब की पढ़ाई से मुक्त हैं बच्चे।

बालमेले का लुत्फ़ उठाने के लिए गाँव के वे बच्चे भी स्कूल में घुस चुके हैं जो स्कूल में भर्ती नहीं हो पाये हैं। वे युवा भी जो स्कूल की पढ़ाई पूरी कर चुके हैं। आसपास के स्त्री–पुरुष भी ताक–झांक कर रहे हैं। कुछ छोटे बच्चे जिनकी उम्र अभी स्कूल जाने लायक नहीं हुई वे भी बालमेले में शामिल होने को आतुर दिखाई दे रहे हैं। बालमेला आयोजक ने नन्हे बच्चों को बालमेले में भाग लेने की छूट दे दी है।

बालमेले में ब्लॉक और ज़िले के शिक्षा अधिकारी समेत गाँव के पंच और सरपंच आ चुके हैं। वे हरेक कॉर्नर में जा–जाकर बच्चों की गतिविधियों का अवलोकन कर रहे हैं। जब वे ऑरीगेमी कॉर्नर में गये तो वहाँ उन्हें अख़बार की टोपी पहना दी गयी। वे अब टोपी लगाकर घूम रहे हैं।

स्कूल के शिक्षक जहाँ एक ओर बालमेले की व्यवस्था में जुटे हुए हैं वहीं वे उन गतिविधियों का अवलोकन भी कर रहे हैं। एक शिक्षक ने दूसरे से कहा–"यार, अपने ज़माने में तो बालमेला कभी हुआ ही नहीं...।" दूसरे शिक्षक बोले–"वो तो चाट मेला होता था...।" दोनों ठहाका लगाकर हँस रहे हैं।

वास्तव में बालमेले की अवधारणा को एकलव्य ने एक जुदा स्वरूप प्रदान किया है। आमतौर पर बालमेले पर वयस्कों का वर्चस्व रहता आया है। सीखना–सिखाना तो दूर बच्चों को उबाऊ और नीरस भाषण सुनने पड़ते हैं बालमेले में। ऊपर से कांपीटिशन का तड़का कुछ इस तरह का कि बच्चों को हज़म ही नहीं होता। दरअसल, बालमेले की अवधारणा का मकसद सीखना भी नहीं है। बस, बच्चे और शिक्षक और जो भी बालमेले में शामिल हों वे सब आनन्द के कुछ पल एक साथ बिताये। ज़ाहिर है कि जब इतना सहज वातावरण हो तो सीखने की प्रक्रियाएँ सिर के बल दौड़कर शामिल हो जायेंगी।

एकलव्य की सोच यह है कि बाल दिवस पर ही क्यों, स्कूल अपनी सुविधा से बालमेला आयोजित करे। बाल दिवस पर भी बालमेला ऐसा हो जो बाल मन को लुभाये। दरअसल, बालमेले का मकसद बच्चों को स्वच्छन्द रूप से अपनी मर्ज़ी का कुछ करने के अवसर देना है। बालमेले की सफलता इसमें नीहित है कि बच्चे मज़ा करें।

अब ज़रा एक–एक करके बालमेले के कार्नर्स का जायका लिया जाये। स्केल कैम्पस के गेट पर बैनर लगाया हुआ है। मैदान में विभिन्न कार्नर्स लगाये गये हैं। गेट के पास मिट्‌टी रखी हुई है। गाँव के कुम्हार को आमन्त्रित किया गया है। कुम्हार अपने साथ मिट्‌टी से बर्तन बनाने का पहिया लेकर आये हैं। पहिये को ज़मीन पर स्थापित किया गया है। कुछ बच्चे मिट्‌टी से खिलौने बना रहे हैं। कुछ पहिये पर मिट्‌टी रखकर कुम्हार की मदद से तरह–तरह के बर्तन और खिलौने बनाने में मशगूल हैं। कुछ बड़े लोग भी अपने आपको नहीं रोक पा रहे हैं। लीजिए, अब तो एक वयस्क को अपना बचपन याद आ गया औ॰ वह मिट्‌टी से हाथी–घोड़े बनाने में जुट गये हैं। देखते ही देखते बच्चों ने कई प्रकार के मिट्‌टी के खिलौने बना डाले हैं।

पास में ही अख़बारों से कठपुतलियाँ बनाई जा रही है। एक बच्ची ने दूसरी से कहा—चल रे, अब हम ऑरीगेमी करते हैं। नहीं रे, संगीत में चलते हैं। अरे, वहाँ बाद में जायेंगे। पहले नाटक करते हैं। बच्चे अपने स्तर पर तय कर रहे हैं कि कहाँ जाना है।

कठपुतली कार्नर में अख़बारों का ढेर रखा हुआ है। अख़बारों को तोड़—मोड़कर मज़ेदार शेर, कुत्ता, बिल्ली, चीता और न जाने क्या—क्या आकृतियाँ बनाई जा रही हैं। हर बच्ची और बच्चा कुछ न कुछ बनाने को बेताब दिखाई दे रहा है। लो... ये बन गया शेर ...ये बन गयी गाय...और ये...।

पास में ही ऑरीगेमी कार्नर में जद्दोजहद हो रही है। एक छोटे से चौकोर कागज़ को सलीके से मोड़कर हर बच्ची और बच्चा उसे आकार देने में व्यस्त है। ...अरे, ऐसे नहीं, ...हाँ मैंने ठीक ही किया है... अरे मेरा अभी नहीं बना है...ले चल मैं मदद कर देती हूँ। ये क्या! यहाँ तो गणित की बातें भी हो रही हैं। त्रिभुज, वर्ग, आयत और भी बहुत कुछ। यहाँ बच्चे गणित से पूरी तरह भयमुक्त दिखाई दे रहे हैं। हर कोई कागज़ से कलाकारी में जुटा हुआ है। अचानक बच्ची के मुँह से निकला—"आहा"। लो बन गयी चिड़िया...और ये बन गया गुलदस्ता..।

बच्चे स्वच्छन्द होकर कार्नर्स में आते—जाते दिखाई दे रहे हैं। एक बच्ची ने अपने दोस्त से कहा—चल, विज्ञान में चलते हैं...। अरे, ये क्या...। देख तो... इस पहेली को हल करते हैं। चल कोशिश तो करते हैं...। अरे, ये तो मोटर है...। अब आप मुझे दे दो...। मैं खुद घुमाकर देखती हूँ। बिजली की मोटर अब बच्ची के हाथों में आ गयी है। पर ये घूम कैसे रही? इसमें तो एक सेल है। ये क्या दो स्टोव की पिन और सायकिल का रबर ट्यूब का छल्ला, उँहूँ... हूँ... और ये क्या... ये तो ताँबे का तार जैसा लगता है। ...ताँबे के तार का छल्ला है ये तो! अरे, ये तो ज़ोर से घूम रहा है। और ये क्या गोल—गोल सी चीज़? ये तो चुम्बक लगता है। अरे, तो आप ही बताएँ कि ये कैसे घूम रही है?

...और ये क्या, कागज़ के ढाँचे...? और ये क्या कागज़ पर रंगों की बहार...। अरे, ये तो अपने बाल विज्ञान वाला प्रयोग है...। क्या कहते हैं उसको... हाँ क्रोमेटोग्राफ़ी। और ये क्या इंजेक्शन की शीशी और वाल्व ट्यूब से बनाये उपकरण से हायड्रोजन गैस बनाई जा रही है। ...चल अपन यहाँ बैठकर घुमक्कड़ बनाते हैं।

बहुत मज़ा आ रहा है ना...!

एक जगह पर बच्चे रंगों के बीच हैं। यहाँ अपनी मनपसन्द का चित्र बनाया जा रहा है। रूई को अरहर के तिनकों पर लपेटकर ब्रश बनाये गये हैं। उधर एक परात में पानी भरकर उसमें मिट्‌टी का तेल बिखेरकर रंग की बूँदें डाल, काग़ज़ को हौले से बिछोया जा रहा है। काग़ज़ पर रंग–बिरंगी अद्‌भुत आकृतियाँ बन रही हैं। बच्चे इन आकृतियों में कल्पना के घोड़े दौड़ा रहे हैं।

स्कूल कैम्पस के बाहर रास्ते से आते–जाते लोग रुक–रुककर देख रहे हैं। एक महिला अपने दूध पीते बच्चे को लेकर कैम्पस में प्रवेश कर चुकी है। वह हर गतिविधि को बड़े ध्यान से देख रही है। ऑरीगेमी कार्नर में जाकर उसने एक टोपी बनायी और अपने नन्हे के सिर पर पिरो दी।

एक जगह पर बच्चे नाटक में संलग्न हैं। बच्चों के एक समूह ने पहले नाटक की थीम बनायी और फिर उसका मंचन करने में लगे हुए हैं। वे यहाँ तरह–तरह की भूमिकाएँ अदा कर रहे हैं।

ये क्या...बालमेले में सायकिल...। जी, हाँ सायकिल की कार्यप्रणाली और विज्ञान यहाँ बच्चे जानने की कोशिश कर रहे हैं। सायकिल के अलग–अलग पुर्जों और उनकी बनावट को समझाने के लिए सायकिल मरम्मत करने वाले साथी वहाँ मौजूद हैं। वे ज़्यादा पढ़े–लिखे तो नहीं मगर भला उनसे बेहतर सायकिल को और कौन जानता होगा। कुछ बच्चे सायकिल कार्नर में घण्टे भर से मगन हैं। एक बात जो देखने में आ रही है कि सायकिल कार्नर में लड़कियों ने झाँका तक नहीं। इसकी एक वजह कही जा सकती है कि इस तथाकथित पुरुष प्रधान समाज ने कई कामों और ज़िम्मेदारियों का लिंग के आधार पर बँटवारा जो कर रखा है। जब बच्चियों ने सायकिल कार्नर की ओर मुख किया तो उनके शिक्षकों ने उन्हें रोका कि यह उनके बस का नहीं है।

मंच बनाया हुआ है मगर भाषणबाज़ी के लिए नहीं। मंच पर बड़े लोग दिखाई ही नहीं दे रहे थे। मंच तो बच्चों के लिए बनाया गया है। बालमेले की शुरुआत जितनी सहजता के साथ हुई उतनी ही सहजता समापन में भी दिखाई दे रही है। मंच पर अब कुछ बच्चे नृत्य और संगीत की जुगलबन्दी भरा एक कार्यक्रम प्रस्तुत कर रहे हैं।

सूरज इन दिनों उत्तरायण में घूमता हुआ दिख रहा है मगर ठण्ड

अपना जलवा बिखेरने में कोई कसर नहीं छोड़ रही है। मगर स्कूल केम्पस में अभी भी गर्माहट है। बच्चों का उत्साह हिलोरे ले रहा है। कौन कहता है कि बच्चे समझदार नहीं होते। समझदारी और सूझबूझ की अनोखी मिसाल यहाँ मौजूद हैं।

बालमेला सम्पन्न हो चुका है। बच्चे अपने–अपने घरों की ओर लौट रहे हैं। बच्चे और बड़े मुड़–मुड़कर देख हाथ हिलाकर अभिवादन कर रहे हैं।

शरीर से थक चुके, लँगड़ाते मगर दिमाग़ी तौर पर चुस्ती से सरोबार मास्साब बोले–"अभी तो बच्चों ने ही विदाई ली है, आपसे नहीं।" दरअसल, स्कूल कैम्पस में जो भी कुछ दिखाई दे रहा था वह कई दिनों की मशक्कत और दिमाग़ी सोच का परिणाम था। समस्त शिक्षक एवं प्रधानाध्यापक अब मैदान में गोल घेरे में बैठ गये हैं। बालमेले की समीक्षा की जा रही है यहाँ पर। बस कमी रही तो समय की। एक शिक्षक बोले–"पूड़ियाँ कम पड़ गयीं।" भोजन की व्यवस्था में जुटे साथी शर्म महसूस कर रहे थे। मगर जब बिन बुलाये मेहमान बच्चे शामिल हो गये तो यह तो होना ही था।

"बालमेला अपने मकसदों में सफल हुआ है।" गाँव के सरपंच बोले। "लेकिन अब इस यात्रा को आगे कैसे बढ़ाया जाये?" दिलचस्प बात यह कि बालमेले को लेकर कोई सरकारी आदेश नहीं मगर फिर भी हर अभिभावक और शिक्षक को एहसास हो रहा था कि बालमेला बच्चों की अभिव्यक्ति का सशक्त माध्यम बन सकता है।

मास्साब इतने ख़ुश थे कि वे अपनी टाँग में हो रहे दर्द को भूलकर नाचते दिख रहे थे। आख़िर में प्रधानाध्यापक कुछ कहने के बजाय एक गीत गुनगुनाते हुए अपने बचपन में पहुँच गये :

आया है मुझे फिर याद वो ज़ालिम, गुज़रा ज़माना बचपन का
हाय रे अकेले छोड़ के जाना, और ना आना बचपन का
वो खेल वो साथी वो झूले वो दौड़ के कहना आ छूले...
हम आज तलक भी ना भूले–2
ख्वाब सुहाना बचपन का...

शिक्षकों की सतत तैयारी का मंच : मासिक गोष्ठी

मास्साब सुबह उठकर चाय पी रहे थे कि याद आया, आज संगम केन्द्र पर मासिक बैठक में जाने के बारे में प्रधानाध्यापक को तो बताया ही नहीं। फिर उन्हें ख़याल आया कि प्रधानाध्यापक शिक्षा विभाग में प्रशासनिक कार्यों में उलझे होने की वजह से स्कूल नहीं आ रहे हैं। वैसे प्रधानाध्यापक का महीने में दस–बारह दिन प्रशासनिक कार्यों की वजह से शिक्षा विभाग कार्यालय के चक्कर लगाना आम बात थी। इसी वजह के चलते कभी–कभी तो हफ्ते भर तक प्रधानाध्यापक के स्कूल में दर्शन नहीं होते।

वैसे भी प्रधानाध्यापक स्कूल में रहें तो भी उन्हें बच्चों की पढ़ाई से कोई ख़ास लेना–देना नहीं होता। दरअसल, प्रधानाध्यापक जो कभी स्वयं भी एक शिक्षक थे मगर बच्चों और उनकी सीखने–सिखाने की प्रक्रियाओं से विमुख हो चुके थे। जब से वे प्रधानाध्यापक की कुर्सी पर बैठे उसके बाद से उन्हें शिक्षा विभाग के प्रशासनिक कार्यों से बड़ा लगाव हो गया था। प्रदेश का शिक्षा विभाग एक ऐसा विभाग है जिसका बच्चों की शिक्षा, सीखने–सिखाने के मसलों से कोई लेना–देना नहीं होता। शिक्षा विभाग के अधिकारी से लगाकर बाबू तक शिक्षा की योजनाओं के शैक्षणिक सिद्धान्तों वगैरह से पूरी तरह से अनभिज्ञ होते हैं। होशंगाबाद विज्ञान की बात करें तो इसके आदेश वगैरह सब कुछ शिक्षा विभाग से ही प्रसारित होते मगर इसके शैक्षणिक–सामाजिक–योजनागत पहलुओं के बारे में शिक्षा विभाग के नुमाइन्दों को ठीक–ठीक पता नहीं था।

मास्साब ने चाय का आख़िरी घूँट लिया और कप को रसोई में रखने के लिए जाते हुए विलाप कर रहे थे "होविशिका की मासिक गोष्ठी में जाना

हो या कोई और सीखने–सिखाने का काम, उसके लिए प्रधानाध्यापक बड़ी मुश्किल से ही राजी होते हैं।" मास्साब ने जब–जब भी पढ़ाई वगैरह के मसलों पर प्रधानाध्यापक से बात करना चाही तब–तब उनकी बात को नज़रअन्दाज़ ही किया गया। बल्कि कभी–कभी तो मास्साब और पढ़ाई का मज़ाक़ बनाते और अड़ंगा लगा दिया जाता। पिछले सालों में चाहे वह कक्षा में विज्ञान शिक्षण के लिए दो पीरियड की व्यवस्था हो, बच्चों को लेकर परिभ्रमण पर जाने का मामला हो या फिर मासिक बैठक में जाने का, प्रधानपाठक किसी न किसी प्रकार का रोड़ा अटकाते ही।

मास्साब फटाफट तैयार हुए और घर से निकलते हुए अपनी पत्नी से बोले–"आज मासिक गोष्ठी में जाना है...। शाम को घर आने में देर हो जायेगी।"

मास्साब की पत्नी कपड़े का थैला थमाते हुए बिना कोई प्रतिक्रिया व्यक्त करते हुए बोली–"सुनो तो... किराने का सामान ज़रूर लेते आना। और हाँ, बच्ची की दवा भी ख़तम होने वाली है। ...वो भी...।"

मास्साब ने 'हाँ' में 'हाँ' मिलाई और थैला लटकाये चल दिये। घर की सीढ़ियाँ उतरते हुए मास्साब ने देखा कि भागचन्द्र और इसरार गली के नुक्कड़ की ओर से उनकी ओर लपक कर आ रहे हैं। मास्साब दोनों को देख आख़िरी सीढ़ी पर ही रूक गये–"...क्यों? ...क्या बात है?"

इसरार कुछ कहे इसके पहले भागचन्द्र ने पूछा–"मास्साब, आज बाल विज्ञान में क्या करना है?"

मास्साब सोचते हुए बोले–"हाँ, ऐसा करना कि एकबीजपत्री और दोबीजपत्री बीज ले जाना।"

आख़िरी सीढ़ी उतरते हुए मास्साब ने पूछा–''एकबीजत्री–दोबीजपत्री समझते हो कि नहीं...?"

भागचन्द्र और इसरार दोनों ही कुछ देर के लिए ठिठककर खड़े होकर सोचने लगे–इसरार बोला–"मास्साब, ...गंवु, मक्की, जुवार... एकबीजपत्री।"

"और दोबीजपत्री?" मास्साब भागचन्द्र से पूछना चाह रहे थे।

भागचन्द्र ने जवाब दिया–"...चना, बटला, मूँगफली... दोबीजपत्री।"

मास्साब दोनों का जवाब सुनकर मन ही मन खुश हुए मगर उन्होंने उनके सामने कोई ख़ुशी ज़ाहिर नहीं की।

मास्साब जल्दी में थे इसलिए जल्दबाज़ी में बोले–"ठीक, ठीक। बाद में बात करेंगे।"

मास्साब से बातचीत करके भागचन्द्र और इसरार वहाँ से एक–दूसरे के गले में हाथ डालकर चल दिये।

बच्चों और मास्साब के बीच अब दूरियाँ कम होती जा रही थीं। इसकी वजह यह थी कि कक्षा में बच्चों और मास्साब के बीच अब एकतरफ़ा संवाद नहीं था। प्रयोगों और गतिविधियों के दौरान बच्चे उनसे कुछ न कुछ पूछते रहते थे। साथ ही मास्साब को भी जब कुछ बताना होता तो वे बच्चों के स्तर पर आकर बातचीत करते। बच्चे अब मास्साब से डरते भी नहीं थे। इसकी वजह थी मास्साब का व्यवहार। मास्साब बच्चों के साथ दोस्ताना अन्दाज़ में रहते थे। यही वजह थी कि बच्चे मास्साब के घर पर भी पहुँच जाते थे। कभी–कभी शाम को मास्साब के आँगन में कक्षा का सा माहौल हो जाता।

मास्साब आज वक़्त से पहले, सुबह की पाली में स्कूल पहुँच चुके थे। कमरे का ताला खोल अलमारी में से रजिस्टर और किताबें निकालकर वे प्रधानाध्यापक के आने का इन्तज़ार कर रहे थे। हालाँकि स्कूल के एक और शिक्षक ने बाल विज्ञान का प्रशिक्षण प्राप्त करना प्रारम्भ कर दिया था मगर स्कूल की व्यवस्था बनी रहे इसलिए मासिक बैठक में एक ही शिक्षक का जाना तय किया गया था।

प्रधानाध्यापक स्कूल में आ चुके थे। प्रधानाध्यापक ने मास्साब के सामने प्रशासनिक पुराण शुरू कर दिया जो थमने का नाम ही नहीं ले रहा था। मास्साब इस निरर्थक चर्चा के बीच कोई ऐसा रास्ता ढूँढ़ रहे थे कि मासिक बैठक में जाने की इज़ाजत मिल जाये और वे वहाँ से चलते बने। प्रधानाध्यापक की बातचीत में जैसे ही विराम लगा कि मास्साब निराले अन्दाज़ में बोले–"मासिक बैठक में जाना है, आज?" प्रधानाध्यापक ने ज़ोर का ठहाका लगाया और बोले–"समझ में नहीं आता कि सरकार कब तक 'प्रयोग' करती रहेगी।"

प्रधानाध्यापक के इस रुख से मास्साब क्षुब्ध थे मगर उन्होंने कोई प्रतिक्रिया व्यक्त करना उचित नहीं समझा। यह तो रोज़ की बात बन गयी थी। मास्साब ने प्रधानाध्यापक को मासिक बैठक के महत्त्व के बारे में कई

दफे विस्तार से बताया मगर मासिक बैठक में जाने को लेकर सीधे–सीधे मना तो नहीं करते मगर जाने की सहर्ष स्वीकृति भी नहीं देते।

अबकी बार मास्साब ने कोई बहस नहीं की। इतना ही बोले कि मैं जा रहा हूँ।

मास्साब को जाते हुए देख प्रधानाध्यापक अनमने ढ्रंग से बोले–"... चलिए, कोई बात नहीं। आप कहते हैं तो जाइए।"

मास्साब जैसे ही कमरे से बाहर निकले कि प्रधानाध्यापक ने एक बार फिर से कुछ कहा–"देखिए, कुछ समझ में नहीं आता कि ये रोज़–रोज़ का जाना–आना क्यों? आख़िर क्या गुल खिलाते हैं वहाँ?"

मास्साब दहलीज़ पर खड़े होकर बोले–"सर, मैं आपसे कई बार निवेदन कर चुका हूँ। चाहें तो आप भी चलकर देखें कि वहाँ क्या 'गुल' खिलते हैं। ये कार्यक्रम तो शिक्षा विभाग का है। आदेश आपकी फाइल में लगा हुआ है। फिर इतने सारे सरकारी काम में हम जाते हैं तब तो नहीं रोका जाता।"

मास्साब को रोष आ रहा था मगर वे अपने को नियंत्रित करने की कोशिश करते हुए बोले–"पूरे साल के मासिक बैठक के कार्यक्रम का आदेश भी संगम केन्द्र से आ चुका है। ...मैं तो बस, आदेश का पालन कर रहा हूँ।"

प्रधानाध्यापक हंसते हुए बोले–"कुछ भी कहो, ये होशंगाबाद विज्ञान वालों के पास तर्क बड़े भारी होते हैं।"

मास्साब ने चुप रहना ही मुनासिब समझा। मास्साब ने हाथ हिलाकर अभिवादन किया और मासिक बैठक में चलते बने।

तीन वर्ष तक गर्मी की छुट्यिों में 21–21 दिनों के उन्मुखीकरण शिविर के अलावा शिक्षकों के सतत उन्मुखीकरण के रूप में मासिक बैठक के आयोजन का प्रावधान किया गया था। मासिक बैठक का मकसद शिक्षक–शिक्षिकाओं को शिक्षण के दौरान आने वाली समस्याओं का निपटारा करना व अपने शिक्षण के अनुभवों को साझा करना होता था।

पास के ही कस्बे की उच्चतर माध्यमिक स्कूल को संगम केन्द्र बनाया गया था। आसपास की स्कूलों में संचालित होशंगाबाद विज्ञान के समस्त शिक्षक एक निर्धारित तिथि को एकत्र होकर पूरे महीने में बाल विज्ञान का शिक्षण करते हुए कौन–कौन से अनुभव हुए, किस–किस

प्रकार की दिक्कतें आईं, उनका हल किस प्रकार से खोजा या नहीं खोज पाए, इन सभी मसलों पर चर्चा का एक मंच थी मासिक बैठक। वे इस मंच को अपनी भड़ांस प्रकट करने का एक माध्यम भी समझते थे।

दरअसल, मासिक बैठक सभी शिक्षकों का आपसी संवाद का मंच बन चुकी थी। बच्चों की विज्ञान शिक्षण को लेकर कक्षा–कक्ष में उठने वाले हर मसले को प्रस्तुत करने और उसे हल करने का मंच थी। बैठक में देश के विश्वविद्यालयों और वैज्ञानिक संस्थानों से जुड़े स्रोत सदस्य हों या बड़े से बड़ा अधिकारी, एक साथ एक जाजम पर बैठते–उठते।

शिक्षक, मासिक बैठक में शिक्षक समुदाय से जुड़ी व्यक्तिगत और सार्वजनिक समस्याओं पर भी चर्चा करते थे। बाल विज्ञान के शिक्षण के लिए किट की समस्या और उसके निराकरण को लेकर कोई न कोई मार्गदर्शन मिल ही जाता था। मासिक बैठक के एजेंडे का एक हिस्सा होता था शिक्षण में आने वाली समस्याओं पर चर्चा। जब सभी शिक्षक सामूहिक रूप से अपने–अपने अनुभव सुनाते तो दूसरे शिक्षकों को कोई न कोई ऐसा सूत्र मिल जाता जो उनको कक्षा की किसी समस्या के हल करने में मदद ज़रूर मिल जाती।

संगम केन्द्र पर अब तक शिक्षक–शिक्षिकाएँ आ चुके थे। उधर संगम केन्द्र प्रभारी स्वयं भी काग़ज़ी कामों में उलझे हुए थे। केन्द्र प्रभारी ने मासिक बैठक की योजना बनाई और बैठने का स्थान सुनिश्चत किया। संगम केन्द्र के प्राचार्य आज स्कूल में नहीं थे। बताया गया कि वे आज शिक्षा विभाग के कार्यालय में गये हुए हैं।

संगम केन्द्र के प्राचार्य इस कार्यक्रम के शैक्षिक पहलुओं के बारे में जानते थे। वे जब भी मासिक बैठक के दिन स्कूल में होते तो बैठक में ज़रूर आकर शिक्षक साथियों से रूबरू होते। मासिक बैठकों में स्रोत दल के लोग ज़रूर होते। स्रोत दल में कई प्रकार के लोग होते थे। एकलव्य के साथी मासिक बैठकों में होते ही थे। साथ ही कभी–कभार महाविद्यालयों और विश्वविद्यालयों के प्राध्यापक भी इन बैठकों में उपस्थित होते।

स्रोत दल की उपस्थिति शिक्षक–शिक्षिकाओं का उत्साह बढ़ा देती। प्राचार्य की, बैठक में संक्षिप्त उपस्थिति शिक्षक बिरादरी को प्रशासनिक रूप से समर्थन देने का काम करती। शिक्षकों को असल समर्थन तो स्रोत दल से मिलता था। कभी–कभार शिक्षकों का और शिक्षण से जुड़ी

समस्याओं का भले ही हल न होता मगर फिर भी उन्हें लगता कि स्रोत दल एक ऐसी शक्ति है जो स्कूलों के साथ सम्पर्क बनाये रखते हुए संगम केन्द्र स्तर के कामों को अंजाम देते हुए इस कार्यक्रम को सजीव बनाये हुए है।

मासिक बैठक का आयोजन एक परम्परा का रूप ले चुका थी। स्रोत दल और शिक्षक मिलकर संगम केन्द्र पर पूरे दिन बाल विज्ञान के विभिन्न पहलुओं पर चर्चा करते।

सत्र की यह पाँचवीं बैठक थी। बैठक में कई सारे ऐसे आवर्ती मसलों पर चर्चा हो रही थी जो पिछले वर्षों में दोहराये जा चुके हैं मसलन किट की व्यवस्था, किट के लिए लोकल फंड का इस्तेमाल, प्रशिक्षणों के टीए–डीए का भुगतान, बाल विज्ञान के लिए दो पीरियड की व्यवस्था, प्रायोगिक परीक्षा, स्कूल में पर्याप्त शिक्षकों की व्यवस्था, शिक्षकों के स्थानान्तरण, प्रधानपाठक और अन्य शिक्षकों का कार्यक्रम के प्रति रुख, अनुवर्तन, टोलियों में काम होना आदि। ये ऐसे मसले थे जो हर बैठक में उपस्थित होते थे।

दरअसल संगम केन्द्र की कल्पना कोठारी आयोग (1964) ने की थी जो सही मायनों में 1975 में होशंगाबाद ज़िले में और बाद के सालों में होविशिका के विस्तार के साथ–साथ प्रदेश के 14 ज़िलों में मैदानी स्तर पर क्रियान्वित हो सकी थी। स्कूली शिक्षा का कोई भी कार्यक्रम जो शिक्षा में गुणात्मक सुधार का हो उसमें शिक्षकों और बच्चों की समस्याओं पर निरन्तर विमर्श और उनके हल की गुंजाइश की दरकार करता है। होविशिका में जो अनूठी बातें थीं उसके केन्द्र में बच्चे और शिक्षक थे। यही वजह थी कि मासिक बैठक में भी वे ही मसले प्रमुख होते थे जो शिक्षकों और बच्चों की विज्ञान शिक्षा के सीखने–सिखाने से जुड़े होते थे।

शिक्षक–शिक्षिकाओं का हौसला बढ़ाने में होविशिका की भूमिका अहम रही है। जब हम कहते हैं कि बच्चों में सवाल की आदत का विकास हो तो भला ऐसे कैसे हो सकता है कि शिक्षकों में यह गुण विकसित क्यों न हो। यही वजह है कि इस कार्यक्रम में शिक्षकों को स्वतन्त्र रूप से अपने विचारों को व्यक्त करने की आज़ादी थी। शिक्षकों में सवाल करने का, अपने विचारों को व्यक्त करने का यह गुण फल–फूल रहा था।

कुल–मिलाकर शिक्षक–शिक्षिकाएँ बेबाक और दबंगता से अपनी बात को रखने का हौसला रखते थे।

मासिक बैठकों में कई मामलों में स्रोत दल की ओर से समर्थन मिल जाता तो कई मामलों में सीधे ही संगम केन्द्र से मदद मिल जाती। किट जैसे मामलों में स्रोत दल की ओर से सीधी व्यवस्था करना, कार्यक्रम में नयी जान डाल देता। स्रोत दल ने वह आदेश फिर से बताया कि जिन सामग्री की कमी हो उसकी पूर्ति के लिए लोकल फंड से ख़र्च का प्रावधान किया गया था। यह अपने आप में विज्ञान शिक्षण को जीवन्त बनाने में मददगार साबित हुआ। स्थानीय स्तर पर सामग्री की खरीदी अब लोकल फंड से की जा सकती है।

जब स्रोत दल के लोग स्कूलों में जाते या मासिक बैठकों में मिलते तो कक्षा शिक्षण, बच्चों की समझ, किट वगैरह को लेकर विस्तृत बातचीत होती। इस बातचीत का सबसे बड़ा फ़ायदा यह होता कि शिक्षकों की समझ और शिक्षा के प्रति नज़रिए को विस्तार मिलता। दूसरी ओर स्रोत दल के लोग जब मासिक बैठकों में विषयवस्तु को लेकर प्रस्तुतीकरण करते तो शिक्षकों की दक्षतावर्धन में इजाफ़ा होता। यह फीडबैक दोतरफ़ा होता जिससे स्रोत दल को स्कूलों की शिक्षण प्रक्रियाओं के बारे में पता चलता और इस आधार पर कार्यक्रम के क्रियान्वयन का ताना–बाना बुना जाता।

बीती ताहि ध्यान रख...

स्कूल की दूसरी पाली का वक़्त हो चुका था। चन्दू और इसरार समेत अन्य बच्चे अपने–अपने घरों से तरह–तरह के बीज लेकर आये थे। जब मास्साब स्कूल में नहीं दिखे तो वे बाल विज्ञान के पीरियड में काम में व्यस्त हो गये। मासिक बैठक में जाने के एक दिन पहले मास्साब ने बच्चों से कहा था कि कुल्हड़ों में मिट्टी भरकर बीजों को बोना है। और यह भी कहा था कि बीज जैसे ही उगने लगें कि उनका नियमित रूप से अवलोकन लेना होगा।

चन्दू और इसरार दोनों असमंजस में थे कि आख़िर क्या अवलोकन लेना होगा। जब उन्होंने मास्साब से पूछा तो जवाब के बदले दोहे के रूप में कुछ कह दिया– "बीती ताहि ध्यान रख।"

इसरार और चन्दू इस पहेलीनुमा दोहे को जिसे मास्साब ने एक ख़ास सन्दर्भ में ढाला था, उसे नहीं समझ पाये।

जाते–जाते मास्साब ने ज़ोर देकर कहा कि यह काम लम्बा होगा। कई दिनों तक चलेगा ये प्रयोग।

कक्षा में मास्साब के न होने के बावजूद भी बच्चे बीजों को बोने के लिए मिट्टी के कुल्हड़, टीन वगैरह के खाली डिब्बे, पत्ते के दोने इकट्ठे कर रहे थे। दरअसल बच्चे अब मास्साब के निर्देशों को समझकर अपने स्तर पर काम करना सीख गये थे।

वैसे बच्चों को मास्साब ने यह भी कहा था कि जैसे कक्षा छठी में बीजों के अंकुरण वाले पाठ में अलग–अलग तरह के बीजों को बोया था उसी ढंग से मगर केवल दो कुल्हड़ों में ही बीजों को बोना है। मास्साब ने यह भी बताया था कि एक कुल्हड़ में मक्का, ज्वार या गेहूँ और दूसरे में चना, बटला (मटर), मूँग बोना है।

केशव ने अपनी टोली वालों से पूछा–"यार ये तो बीजों वाला पाठ है फिर इसका नाम वृद्धि क्यों रखा होगा?"

टोली के बाक़ी सदस्यों ने केशव के सवाल को अनसुना कर दिया। केशव का ध्यान अब तक कहीं और बँट गया और वह भी अपने द्वारा किये गये सवाल को भुला चुका था।

सभी टोलियों ने बीजों के प्रयोग सेट कर लिए थे। तरह–तरह के कुल्हड़ों में अलग–अलग टोलियों ने बीजों को बोया था। बारीक मिट्टी को कुल्हड़ों में भर उसमें लगभग एक इंच अन्दर बीजों को बोकर पानी से सींच दिया था।

"अरे पर ये तो कोई बताये कि अब आगे करना क्या है?" नारंगी झुँझला रही थी।

"ये पता होता तो मैं मास्साब नहीं बन जाता...।" केशव ने दो टूक जवाब दिया।

"अरे तो तुझसे कोई उम्मीद भी नहीं कर रही।'' नारंगी की झुँझलाहट कम नहीं हो रही थी।

नारंगी ने बस्ते में झाँका। वह तो बाल विज्ञान आज घर पर ही भूल आयी थी। नारंगी ने अपनी टोली के सदस्य, विष्णु से बड़े ही विनम्र अन्दाज़ में कहा–"ऐ... विष्णु....ज़रा अपनी बाल विज्ञान तो दे।"

विष्णु ने मज़ाकिया अन्दाज़ में कहा–"क्यों मास्साब तो हैं नहीं फिर बाल विज्ञान का क्या करेगी।"

"अरे, ये मज़ाक़ छोड़...।" ये कहते हुए नारंगी ने विष्णु के बस्ते में से बाल विज्ञान निकाली और पन्ने पलटने लगी।

नारंगी के साथ केशव और रघु भी शामिल हो चुके थे। केशव बोला–"अरे, वृद्धि वाला पाठ ग्राफ़ के बाद में है।"

"हाँ, ये तो पता है मुझे भी। चल, अपन ये देखें कि अब आगे करना क्या है...।" नारंगी की 'हाँ' में 'हाँ' केशव और रघु मिलाते हुए किताब में झाँकने लगे।

शाम को स्कूल की छुट्टी हुई तो बच्चे अपने–अपने कुल्हड़ों को घर ले गये।

× × ×

बच्चे स्वतन्त्र रूप से प्रयोगों की सामग्री खोजने और प्रयोग करने की

क्षमता हासिल कर पाये थे। मगर प्रयोग के आधार पर निष्कर्ष निकालने में पक्के नहीं हुए थे। बहुत कुछ मास्साब के इशारों पर काम होता था कक्षा में। इसकी एक वजह यह थी कि बच्चे किताब में से पढ़कर अपने स्तर पर कुछ करने की क्षमता हासिल नहीं कर पाये थे। कई बार तो वे अगले क़दम पर क्या करना है और क्यों करना है जैसी बातें नहीं समझ पाते थे। वैसे यह स्वाभाविक भी है। इस प्रयोग में बच्चों को यह पता नहीं था कि आख़िर बोये गये बीजों के साथ करना क्या है?

स्कूल आते हुए बच्चों के हाथों में कुल्हड़ थे। पूर्व के अनुभव कुछ इस तरह के रहे हैं कि छुट्टी की वजह से स्कूल बन्द हो जाये तो पानी न मिलने की वजह से पौधे मर जाते हैं। ऐसे भी अनुभव रहे हैं कि स्कूल में चूहे, बीजों के उगने के पहले ही खा जाते हैं। इन वजहों से प्रयोग असफल हो जाता था।

अगले दिन कक्षा की दोनों खिड़कियों में बच्चों ने टोलीवार कुल्हड़ रख दिये थे। मास्साब कक्षा में आ चुके थे। मास्साब को कक्षा में देख टोलियाँ बन चुकी थीं। टोलियों के बीच कुल्हड़ रखे हुए थे। कुल्हड़ों में बीज फूटने लगे थे। काली मिट्टी में से हल्के हरे–सफ़ेद रंग की रचनाएँ सुन्दर लग रही थीं। बच्चे इन रचनाओं को देख तो रहे थे मगर उन्हें छू नहीं रहे थे। साथ ही वे उगे हुए पौधों की ओर सीधी उँगली से इशारा भी नहीं कर रहे थे। वे अपनी तर्जनी उँगली को मोड़कर दूर से इशारा करते। इस पर मास्साब कुछ ताज्जूब जता रहे थे।

मास्साब ने बच्चों से इस पर बात करना उचित समझा–"अच्छा, ये तो बताओ कि तुम लोग पौधों को सीधी उँगली क्यों नहीं दिखा रहे?"

बच्चों के पास इसका कोई जवाब नहीं था कि वे आख़िर नये–नवेले पौधों को या फूलों को सीधी उँगली क्यों नहीं दिखाते। जब मास्साब ने पूछा तो वे सोचने लगे। लच्छू ने अपनी टोली में खुसुर–फुसुर की। खुसुर–फुसुर अब पूरी कक्षा में शुरू हो चुकी थी। डमरू हिम्मत कर नादान स्वर में बोला–"मर जाते हैं उँगली दिखाने से।"

पूरी कक्षा ने राहत की साँस ली कि चलो डमरू ने कुछ तो जवाब दिया। अब सोच में डूबने की मास्साब की बारी थी। वे सोच रहे थे कि हो न हो ऐसा समाज में होता होगा जो बच्चों ने वहीं से सीखा होगा। अब मास्साब बोले–"तो तुम लोगों को ऐसा नहीं लगता कि क्या ऐसा कुछ जाँचकर देखें?"

मास्साब ने एक और दाँव फेंककर अपने को मुक्त कर लिया था। बच्चे सोच में फिर से डूब गये।

भागचन्द्र को संकोच सता रहा था कि अगर वह कुछ भी बोलेगा तो मास्साब और कक्षा के सभी लोग उसकी हँसी उड़ाएँगे। मगर फिर भी वह बेपरवाह होकर बोला–"मास्साब गिलकी, लौकी की बेल को हाथ लगाकर छेड़–छाड़ कर दो तो उनमें फल गल जाते हैं। ...ये पक्की बात है।"

"...अच्छा, तो बात ये है।" मास्साब अनुमान लगा रहे थे कि अगर किसी बेल में जिसमें फल बन रहे हों और उसके साथ छेड़खानी की जाये तो हो सकता है कि फल बनने की प्रक्रिया में बाधा आ जाये। "तो ऐसा क्यों नहीं करते कि बेल में लगे फूल को उँगली दिखाना और फिर देखना कि फल लगता है कि नहीं...।"

"बेल में नर फूल को उँगली बताना फिर देखना है...।" केशव की टोली वाले समझ नहीं पा रहे थे कि वह पूछ रहा है या बता रहा है।

मास्साब ने सुन लिया था–"अरे..., ये तो तुम जानते ही हो कि फल हमेशा मादा फूल से ही बनता है। इसलिए नर फूल को उँगली बताने से समझ में नहीं आयेगा। मादा फूल को उँगली बताना और फिर कुछ दिनों के बाद देखना।"

केशव बोला–"अगर फल बनने में नर फूल का भी हाथ है तो फिर नर फूल को भी उँगली दिखाकर देखना चाहिए कि क्या यह बात सही है?"

दरअसल, प्रजनन नामक अध्याय में बच्चों से एक प्रश्न पूछा गया कि फूल से फल बनने में नर फूल की क्या भूमिका है? यही बात केशव ने आजमाना चाहा। यही असल विज्ञान है जिसमें बच्चों को अपने स्तर पर आजमाने की गुंज़ाइश होती।

मास्साब सोच में फिर डूब गये थे। वे सोच रहे थे कि फूल से फल बनने की प्रक्रिया किसी और वजह से भी प्रभावित हो सकती है। अगर किसी और वजह से फल बनने की प्रक्रिया रुक गयी और फल गल गया तो बच्चे तो यही समझेंगे कि उनके उँगली दिखाने से फल गल गया। मगर वे बच्चों को समझाने में अपने आपको असहाय महसूस कर रहे थे। "तो चलो, ज़रा करके देखना। और पूरी कक्षा के लोग करके देखेंगे।"

पीरियड ख़त्म होने की घण्टी बज चुकी थी। चर्चा की वजह से कुल्हड़ों में बोये बीज जो उग आये थे उनके अवलोकन का मामला आगे नहीं बढ़ पाया था।

× × ×

मास्साब आज कक्षा में धागे की गट्टी और स्केल लेकर आये थे। बच्चे आज फिर से कुल्हड़ों को लेकर आये थे। मास्साब टोलियों के बीच थे। उन्होंने कुल्हड़ों में देखा कि कईं सारे बीज अंकुरित हो चुके हैं। उन्होंने देखा कि प्रत्येक टोली में दो कुल्हड़ों में से एक में एकबीजपत्री पौधे हैं और दूसरे में द्विबीजपत्री। लगभग सभी टोलियों में यही पैटर्न साफ़ दिखाई दे रहा था। किसी ने गेहूँ बोये थे तो किसी ने ज्वार और किसी ने मक्का। द्विबीजपत्री में भी ऐसा ही कुछ था। चना, सेम, मटर मूँगफली के बीज मिट्टी में से बाहर निकल आये थे।

मास्साब छत की ओर ताक रहे थे। वे तल्खी से बोले–"मैंने कहा था कि जब बीज उग आये तो एक ही पौधे को रहने देना और बाक़ी के उखाड़ देना। मगर ऐसा किसी ने भी नहीं किया। ...जितना मैं कहूँ उतना कर लिया करो।"

बच्चे सोच रहे थे कि मास्साब ने ऐसा कुछ तो कहा ही नहीं था। फिर मास्साब क्यों नाराज़ होते दिख रहे हैं। इसरार बोला –"मास्साब ये बात तो आपने बताई ही नहीं...।"

मास्साब कुछ याद करने की कोशिश कर रहे थे। वे सहज होकर बोले–"सच...। मैंने ऐसा नहीं बताया...?"

टोलियाँ अपने–अपने कुल्हड़ों में से पौधों को उखाड़ रही थे। जब वे पौधों को कुल्हड़ों में से उखाड़ रही थीं तो नये–नवेले पौधों के साथ लगे हुए बीज भी दिखाई दे रहे थे। बीज के एक ओर जड़ वाला हिस्सा दिखाई दे रहा था जो झक सफ़ेद था और ऊपर की ओर वाला हिस्सा हल्का हरापन लिए जिसमें झालरदार पत्तियों सी रचनाएँ दिखाई दे रही थीं। मूँगफली में और भी मज़ेदार बात देखने को मिली थी। मूँगफली के बीजपत्र मिट्टी से बाहर आकर हरे रंग के हो चुके थे।

चन्दर ने छूकर देखा कि चने का अंकुरित बीज अन्दर से पिलपिला हो चुका है और बीज का छिलका कमज़ोर होकर सलवटें खा चुका है।

उसने आख़िर मास्साब से पूछ ही लिया–"अब इस बीज का क्या होगा?"

मास्साब को चिन्ता सताये जा रही थी कि अगर इस पाठ में ज़्यादा वक़्त लगा दिया तो बाक़ी के पाठ छूट जायेंगे। फिर इस पाठ में से परीक्षा में तो कुछ ख़ास पूछा नहीं जाता। चन्दर के सवाल को वे समय के लिहाज़ से टालना चाह रहे थे –"छोड़ो ये सब सवाल। अब तुम्हें करना क्या है ये जान लो...।"

बच्चे मास्साब के निर्देश का इन्तज़ार कर रहे थे। "देखो, अब ये तुम्हारी ज़िम्मेदारी है कि इन पौधों को पानी वगैरह दो। और बाक़ी का काम अपने घर पर ही करते रहो। कोर्स पूरा करना भी ज़रूरी है। ये प्रयोग महीने भर चलेगा। इसलिए बाक़ी का काम घर पर ही करना होगा।" मास्साब इतना कहकर बोर्ड पर तालिका बनाने में जुट गये।

जब मास्साब बोर्ड की ओर मुँह करके तालिका बना रहे थे तब चन्दू ने पूछा –"मास्साब आपने उस दिन कहा था–बीती ताहि...।"

मास्साब तालिका बनाते हुए चन्दू समेत सभी बच्चों को सम्बोधित कर रहे थे–"हाँ... क्या दोहा है... बीती ताहि बिसार दे, आगे की सुधि लेय...। है ना...। तो मैं क्या कहता हूँ कि बीती ताहि ध्यान रख...। तो मैं कहना यह चाह रहा हूँ कि तुम लोगों ने जो स्केल से मापने के अभ्यास छठी में किये थे वो यहाँ बहुत काम आने वाला है। अब बात समझ में आयी ना...!"

बाल वैज्ञानिक के पाठ्यक्रम में इस बात का काफ़ी ध्यान रखा गया था कि अचानक बीच में कोई ऐसी सहायक अवधारणा न आ टपके जिसकी समझ बच्चों में न हो। जैसे कि दूरी नापने के हुनर का इस्तेमाल अगर पौधों को नापने में किया जाना है तो इसे पहले बच्चे सीख लें। यही वजह है कि मापन पर पूर्व की कक्षाओं में समझ बनाने की भरपूर कोशिश की गई। मापन एक मूल अवधारणा है जिसका इस्तेमाल न केवल आगे की कक्षाओं में किया जाना है बल्कि जीवन भर इस हुनर से वास्ता पड़ेगा।

बच्चों को कुछ–कुछ समझ में आ रहा था। बोर्ड पर बनाई तालिका के बारे में मास्साब बता रहे थे कि इसमें रोज़ाना अपने अवलोकन लिखने हैं। जो अभ्यास छठी में मापन का करवाया गया था उसके आधार पर रोज़ाना पौधों को मापकर तालिका में लिखना होगा। मास्साब को शक था कि हो सकता है कि बच्चे छठी में मापन के किये गये अभ्यास को भूल

बैठे हों। इसलिए वे आज फिर से मापन का अभ्यास करवाने के मूड में थे।

मास्साब ने एक टोली से कहा–"एक कुल्हड़ देना ज़रा...।"

चन्दर ने द्विबीजपत्री पौधे वाला कुल्हड़ मास्साब की टेबल पर रख दिया। मास्साब कुल्हड़ को हाथ में लेकर उगे पौधों को ध्यान से देख रहे थे। मास्साब के निर्देशानुसार बच्चे टेबल को घेरकर खड़े हो गये थे। मास्साब ने स्केल का एक सिरा कुल्हड़ में टिकाकर नन्हे पौधे के लम्बवत में खड़ा कर दिया। मास्साब ने लच्छू से पूछा–"बताओ पौधे की ऊँचाई।"

लच्छू पौधे की ऊँचाई पढ़ने में नाकामयाब दिख रहा था। मास्साब ने धैर्य रखते हुए लच्छू के पास खड़े डमरू से पूछा। डमरू बोला–"मास्साब... दो...तीन।"

मास्साब समझ चुके थे डमरू क्या कहना चाह रहा था। "इसका मतलब क्या है भई? ये दो...तीन से बात नहीं बनने वाली है। ...अब तुम लोग आठवीं में आ चुके हो।"

नाकामयाब लच्छू को पछतावा हो रहा था कि माप लेना तो उसे आता है फिर वह क्यों नहीं बता पाया। वह अपने आपसे नाराज़ हो रहा था कि आख़िर क्यों नहीं बता पाया पौधे की माप। लच्छू उतावला हो रहा था–"मास्साब दो सेमी, चार मिमी।"

मास्साब खुश हुए–"सही कहा...दो सेण्टीमीटर और चार मिलीमीटर।"

डमरू तो कुछ बोला नहीं मगर भागचन्द्र बोला–"सही कौन है ये कौन तय करेगा? कोई कह रहा दो सेण्टीमीटर तीन मिलीमीटर और कोई कह रहा दो सेण्टीमीटर और चार मिलीमीटर...। किसको सही मानें?"

इसरार मास्साब के पीछे से हटकर सामने की ओर लच्छू की बगल में आ गया। उसने कुल्हड़ में लगे पौधे को हाथ से थोड़ा सहारा देकर सीधा किया और पैमाना खड़ा किया। उसने माप पढ़ी– "मास्साब, दो पाइण्ट चार।"

मास्साब मुस्कराये–"घट–बढ़ तो होगी ना...।"

"वेरी गुड...।" मास्साब ने यह कहते हुए भागचन्द्र की ओर गर्दन घुमाई। "बीती ताहि ध्यान रख! अभी आगे–आगे देखते जाओ...। ये जो माप तुम लोग ले रहे हो, इन आँकड़ों से ग्राफ़ बनाना होगा।"

"जो भी माप लो वह ध्यान से लो। दूसरा, कोई आड़ी–टेढ़ी चीज़ हो तो धागे की मदद से मापो।" मास्साब धागे की गट्टी इसीलिए लेकर

कक्षा में आये थे। चूँकि पौधा सीधा था इसलिए सीधे ही स्केल से माप लिया था।

धागे से कैसे मापना है यह हम एक बार और करके देख लेते हैं। टेबल के आसपास खड़े बच्चों के ऊपर से नज़रें दौड़ कर मास्साब ने इशारा किया–"वो सेम वाला कुल्हड़ लेकर आना ज़रा।"

मास्साब बोले–"देख रहे हो ना...। ये पौधा एकदम सीधा नहीं है। इसको धागे से मापना होगा। तभी इसकी माप सही आयेगी। ...कौन मापेगा धागे से?" मास्साब ने नज़रें दौड़ाईं और विष्णु पर अटक गयीं। "लो तुम मापो।"

विष्णु ने धागे की गट्टी में से धागे को तोड़ा और फिर उसको दोनों हाथों से पकड़कर कुल्हड़ में मिट्टी की सतह से पौधे के ऊपरी भाग तक तान दिया। ऊपर से धागे को उँगलियों की चिमटी में कसकर पकड़ लिया। अब धागे को स्केल पर रखकर माप लिया।

विष्णु बोला–"दो पाइण्ट सात।"

मास्साब विष्णु की पीठ थपथपाते हुए बोले–"शाबाश...। एक बात और कहनी है। तुम लोग आठवीं में आ गये हो मगर जो माप बता रहे हो उसकी इकाई तो बताते ही नहीं।"

मास्साब आगे बोले–"दो पाइण्ट सात आख़िर क्या है भई?"

विष्णु बोला–"मास्साब दो सेण्टीमीटर सात मिलीमीटर....।"

"हाँ, बिल्कुल ठीक कहा। जब तक तुम इकाई नहीं लिखोगे तब तक ये जवाब अधूरा रहेगा। अच्छा, अगर तुम किसी से कहते हो कि "दो" तो इसके कई अर्थ हो सकते हैं। ये "दो" किलो भी हो सकते हैं और दो लीटर भी या किलोमीटर...।" मास्साब अभी पूरा भी नहीं कर पाये थे कि लच्छू बोल पड़ा–"दो पत्थर भी हो सकता है...।"

"यह बहुत ज़रूरी है कि हम इकाई लिखें। जब हम ग्राफ़ बनाएँगे तब भी दोनों अक्षों पर इकाई ज़रूर लिखनी होगी। इन पौधों की बढ़त के बीस–पच्चीस दिनों के आँकड़े हमारे पास होंगे तो फिर हम ग्राफ़ बनाएँगे।"

मास्साब ने पूछा– "ग्राफ़ बनाने में हम कौन–कौन सी दो राशियां लेंगे?"

मास्साब सोच में डूब गये थे। मापन और ग्राफ़ की आधारभूत समझ अगर होगी तो ही वृद्धि को समझ पायेंगे वरना कर्मकाण्ड बन जायेगा। मास्साब इन्तज़ार कर रहे थे बच्चों के जवाब का। मास्साब ने तो दूरी और समय के अनेक ग्राफ़ बनवाये थे। कई सारे उदाहरणों के माध्यम से ग्राफ़ की समझ विकसित करने की कोशिश की थी। मास्साब सोच रहे थे कि गड़बड़ कहाँ है? मेरे पढ़ाने के तरीक़े में या बच्चों में? आख़िर मास्साब को एहसास हुआ कि बच्चों को ठीक से समझाने में वे स्वयं ही नाकामयाब रहे हैं।

मास्साब मदद करने ही वाले थे कि पीछे से सुनाई दिया। यह आवाज़ डमरू की थी–"समय और दूरी।"

मास्साब ने डमरू को अपनी ओर बुलाया–"हाँ, बिल्कुल सही कहा तुमने।"

डमरू का जवाब सुनकर मास्साब को थोड़ी तसल्ली ज़रूर हुई। असल में मास्साब ने समय और दूरी के ग्राफ़ बनवाये थे। मास्साब ने बच्चों के साथ थोड़ी मेहनत करने का मन बनाया। वे बोले कि डमरू ने जो कहा है उसमें उसने एक तो समय की बात की है और दूसरा दूरी की। अब हमें सोचना है कि समय को किस राशि में लिखें? दूसरा दूरी से क्या मतलब है?

चन्दर को लग रहा था कि हम तो दिन में एक बार ही पौधे को माप रहे हैं तो दिन को लिखेंगे ग्राफ़ पर। और दूसरी तरफ़ पौधे की लम्बाई को लिखेंगे। चन्दर ने आव देखा न ताव और जो सोचा वह कह दिया।

वास्तव में यही दो राशियों को ग्राफ़ पेपर पर दर्शाना था। ग्राफ़ में एक तो दिन होगा और दूसरा होगा ऊँचाई। तो दिन को हम कौन–से अक्ष पर लेंगे? और ऊँचाई को...?

नारंगी उछलकर बोल पड़ी–"दिन को नीचे और ऊँचाई को ऊपर।"

मास्साब सोच रहे थे कि आगे एक और मामले में बच्चों को मदद करनी पड़ेगी। और वो ये कि पैमाना चुनना। अगर बीस–पच्चीस दिनों को वे ग्राफ़ पेपर दिखायेंगे तो उन्हें ज़रूर दिक्कत होगी। वैसे यह काम तो बाद में होगा। इसलिए अभी से बताने का कोई फायदा नहीं। यह सोचकर उन्होंने कुछ कहना वाजिब नहीं समझा।

मास्साब को चिन्ता सता रही थी कि लम्बी अवधि का यह प्रयोग क्या सचमुच सफल हो पायेगा? अब तक के अनुभव बताते हैं कि कई बार बच्चे भूल जाते हैं अवलोकन लेना। कई बार पानी समय पर न देने की वजह से पौधे सूख जाते हैं। मास्साब के अन्दर से आवाज़ आयी कि कई बार शिक्षक भी भूल जाता है।

होविशिका का स्रोत दल हमेशा लम्बी अवधि के प्रयोगों में जीवन्तता झोंकने की पूरी कोशिश करता। मासिक बैठकों, शिक्षक प्रशिक्षणों में नित–नये तरीक़े ईजाद किये जाते। जहाँ–जहाँ भी जब–जब भी स्कूलों में लम्बी अवधि के प्रयोग होते तो वे न केवल हौसला बढ़ाते बल्कि उन प्रक्रियाओं में भी गहराई से जुड़ जाते। इतना ही नहीं शिक्षकों के अनुरोध पर वे लम्बी अवधि के प्रयोगों के सफलतापूर्वक आयोजन में शामिल होते। मेंढक, मक्खी के जीवन–चक्र, पौधों में प्रजनन के प्रयोगों को सेट करने में वे शिक्षक और बच्चों के साथ होते। परिवर्धन को समझने के लिए निषेचित और सेहे हुए विभिन्न अवस्थाओं के अण्डे भी उपलब्ध कराने की कोशिश की जाती। मगर हर स्कूल में जाना दूर की कौड़ी थी स्रोत दल के लिए।

बहरहाल, मास्साब ने सोचा कि इस बार बच्चों से वे पूछते रहेंगे कि वे क्या कर रहे हैं। अगर कहीं दिक्कत आयेगी तो वे उसे हल करने की कोशिश करेंगे।

मास्साब आत्मावलोकन कर रहे थे कि कई बार लक्ष्य पता न हो तो भी कार्य सफल नहीं होता। सो, मास्साब ने सोचा कि बच्चों को यह बात बता देनी चाहिए कि जब वे पौधों की वृद्धि की रोज़ाना माप के आँकड़े एकत्र कर लेंगे तो उनका ग्राफ़ बनाया जायेगा।

मास्साब ने चुप्पी तोड़ी–"हाँ, तो जो आँकड़े आयेंगे उनका ग्राफ़ बनायेंगे। ग्राफ़ बनाकर हम यह समझने की कोशिश करेंगे कि जब बीज से पौधा बनता है तो उसकी बढ़त एक जैसी होती है या फ़र्क़ होती है।"

भागचन्द्र ने पूछ ही लिया –"आप ही बता दो कि बढ़त एक जैसी होती है या फरक।"

मास्साब ने चतुराई से कहा–"अगर ये बता दिया तो प्रयोग की तो जान ही निकल जायेगी। तुम प्रयोग करोगे ही नहीं...।"

"फिर भी बता तो दो...।" चन्दर हँसते हुए कहे जा रहा था।

मास्साब के मूड से बच्चों को एहसास हो रहा था कि वे बताने वाले नहीं हैं। मास्साब ने बच्चों से कहा–"तो चलिए, अब आगे का काम तुम्हारे जिम्मे...। कल से हम कुछ और काम करेंगे। ..."

"एक दो बातें ध्यान रखना। एक तो, रोज़ाना अपने–अपने हिसाब से पानी देते रहना। दूसरा, पौधों की ऊँचाई ज़रूर मापकर कॉपी में लिखना।"

बाल विज्ञान में इस बात का विशेष ध्यान रखा गया था कि बच्चों को प्रयोग के निष्कर्ष नहीं बताये जायेंगे। असल खोजबीन पद्धति तो यही है जिसमें बच्चे स्वयं ज्ञान का अर्जन करें। प्रयोग के निष्कर्ष बता देने के बाद प्रयोग करने का रोमांच ही समाप्त हो जाता है। शिक्षकों के साथ भी शिक्षक प्रशिक्षण में इसका ध्यान रखा जाता है। शिक्षकों को इस तरह से तैयार किया जाता कि वे बच्चों को विज्ञान की उस प्रक्रिया से गुज़रने के भरपूर अवसर दें जो विज्ञान शिक्षण से अपेक्षित हैं।

शिक्षक प्रशिक्षण

मास्साब ने सोच रखा था कि घर से दूर, आवासीय प्रशिक्षण में हरगिज़ नहीं जाना है। प्रशिक्षण को टालने का कोई न कोई उचित कारण खोजना होगा। मास्साब की नज़र में एक ही उचित कारण दिख रहा था। और वह है मेडिकल अवकाश। कोई एक–दो दिन का होता तो चलता मगर ये तो पूरे तीन हफ्ते का। इतना ही नहीं तीन साल तक प्रशिक्षण और लेना होगा। इसका मतलब कि गर्मी की छुट्टियाँ तो गयीं पानी में! शिक्षा विभाग का सील–सिक्के वाला आदेश जो मिला है। आदेश की अवहेलना भी तो नहीं की जा सकती।

मास्साब साहस नहीं कर पा रहे थे कि वे जब बीमार हैं ही नहीं तो फिर मेडिकल प्रमाण–पत्र लगाने का मामला तो नहीं बनता। उन्होंने काफ़ी सोचा मगर उनके ज़ेहन में मेडिकल अवकाश के अलावा और कोई विचार जन्म नहीं ले पा रहा था। उन्हें सबसे बड़ी समस्या दिख रही थी कि आख़िर तीन सप्ताह तक भारी गर्मी में रहेंगे कैसे। कहाँ खाना मिलेगा और कहाँ रहना। एक बात और उन्हें प्रशिक्षण में जाने से रोकने की भरपूर कोशिश कर रही थी कि आख़िर इन प्रशिक्षणों के लेने से कौन–सा स्कूल की पढ़ाई में बदलाव आ जायेगा। शिक्षकीय कार्यकाल के दौरान उनके ज़ेहन के एक कोने में यह बात भी घर कर चुकी थी कि आख़िर इन प्रशिक्षणों में उन्हें बिना वजह प्रशिक्षकों की जली–कटी बातें और निर्देश सुनने पड़ते हैं।

आख़िरकार मास्साब को प्रशिक्षण में जाना ही पड़ा। वे कोई बहाना नहीं बना सके। प्रशिक्षण में गये तो वहाँ का नज़ारा कुछ और ही था। रात को मास्साब एक छात्रावास में पहुँच गये जहाँ रहने की व्यवस्था की गयी थी। मास्साब ने छात्रावास में रात गुजारी और सुबह प्रशिक्षण स्थल पर पहुँच गये। प्रशिक्षण सुबह साढ़े सात बजे शुरू होने वाला था। यह

ख़बर उन्हें रात को ही पता चल गयी थी। उन्होंने सोचा कि साढ़े सात बजे का समय तो काग़ज़ में लिखने के लिए होगा। हो सकता है कि साढ़े सात बजे तक प्रशिक्षण हाल में प्रशिक्षण देने वाले भी न पहुँचें। यह बात उनके दिमाग़ में पिछले अनुभवों के आधार पर ही उभर रही थी।

सुबह तक़रीबन साढ़े सात बजे प्रशिक्षण हॉल में स्रोत दल के सदस्य पहुँच चुके थे। शिक्षक प्रवेश करते जा रहे थे। वैसे पहला दिन था इस वजह से देर ज़रूर हुई थी। जो शिक्षक, प्रशिक्षण में पहुँच चुके थे उन्हें एहसास हुआ कि वक़्त का ख़ासा ख़याल रखा जा रहा है।

"प्रथम दृष्टया व्यवस्था ठीक लग रही है प्रशिक्षण की।" मास्साब अपने साथी शिक्षक के कन्धे पर हाथ रखते हुए बोले। प्रशिक्षण का आयोजन सरकारी स्कूल में किया गया था। स्रोत दल और शिक्षकों की ठहरने की व्यवस्था छात्रावासों में ही की गयी थी।

होशंगाबाद विज्ञान शिक्षण के अन्तर्गत आयोजित प्रशिक्षणों में व्यवस्थागत मसलों को उतना ही महत्त्व दिया जाता जितना कि शैक्षिक। अगर शिक्षकों और स्रोत दल के सदस्यों के ठहरने की व्यवस्था अनुकूल नहीं है तो इसका साफ़ असर प्रशिक्षण कार्यक्रम पर ज़रूर पड़ता है। इसलिए प्रशिक्षण के व्यवस्थागत मसलों को जितना बेहतर बनाया जा सकता था उतना बनाने की हरदम कोशिश की जाती।

कक्षाओं के बाहर बरामदे में पीने के पानी के मटके रखे हुए थे। प्रशिक्षण प्रारम्भ हो चुका था। "ये क्या।" मास्साब समेत किसी भी शिक्षक ने यह नहीं सोचा था कि पहले ही दिन कक्षा में शिक्षण उसी प्रकार से प्रारम्भ हो जायेगा जैसा कि स्कूलों में उन्हें कक्षाओं में बच्चों को पढ़ाना होता है। पंजीयन के दौरान ही उन्हें बाल वैज्ञानिक कार्यपुस्तक और एक रजिस्टर वितरित कर दिया गया था। मास्साब ने अपने साथी शिक्षक से कहा "प्रशिक्षण एक जलसे जैसा लगता है।"

वास्तव में प्रशिक्षण को लेकर स्रोत दल समूह ने तैयारी काफ़ी दिनों पहले प्रारम्भ कर दी थी। प्रशिक्षण का आयोजन एक शासकीय शैक्षिक संस्थान में ही किया गया था मगर बुनियादी सुविधाएँ मुहैया करवाने की कोशिश की गयी थी। प्रशिक्षण स्थल पर सफ़ाई का ख़ासा ध्यान रखा गया था। कमरे–बरामदे साफ़ लग रहे थे। कमरों में बैठक व्यवस्था फ़र्श पर ही थी जहाँ बिछी हुई जाजम साफ़–सुथरी थीं। कक्षाओं के बाहर प्रशिक्षण का समय चक्र चस्पा किया गया था।

प्रशिक्षण को प्रारम्भ हुए लगभग एक सप्ताह बीत चुका है। शिक्षकों को कुछ–कुछ बातें गहरे से समझ में आने लगीं। कुछ मामले शिक्षकों को सुकून देते मसलन, इस प्रशिक्षण में स्रोत सदस्य उनकी बात को कक्षा में ध्यान से सुनते। उनके सवालों की उपेक्षा नहीं की जाती। अगर किसी सवाल का जवाब नहीं दिया जा सकता तो साफ़ तौर पर कह दिया जाता कि 'इस सवाल का जवाब नहीं आता।' जब जवाब मिलेगा तो चर्चा करेंगे। उनकी बातों को तोड़ा–मरोड़ा नहीं जाता। प्रशिक्षण में भाषण नहीं दिये जा रहे हैं। बल्कि शिक्षकों को स्वयं ही प्रयोग करने के अवसर दिये जा रहे हैं। शिक्षकों को कक्षाओं में बाल वैज्ञानिक के अध्यायों को कैसे पढ़ाना है उस विधि से गुज़रने के अनुभव दिये जा रहे हैं। वास्तव में इस प्रक्रिया के दौरान शिक्षक विषयवस्तु और विधि की मिली–जुली रणनीति को आत्मसात कर पा रहे हैं। हालाँकि अभी भी कुछ शिक्षकों को खीज छूटती है कि उन्हें सीधे–सीधे जानकारियाँ नहीं दी जा रही हैं और न ही प्रयोगों के नतीजे बताये जा रहे हैं। उन्हें किसी अवधारणा की परिभाषाएँ आदि भी नहीं बताई जा रही हैं।

दरअसल, यही ख़ास बात थी इस प्रशिक्षण की जहाँ शिक्षक को चिन्तनशील बनाने की पुरज़ोर कोशिश थी। जहाँ स्रोत दल एक ख़ास तैयारी के साथ आते और वे शिक्षकों को सोचने और करने को प्रेरित करते। अब तक की जो आदत पड़ चुकी थी कि हमें सब कुछ पका–पकाया परोस दिया जाये, इस मानसिकता को चकनाचूर करने की भरपूर कोशिश होशंगाबाद विज्ञान ने की थी।

प्रशिक्षण के दौरान एक ऐसा माहौल बनाने की कोशिश की जाती जैसाकि शिक्षकों को स्कूल में पहुँचकर पढ़ाते समय मिलता है। इसमें शामिल है बैठक व्यवस्था, टोलियों का निर्माण, प्रयोग खुद करके देखना, विषय वस्तु की समझ अवलोकनों के बाद सामूहिक चर्चा के जरिए निष्कर्ष निकालना आदि। अकसर ऐसा बहुत होता है कि हर सवाल के एक ही जवाब की परम्परा होती है। तो यह बात शिक्षकों के दिमाग़ से निकालना ज़रूरी है कि यह सही नहीं है। दरअसल, ऐसा कहने से समझ में नहीं आता बल्कि किसी सवाल के वाकई में एक से ज़्यादा जवाब हो सकते हैं उसे यथार्थ में समझने के अवसर प्रशिक्षण में मिलते।

होशंगाबाद विज्ञान शिक्षण कार्यक्रम की पहली शर्त यह थी कि शिक्षक को सबसे पहले प्रशिक्षण कक्षावार प्राप्त करना ज़रूरी था। प्रदेश में कार्यक्रम के विस्तार के दौरान सबसे पहले शिक्षकों को तैयार किया गया। जिस वर्ष कार्यक्रम का विस्तार किया गया उसके पूर्व शिक्षकों को प्रशिक्षित करने का कार्यक्रम प्रारम्भ किया। चूँकि होशंगाबाद विज्ञान कक्षा छठी, सातवीं और आठवीं कक्षाओं से सम्बन्धित था इसलिए प्रत्येक वर्ष शिक्षकों को गर्मी की छुट्टियों में तीन सप्ताह का कक्षावार प्रशिक्षण प्राप्त करना ज़रूरी था।

उल्लेखनीय है कि प्रदेश में जो शिक्षक परम्परागत विज्ञान विषय का शिक्षण करते हैं उनमें से अधिकांश विज्ञान विषय के नहीं थे। उन्होंने विज्ञान को स्कूल स्तर पर ही पढ़ा होता है। बावजूद इसके उन्हें विज्ञान का शिक्षण कक्षाओं में करना होता। वैसे मास्साब स्वयं भी विज्ञान विषय हाई स्कूल तक ही पढ़े हुए थे। इसलिए विज्ञान शिक्षण को प्रभावी बनाने के लिए विज्ञान का प्रशिक्षण इसके अनुरूप बनाने की जद्दोजहद की जा रही थी।

यह अनुशंसा कोठारी आयोग ने की थी कि शिक्षकों को उस प्रक्रिया से गुज़ारना होगा जिसकी अपेक्षा उनसे कक्षाओं में की जा रही है। इस लिहाज़ से कोठारी आयोग की इस सिफ़ारिश पर असल काम होशंगाबाद विज्ञान शिक्षण कार्यक्रम के तहत किया गया। शिक्षकों को प्रशिक्षण में उन अध्यायों का प्रशिक्षण उसी प्रकार से दिया जाता जैसा कि उनको कक्षाओं में बच्चों को पढ़ाना है। यानीकि उस प्रक्रिया से गुज़रना जिससे उन्हें बच्चों को गुज़ारना होता है।

वास्तव में प्रशिक्षण का असल मकसद यह था कि शिक्षक अपनी कक्षाओं में विज्ञान विषय में बच्चों को इस प्रकार से तैयार कर सके कि वे स्वयं अपने हाथों से प्रयोग करें, प्रयोगों के अवलोकन करें और लिखें। फिर उन अवलोकनों के आधार पर अपने साथियों और शिक्षकों से चर्चा करके खुद ही स्वतन्त्र निष्कर्ष निकालें। बच्चों को कक्षा में सवाल पूछने के लिए प्रेरित किया जाये और उन सवालों का जवाब ढूँढ़ने के लिए उचित प्रयोगों की रचना करने के लिए सक्षम बनाया जाये।

प्रशिक्षण में इस बात का भी ख़याल रखा जाता कि शिक्षक की भूमिका अपनी कक्षा में सर्वज्ञाता की होने के बजाय प्रेरणा स्रोत, मार्गदर्शक

व सहयोगी जैसी हो। कई बार शिक्षकों को प्रशिक्षण में यह बात खटकती कि स्रोत दल के सदस्य कह देते कि उन्हें इस सवाल का जवाब नहीं आता। दरअसल, विज्ञान शिक्षण की बुनियाद में शिक्षा के कई सारे अहम मसले शामिल थे जिनमें से यह भी एक है। शिक्षक को इस बात का एहसास प्रशिक्षण में कराया जाता कि जो स्रोत दल के सदस्य हैं वे भी वाकई में ज्ञान के सर्वज्ञाता नहीं हैं। वे सम्पूर्ण नहीं हैं। होशंगाबाद विज्ञान के शिक्षक प्रशिक्षणों में कई बार ऐसे अवसर आये जहाँ शिक्षकों को स्रोत दल के लोगों से जवाब पाने के मामले में निराशा हाथ लगी। मगर यहीं से एक नये विचार का जन्म भी हुआ।

प्रशिक्षण के एक सत्र में एक प्रयोग किया गया। एक पौधे की टहनी काटकर लाल स्याही के घोल में रख दी गयी। क़रीब आधे घण्टे के बाद पत्तियों की शिराएँ लाल हो गयीं। इस पर एक शिक्षक ने पीएच.डी. धारी प्रशिक्षक से पूछा कि यदि नीली स्याही के घोल में टहनी को रखें तो क्या होगा? "मुझे नहीं पता। इसके लिए तो प्रयोग करना होगा।" स्रोत दल के सदस्य ने बेझिझक जवाब दिया। उन शिक्षक ने एकदम टोका–"तो फिर आपको पीएच.डी. कैसे मिल गयी।" इस पर उस स्रोत सदस्य ने कहा–"डॉक्टर की उपाधि प्राप्त व्यक्ति भी सर्वज्ञाता नहीं होता।" इस घटना से शिक्षकों को भी समझ में आया कि उन्हें भी कक्षा में ऐसी स्थिति में बच्चों के सामने यह मानना पड़ेगा कि–"मैं नहीं जानता, पर आओ मिलकर इसका जवाब खोजें।"

होशंगाबाद विज्ञान का प्रशिक्षण एक समूचे पैकेज का अहम हिस्सा था। स्कूल में होशंगाबाद विज्ञान का शिक्षण शिक्षक तभी कर सकता है जबकि उसने प्रशिक्षण प्राप्त किया हो। इसका रेकार्ड संगम केन्द्र पर रखा जाता था कि किस शिक्षक ने प्रशिक्षण प्राप्त किया है। संगम केन्द्र की ओर से स्पष्ट निर्देश माध्यमिक स्कूलों को जाते कि विज्ञान का प्रशिक्षण प्राप्त शिक्षक ही बाल वैज्ञानिक विषय की कक्षा शिक्षण करेंगे।

प्रशिक्षण का पूरा ज़ोर इस बात पर होता कि शिक्षक विज्ञान शिक्षण की विषयवस्तु, विधि जिसमें शामिल है प्रयोग डिजाइन करना, अवलोकन करना, आँकड़े एकत्र करना, आँकड़ों को व्यवस्थित करना, सर्वेक्षण करना, परिभ्रमण करना, वैकल्पिक प्रयोग सामग्री खोजना, सामूहिक चर्चा करना

आदि आदि। दिलचस्प बात यह होती कि शिक्षकों को किसी प्रश्न का जवाब खोजने के लिए ख़ूब प्रेरित किया जाता।

प्रशिक्षण स्थल पर एक पुस्तकालय की भी स्थापना की जाती जहाँ शिक्षक और स्रोत दल के सदस्य ख़ाली वक़्त में किताबें आदि पढ़ सकें। साथ ही सन्ध्याकालीन वक़्त में व्याख्यानों का आयोजन किया जाता जिसमें स्कूली शिक्षा के व्यापक विषयों को शामिल किया जाता। इन सभी आयोजनों के केन्द्र में शिक्षक ही होता। शिक्षक को हर मंच पर अपने विचारों को व्यक्त करने के अवसर दिये जाते।

प्रशिक्षण में उच्चतर माध्यमिक विद्यालयों के विज्ञान के व्याख्याताओं और उच्च श्रेणी शिक्षक भी शामिल होते थे। दरअसल ये विज्ञान विषय के व्याख्याता और उच्च श्रेणी शिक्षक अपने संगम केन्द्र की माध्यमिक स्कूलों में फालोअप (अनुवर्तन) करते थे। अनुवर्तनकर्ताओं को भी विज्ञान विषय की विषयवस्तु और विधि का प्रशिक्षण दिया जाता था। साथ ही उन्हें फालोअप कार्य करने और व इसकी रिपोर्ट बनाने का प्रशिक्षण भी दिया जाता था। संगम केन्द्र में अनुवर्तनकर्ताओं की टीम स्कूलों में जाती और वहाँ कक्षाओं का अवलोकन करती। ये अनुवर्तनकर्ता मासिक बैठकों में भी भाग लेते। अनुवर्तनकर्ताओं का यह समूह होशंगाबाद विज्ञान के समर्थन समूह के रूप में कार्य करता था। स्कूलों में जब शिक्षक बाल वैज्ञानिक का अध्यापन करवाते तो ये अनुवर्तनकर्ता उन्हें शैक्षिक रूप से सहायता करते। ज़ाहिर है कि हाई स्कूल के एक व्याख्याता के पास विज्ञान विषय की समझ अपेक्षाकृत गहरी होती है।

शिक्षकों ने क्या सीखा इसके लिए प्रशिक्षण के सप्ताहान्त में एक लघु प्रश्न हल करने को दिया जाता। लघु प्रश्न किसी अध्याय पर केन्द्रित होता जो यह समझने में मददगार होता कि शिक्षकों ने अमूक अवधारणा को किस हद तक आत्मसात किया है। यह हर हाल में शिक्षकों का मूल्यांकन नहीं होता था बल्कि उस अवधारणा को कितना समझा है। शिक्षकों द्वारा हल किये गये लघु प्रश्नों का विश्लेषण करके अगले दिनों में उस पर चर्चा की जाती।

ऐसा नहीं है कि एक बार तीन सप्ताह का प्रशिक्षण प्राप्त कर लिया और फिर उसके बाद सब कुछ ठीक ही होता रहेगा स्कूलों में। जब हम कहते हैं कि सतत प्रशिक्षण की व्यवस्था होनी चाहिए तो इसका ख़याल

होशंगाबाद विज्ञान में रखा गया था। शिक्षा सत्र में प्रत्येक संगम केन्द्र में मासिक बैठकों का आयोजन किया जाता। जहाँ शिक्षक अपने अनुभवों को साझा करते और अगले माह पढ़ाये जाने वाले अध्यायों को लेकर तैयारी करते।

स्रोत दल की चर्चा किये बिना शिक्षक प्रशिक्षण की बात अधुरी ही रह जायेगी। होशंगाबाद विज्ञान शिक्षण कार्यक्रम की शुरुआत (1972) से ही अखिल भारतीय विज्ञान शिक्षक संघ (भौतिकी अध्ययन ग्रुप) और टाटा इंस्टीट्यूट ऑफ फंडामेंटल रिसर्च भारत सरकार के वैज्ञानिकों ने अहम भूमिका निभाई। एक साल के बाद इस दल में दिल्ली विश्वविद्यालय और आईआईटी कानपुर व मुम्बई के वैज्ञानिक व शोध छात्र भी जुड़ गये। दिल्ली विश्वविद्यालय की टीम को इस कार्यक्रम में जुड़ने के लिए विश्वविद्यालय अनुदान आयोग ने समर्थन व सहायता दी। देश की शिक्षा के इतिहास में शायद यह पहला मौक़ा था जब यह बात व्यावहारिक रूप से स्वीकार की गयी कि स्कूली स्तर पर और गाँव के स्कूलों में, शिक्षा में परिवर्तन और सुधार के लिए विश्वविद्यालयों के लोगों की महत्त्वपूर्ण भूमिका है। विश्वविद्यालय अनुदान आयोग की इस पहल से प्रेरित होकर 1975 में मध्य प्रदेश शिक्षा विभाग ने भी अपने महाविद्यालयों के प्राध्यापकों को इस कार्यक्रम से जुड़ने की अनुमति दी। इस प्रकार से मध्य प्रदेश के महाविद्यालयों के प्राध्यापक भी इस कार्यक्रम में जुड़े और शिक्षक प्रशिक्षण से लगाकर बाल वैज्ञानिक कार्यपुस्तक लेखन व मासिक बैठकों में शैक्षिक समर्थन में गहरा योगदान दिया।

शिक्षक प्रशिक्षण सम्पन्न हो चुका था। शिक्षक विज्ञान शिक्षण की प्रक्रिया, विधि और विषयवस्तु में एक स्तर पर तैयारी के साथ लौट रहे थे। उन्हें अपने स्कूल में बच्चों को उसी ढंग से विज्ञान का शिक्षण करना होगा जो उन्होंने प्रशिक्षण के दौरान अर्जित किया है।

स्पूतनिक की उड़ान और विज्ञान शिक्षण

शिक्षक प्रशिक्षण का सत्र दोपहर को ख़त्म होने के बाद सामूहिक भोजन और उसके बाद गपशप के साथ एक हल्की–सी नींद। आख़िर गर्मी की तपन में शिक्षक जाये भी तो कहाँ। शाम को शिक्षकों और स्रोत दल के लिए पुस्तकालय और गतिविधि का आयोजन तो होता ही है। कुछ शिक्षक और स्रोत दल के लोग शाम के वक़्त घूमने का आनन्द लेते दिखते हैं। शाम को कुछ लोग अपने पसन्दीदा सिनेमा देखने का लुत्फ़ उठाते भी दिखते हैं।

मास्साब ने सिनेमा की टिकट हाथ में थामे अपने साथ आए स्रोत सदस्य से पूछा–"आख़िर ये होशंगाबाद विज्ञान शिक्षण की शुरुआत कैसे हुई होगी? इसके पीछे कौन–सी सोच रही होगी।" मास्साब बहुत ही हल्के–फुल्के मूड में थे। स्रोत सदस्य दाढ़ी के अन्दर ही मुस्करा रहे थे। पीछे से मास्साब के दोनों कन्धों को ज़ोर से दबाते हुए कहने लगे–"सवाल दिलचस्प है आपका। चलो, अभी तो फ़िल्म देखते हैं! फिर होस्टल में चलकर बात करेंगे।"

देर रात को जब फ़िल्म देखकर आये तो विज्ञान शिक्षण के इतिहास पर चर्चा ने ज़ोर पकड़ा। स्रोत दल के सदस्य और शिक्षक होस्टल की छत पर अँधेरी–तारेभरी रात में विज्ञान शिक्षण के इतिहास पर गपियाने लगे। स्रोत सदस्य ने अपनी बात को कहानीनुमा अन्दाज़ में कुछ यों पिरोया।

"वास्तव में होशंगाबाद विज्ञान शिक्षण की शुरुआत की कहानी बड़ी ही दिलचस्प है। असल में बात कुछ यों है कि बीसवीं सदी के मध्य (ऑक्टोबर 1959) में सोवियत संघ ने स्पूतनिक छोड़ा था। ज़ाहिर है इस मानव निर्मित वस्तु को पृथ्वी के चक्कर लगाते, बीप–बीप–बीप

करते देखना रोमांचक था। अन्तरिक्ष विज्ञान में यह एक बड़ी घटना थी। इसका सारी दुनिया और स्कूली विज्ञान शिक्षण पर गहरा असर पड़ा। उस दौरान स्पूतनिक का प्रक्षेपण संयुक्त राज्य अमेरिका के लिए करारा झटका था। इसके चलते अमेरिका में यह बहस छिड़ गयी कि हो न हो यहाँ की विज्ञान शिक्षा में कुछ दिक्कत है जिसकी वजह से हमारे यहाँ अच्छे वैज्ञानिक तैयार नहीं हो पा रहे हैं। इससे प्रेरणा लेकर अमेरिका में स्कूली विज्ञान शिक्षण के कई प्रोजेक्ट प्रारम्भ हुए। हालाँकि यह दीगर बात है कि अमेरिका द्वारा अन्तरिक्ष यान के प्रक्षेपण के बाद इनमें वह जोश नहीं रह गया और सरकारी मदद भी कम हो गयी। अमेरिका में सबसे बड़ी चिन्ता यह थी कि बच्चे विज्ञान शिक्षण से विमुख हो रहे हैं। इस चिन्ता के चलते जो वहाँ काम हुए उसमें प्रमुख यह था कि विज्ञान शिक्षण में विज्ञान के अपने तरीक़े का गहन प्रशिक्षण शामिल होना चाहिए और बच्चों को एक वैज्ञानिक की तरह स्कूलों में काम करना चाहिए। उस दौरान हार्वर्ड प्रोजेक्ट फिजिक्स, दी स्काटिश स्कूल प्रोग्राम और इंग्लैण्ड में नफिल्ड प्रोजेक्ट शुरू किये गये थे। हालाँकि ये कार्यक्रम एक–दूसरे से काफ़ी अलग थे मगर इन सबमें एक साझा बात यह थी कि ज़ोर तथ्यों और आँकड़ों पर महारत हासिल करने की बजाय विषय की संरचना सीखने–सिखाने पर था। ज़ोर विज्ञान के परिणामों की बजाय विज्ञान की प्रक्रिया पर था और एक कोशिश थी कि मात्र रट भर लेने के बजाय छानबीन, और प्रयोगों को विज्ञान शिक्षण में शामिल किया जाये। कक्षा में शिक्षक भाषण के बजाय बच्चों को प्रयोग करने और खोजबीन करने के अवसर मिले।

हालाँकि इन कार्यक्रमों में बच्चों को अपने परिवेश और अनुभवों को शामिल करना लगभग नजरअन्दाज़ किया गया था। साथ ही बच्चे किस स्तर के अमूर्त सोच के लिए तैयार हैं, यह भी शामिल नहीं था। एक बात और गौरतलब है। जो बात हम करते हैं कि स्कूली विज्ञान शिक्षण के तहत वह ज्ञान और हुनर हासिल हो जो उन्हें अपने परिवेश में विचारशील जीवन जीने में मददगार हो।

वैसे हमारे यहाँ विज्ञान सहित अन्य विषयों में भी जो सीखा जाता है वह ग्रहीत ज्ञान (रिसीव्ड नॉलेज) के रूप में सीखा जाता है। विज्ञान की बात करें तो आज भी विज्ञान को तथ्यों, सूत्रों और परिभाषाओं सहित

भारी–भरकम पुलिन्दे के रूप में बच्चों को परोसा जाता है। विज्ञान के पाठ्यक्रम में हर सवाल का जवाब बच्चों को खोजने देने के बजाय उसका पका–पकाया हल बच्चों को कण्ठस्थ करने को दिया जाता है। इस प्रकार से बच्चों को प्रयोग करने, खोजबीन और चर्चा का कोई स्थान ही नहीं दिखता। दरअसल, ये सब फालतू की बातें मानकर नज़रअन्दाज़ कर दिया जाता है।

"तो क्या सोवियत संघ में स्कूली शिक्षण इतना बढ़िया था कि उसकी वजह से स्पूतनिक का प्रक्षेपण हुआ? यानीकि क्या स्कूली शिक्षण की वजह से वैज्ञानिक बने और इतनी बड़ी खोज हो सकी?" मास्साब ने सवाल किया।

स्रोत सदस्य ने जवाब कुछ यों दिया। "यही तो दिलचस्प मामला है। ऐसा कोई व्यवस्थित अध्ययन उपलब्ध नहीं है कि 1960 के दौरान सोवियत संघ में स्कूली विज्ञान शिक्षण की गुणवत्ता से स्पूतनिक का कोई ताल्लुक भी है।"

"...यही वह दौर था तब हमारे यहाँ भी विज्ञान शिक्षण को लेकर कुछ कोशिशें प्रारम्भ हो गयी थीं। 1967 में ऑल इंडिया साइंस टीचर्स एसोसिएशन के भौतिकी अध्ययन दल ने एक प्रोजेक्ट चलाया था जिसे वास्तव में एनसीईआरटी का वित्तीय सहयोग प्राप्त था। यह तीन साल तक ख़ासकर पब्लिक स्कूलों–दून, नाभा और अजमेर में चला। प्रोजेक्ट में नफील्ड कार्यक्रम को भारतीय अन्दाज़ के अनुकूल ढालने की कोशिश की गयी थी। यानीकि नफील्ड कार्यक्रम से इस दल को समर्थन प्राप्त था। नफील्ड कार्यक्रम इंग्लैण्ड में चलाया जा रहा था।''

मास्साब ने बीच में रोककर समझना चाहा–"तो क्या नफील्ड को ही अपने यहाँ पर अपना लिया गया?"

"नहीं। बिल्कुल नहीं। ये लोग नफील्ड से प्रभावित थे। उस दौरान जो विज्ञान स्कूलों में पढ़ाया जा रहा था उससे ये लोग काफ़ी परेशान थे। ये लोग शिक्षक ही थे। एक तो बी. जी. पित्रे व दूसरे सी. के. दीक्षित। ये भौतिक शास्त्र से ताल्लुक रखते थे।

''हमारे देश में जो प्रोजेक्ट प्रारम्भ किया गया था उसका नाम था फिजिक्स थ्रू एक्सपेरिमेंट। इसकी किताबें विज्ञान शिक्षण के अनुरूप थीं। जहाँ विज्ञान की पारम्परिक किताबें जानकारियों से भरी थीं वहीं फिजिक्स

थ्रू एक्सपेरिमेंट में बच्चों को ज्ञान हासिल करने के तरीक़े सिखाने पर केन्द्रित थीं। विज्ञान में प्रयोग करके कैसे ज्ञान को रचा जाता है इसमें माहिर बनाने की कोशिश थी।

फिजिक्स थ्रू एक्सपेरिमेंट को जिन स्कूलों में चलाया जा रहा था वहाँ एनसीईआरटी ने कोई दिलचस्पी नहीं ली। तब पित्रे और दीक्षित ने बम्बई (अब मुम्बई) के टीआईएफआर के वैज्ञानिकों के बीच चर्चा की। वे लोग भी विज्ञान शिक्षण की दकियानूसी विधि से परेशान थे। विज्ञान एक ऐसा विषय है जो समाज के साथ जुड़े। टीआईएफआर के लोगों को जब इस प्रकार के प्रयोग का पता चला तो उनमें खलबली मच गयी। प्रो. यशपाल और वी. जी. कुलकर्णी जैसे वैज्ञानिकों ने इसे मुम्बई की नगर निगम की स्कूलों में चलाने की पेशकश की। संयोग से मुम्बई नगर निगम के दस स्कूलों में चलाने की अनुमति मिल गयी।

तीन साल तक यह कार्यक्रम अच्छे से चलाया गया। तीन साल के बाद कार्यक्रम को बन्द इसलिए करना पड़ा कि नगर निगम ने परीक्षा प्रणाली में परिवर्तन करने की छूट नहीं दी। इस प्रकार से यह कार्यक्रम बन्द हो गया।"

"तो फिर यह कार्यक्रम होशंगाबाद कैसे पहुँचा?" मास्साब समझना चाह रहे थे।

"हाँ, ये सवाल भी दिलचस्प है। उस दौरान टीआईएफआर में एक और व्यक्ति थे जिनका नाम है अनिल सद्‌गोपाल।"

स्रोत सदस्य को बीच में ही रोक दिया मास्साब ने। "तो अच्छा ये अनिल भाई उस वक़्त मुम्बई में थे।"

"हाँ, अनिल सद्‌गोपाल वहाँ इस विज्ञान के प्रशिक्षण में पहुँच गये थे और वे शान्तिपूर्वक अवलोकन कर रहे थे। वे विज्ञान के प्रशिक्षण से काफ़ी प्रभावित हुए। यह वह वक़्त था जब वे मुम्बई छोड़कर किशोर भारती को बनाने की प्रक्रिया में लगे हुए थे।"

होशंगाबाद विज्ञान की शुरुआत सन् 1972 में हुई। अनिल सदगोपाल ने मित्र मण्डल केन्द्र के संयोजक सुदर्शन कपूर से इस बारे में चर्चा की। बातचीत में मुम्बई के कार्यक्रम के बारे में बातचीत हुई। सुदर्शन कपूर को

लगा कि इस कार्यक्रम को हमारे यहाँ शुरू करना चाहिए। इस प्रकार से बात आगे बढ़ी।

मित्र मण्डल केन्द्र और किशोर भारती ने मिलकर यह प्रस्ताव रखा कि शिक्षा ऐसी हो जिसमें बच्चे स्वयं अपने हाथों से प्रयोग करें, प्रयोगों के अवलोकन करें और लिखें। फिर उन अवलोकनों के आधार पर अपने साथियों और शिक्षकों से चर्चा करके ख़ुद ही स्वतन्त्र निष्कर्ष निकालें। उन्हें शिक्षक से सवाल पूछने के लिए प्रेरित किया जाये और उन सवालों का उत्तर ढूँढ़ने के लिए उचित प्रयोगों की रचना करने के लिए सक्षम बनाया जाये। शिक्षक की भूमिका सर्वज्ञाता होने के बजाय प्रेरणा स्रोत, मार्गदर्शक व सहयोगी जैसी हो। इन मकसदों की पूर्ति के लिए परम्परागत छात्र–शिक्षक सम्बन्ध, पाठ्यपुस्तकें, पाठ्यक्रम और शिक्षण पद्धति बदलने की तैयारी हो। इस प्रकार का प्रस्ताव शिक्षा विभाग को प्रस्तुत किया गया।

उस दौरान जब मिडिल स्कूलों की विज्ञान की पढ़ाई का सर्वेक्षण और विवेचन किया जा रहा था तो कई सवाल सामने आये। विज्ञान शिक्षण के माध्यम से बच्चे की चिन्तन शक्ति का विकास क्यों नहीं होता? बच्चों को विज्ञान के तथ्य रटने क्यों पड़ते हैं? रटकर परीक्षा देने के बाद उन तथ्यों की सार्थकता क्या है? उस शिक्षा का क्या उपयोग जो स्कूल की चहारदीवारी के भीतर की पढ़ाई को वास्तविक जीवन के अनुभव से दूर रखती हो? क्या ऐसी शिक्षा नहीं हो सकती जिसमें बच्चे सीखें और समझें भी? स्कूल बच्चों से जड़, चुप व निष्क्रिय होने की अपेक्षा क्यों करता है? क्या स्कूल इसी तरह बच्चों की जिज्ञासा को कुण्ठित और उनकी चिन्तन शक्ति को अवरुद्ध करते रहेंगे?

इन्हीं बातों को ध्यान में रखते हुए किशोर भारती और मित्र मण्डल केन्द्र, रसूलिया के कार्यकर्ता जब प्रदेश की राजधानी में शिक्षा विभाग के शीर्ष पर विराजमान अधिकारी के पास अपने यहाँ की स्कूलों में विज्ञान शिक्षा के बीजारोपण का प्रस्ताव लेकर गये। उन अधिकारी के मातहत ने शंका ज़ाहिर की कि कहीं ये लोग कबाड़ा न कर दें। उन अधिकारी ने पलटकर कहा–"जितना कबाड़ा हो चुका है इससे ज़्यादा ये लोग और क्या करेंगे। ...इसलिए इन्हें कार्य करने की अनुमति दे दी जाये।"

बहरहाल, किशोर भारती और मित्र मण्डल रसूलिया को होशंगाबाद ज़िले की ग्रामीण क्षेत्र की चुनी गयी 16 स्कूलों में कार्य करने की अनुमति मिल गयी। भारतीय शिक्षा के इतिहास में सम्भवतः पहली बार सरकार और स्वैच्छिक संस्थाओं की भागीदारी के माध्यम से एक अनूठा उदाहरण प्रस्तुत हुआ जिसे 'होशंगाबाद विज्ञान शिक्षण कार्यक्रम' (होविशिका) के नाम से जानते हैं।

चर्चा का दौर थमने का नाम नहीं ले रहा था। अगले दिन मास्साब को प्रशिक्षण की कक्षा में जाना था। स्रोत सदस्य को अपने कल के प्रशिक्षण की तैयारी में जुटना था।

बच्चों और शिक्षकों के मंच

प्रार्थना के दौरान ही एकलव्य के साथी स्कूल में प्रवेश कर चुके थे। एकलव्य के साथी के पास एक बड़ा–सा झोला था जो भारी–भरकम लग रहा था। प्रार्थना सभा के उपरान्त मास्साब दौड़े और उनके भारी झोले का एक हिस्सा पकड़े स्कूल के बरामदे में ले आये।

झोले को बरामदे में एक तरफ़ रखते हुए मास्साब बड़े ही उतावले होकर बोले–"कुछ ज़ोरदार चीज़ें लेकर आये लगता है।"

स्रोत सदस्य ने हंसते हुए कहा–"हाँ, ज़रूर... ।"

उधर बच्चों ने भी प्रार्थना सभा के दौरान उन्हें आता हुआ देख लिया था। सो, प्रार्थना के ख़त्म होते ही बच्चे भी बरामदे में मँडरा रहे थे। स्रोत सदस्य ने भी बरामदे में बच्चों को देख लिया था। मास्साब ने बच्चों को देख उन्हें कक्षा में जाने का इशारा किया। स्रोत सदस्य ने झोले में से किताब का बंडल निकालकर उसे खोला और कुछ रंग–बिरंगी पत्रिकाएँ अपनी बगल में दबाये कक्षा की ओर चल दिये।

कक्षा में स्रोत सदस्य सबसे पीछे की लाइन में बच्चों के साथ बैठ गये थे। मास्साब की मान–मनौवल के बावजूद भी एकलव्य के साथी ने आगे रखी कुर्सी पर बैठना उचित नहीं समझा। वे बच्चों के बीच बैठे हुए थे। बच्चे उनसे वाक़िफ़ थे। बच्चों में बाहरी व्यक्ति को लेकर घबराहट नहीं थी। न ही शिक्षक असामान्य हो रहे थे। सब कुछ सामान्य सा था।

स्रोत सदस्य ने देखा कि कक्षा की खिड़कियों में तथा दीवार के सहारे–सहारे कुल्हड़ों में चने, गेहूँ, मटर, मक्का, मूँग, जुआर के पौधे लहलहा रहे हैं। स्रोत सदस्य ने एक कुल्हड़ को हाथ में उठाया और ध्यान से देखने लगे। बच्चों का पूरा ध्यान स्रोत सदस्य की हरेक हरकत पर केन्द्रित था।

अब तक पिछली क़तार के बच्चों ने एक–एक करके उस रंग–बिरंगी पत्रिका को उठाकर उसके पन्ने पलटाना शुरू कर दिया था। आगे बैठे बच्चे पीछे नज़र गड़ाए हुए थे। आगे के बच्चे अपने आपको रोक नहीं पा रहे थे। बच्चों के चेहरों को पढ़कर मास्साब ने हाज़िरी लेने के काम को मुल्तवी कर एकलव्य के साथी को आगे आने का आग्रह किया मगर उन्होंने पीछे से ही बातचीत प्रारम्भ कर दी। बिना किसी भूमिका बाँधे उन्होंने उस रंग–बिरंगी पत्रिका को हाथ में लिया और चर्चा प्रारम्भ कर दी। उन्होंने चकमक की प्रतियाँ बच्चों को दे दीं। कुछ देर के लिए कक्षा में अफरातफरी का माहौल हुआ और फिर सभी बच्चे अपनी–अपनी जगह पर बैठकर उस पत्रिका के पन्नों को पलटने लगे। एक पत्रिका मास्साब ने भी ले ली और वे पढ़ने लगे।

पूरी कक्षा जिसमें शिक्षक भी शामिल थे हर कोई पत्रिका में खोया हुआ था। स्रोत सदस्य बड़ी तल्लीनता के साथ बच्चों का अवलोकन कर रहे थे।

मास्साब ने बच्चों का ध्यान अपनी ओर खींचा। वे बोले–"चकमक के बारे में तो तुम सब जानते ही हो। बताने की ज़रूरत नहीं। अगर चाहें तो ये अंक सभी बच्चों को मिल सकता है।" मास्साब ने स्रोत सदस्य की ओर देखा तो उन्होंने सिर हिलाकर सहमति दर्शायी।

इतना सुनकर बच्चे मास्साब के पास दौड़ पड़े। हालाँकि चकमक उनके हाथ में थी मगर वे उसे हमेशा के लिए पाना चाह रहे थे। बच्चों की आवाज़ कक्षा में गूँज रही थी–"मैं भी, मैं भी, मुझे भी चाहिए, एक किताब मेरे लिए...।"

मास्साब ने एक तरकीब निकाली। वे बोले कि चलो ज़रा चुप हो जाओ सभी। ऐसा करते हैं कि जिनको भी चकमक चाहिए वे हाथ खड़ा कर दें। और हाँ, दो या तीन दोस्त मिलकर भी चकमक ले सकते हैं।

मास्साब ने उन बच्चों के नाम एक काग़ज़ की पर्ची पर लिख लिए जिन्होंने हाथ खड़े किये थे। उतनी ही चकमक गिनकर मास्साब ने बच्चों में फिर से बाँट दी।

दरअसल, चकमक का प्रकाशन एकलव्य ने इस मकसद से प्रारम्भ किया था कि "बच्चों में स्वाभाविक अभिव्यक्ति, कल्पनाशीलता, कौशल और सोच को स्थानीय परिवेश में विकसित कर पाना"। होशंगाबाद विज्ञान के अनुभवों में जहाँ एक ओर सवालीराम की कल्पना की गयी थी वहीं

दूसरी ओर यह भी एहसास बना कि बच्चों की अभिव्यक्ति और उनसे संवाद करने के लिए कोई मंच होना चाहिए। एकलव्य की स्थापना 1982 में होने के बाद एक पत्रिका की कल्पना की गयी। एक ऐसी पत्रिका जो बच्चों की क़लम को आवाज़ दे सके। बच्चे कैसे सोचते हैं, वे अपने आसपास की चीज़ों को कैसे देखते हैं ऐसे तमाम मसलों को इस पत्रिका में शामिल किया जाये।

चकमक का पहला अंक जुलाई 1985 में प्रकाशित हुआ। और तब से ही बिना रुके चकमक का प्रकाशन जारी है। चकमक, होशंगाबाद विज्ञान में अध्ययनरत बच्चों के साथ–साथ पूरे देश के बच्चों की एक बेहतरीन पत्रिका बनी।

जब पत्रिका निकलनी प्रारम्भ हुई तो जल्द ही यह समझ में आया कि हमारे यहाँ के सरकारी स्कूलों के बच्चे इस पत्रिका को छपी कीमत पर ख़रीदने की स्थिति में नहीं हैं। इस पर काफ़ी मन्थन करते हुए एक नाममात्र की राशि तय की गयी। इस नाममात्र की राशि पर एक महीने के बाद इस पत्रिका को उपलब्ध कराया जायेगा। दरअसल चकमक एक अव्यावसायिक पत्रिका के रूप में ही रही है।

चकमक के भीतर अगर झाँककर देखें तो इसमें अधिकतर उन बच्चों की सामग्री मिलेगी जो ग्रामीण क्षेत्रों में निवास करते हैं। चकमक ने यह स्थापित कर दिखाया कि बच्चे चाहे वे ग्रामीण भारत के हों या गरीब घराने के, वे सोचने–समझने में कमतर तो नहीं। चकमक में छपी उनकी रचनाएँ और चित्र वगैरह यह दर्शाते हैं कि बच्चों को अगर अवसर मिले तो वे अपने आसपास के अवलोकनों और अनुभवों को बख़ूबी अभिव्यक्त करते हैं, सवाल उठाते हैं तथा अपनी बात व समझ को प्रकट करते हैं।

चकमक का अधिकांश हिस्सा बच्चों को समर्पित होता था। साथ ही इसमें कहानियां–कविताएं बच्चों तथा शिक्षकों के सन्दर्भ की शामिल होती। पत्रिका के मुखपृष्ठ पर जैसा कि लिखा गया है "चकमक" बाल विज्ञान पत्रिका" सही मायनों में अपने नाम को सार्थक कर रही थी। चकमक में एक–दो लेख किसी ख़ास मसले पर होते। कभी साँपों पर तो कभी आकाश पर और कभी वन्य जीवन पर और कभी ओज़ोन जैसे पर्यावरण के मसले पर तो कभी नमक पर। इनके साथ–साथ ही चकमक में बच्चों के लिए प्रयोगशाला, ऑरीगेमी, पक्षियों की दुनिया जैसे नियमित कॉलम

इसके प्रमुख हिस्से बने। चकमक में कई श्रृंखलाएँ चली इनमें खतरा स्कूल, आश्चर्यलोक में ऐलिस, दुनिया पक्षियों की आदि प्रमुख हैं।

चकमक कभी भी बाज़ारू पत्रिका नहीं बन पायी। यह अव्यवसायिक पत्रिका रही। यही वजह रही कि यह मुंख्यधारा की पत्रिकाओं की होड़ में खड़ा न होकर सही अर्थों में बच्चों की जुबान बन सकी। चकमक में सामग्री का चुनाव बड़े नपे–तुले ढंग से किया जाता। चकमक ने कभी भी आदर्शों और उपदेशों का लबादा नहीं ओढ़ा बल्कि यों कहें कि इनसे प्रकाश वर्ष दूर रही। चकमक ने यह भी स्थापित किया कि बच्चे मौलिक रूप से सोचते कैसे हैं। चकमक ने चित्रकला की उन प्रचलित व दकियानुसी परम्पराओं पर भी प्रहार किया जिनके तहत बच्चों को किसी कैलेंडर या किताब–डायरी वगैरह के चित्रों को नकल करने को मजबूर किया जाता रहा था।

जहाँ–जहाँ भी चकमक पहुँचती बच्चे उसे अपनी "छाती से लगाते।" दरअसल चकमक बच्चों के संवाद का ज़रिया बन चुका था। वे अपने परिवेश में घटने वाली घटनाओं को कहानी–कविताओं में पिरोते और चकमक को भेज देते।

लगभग 40 पेज की पत्रिका बच्चों के घरों की ताक में वह स्थान बना पायी जो कभी भी किसी स्कूली किताब ने नहीं बनायी। चकमक के प्रकाशन के प्रारम्भ से ही मध्य प्रदेश शासन शिक्षा विभाग ने इसे प्रदेश की समस्त सरकारी स्कूलों में एक–एक प्रति भेजने का फैसला लिया। जब चकमक को स्कूलों में भेजने का निर्णय हुआ तो सबसे बड़ी समस्या आयी पूरे प्रदेश के स्कूलों के पतों की उपलब्धता। प्रदेश सरकार के पास अपने स्कूलों के पते ही नहीं थे।

स्कूलों में चकमक पहुँचाई जाती उनमें से कुछ वापस लौटकर आ जाती। जो पत्रिका स्कूल में पहुँचती उनमें से कुछ तो प्रधानाध्यापक की मेज पर धूल खा रही होती। कुछ प्रधानाध्यापक के घर पर पहुँच जाती।

होशंगाबाद विज्ञान से सम्बन्धित स्कूलों में चकमक की नियमितता बरकरार रही। सघन अनुवर्तन, मासिक बैठकों, बाल मेलों और कई अन्य माध्यमों से चकमक शिक्षक साथियों और उनके माध्यम से बच्चों तक पहुँचती रहती।

चकमक ने बच्चों को एक नयी दृष्टि जो दी थी। स्कूल में खाली समय में बच्चे मौलिक चित्र बनाते, कहानी लिखते और चकमक को भेजते। अब चकमक में सभी बच्चों की रचनाओं को स्थान तो नहीं दिया जा सकता ना! इस पर और रास्ते निकलने लगे। कई इलाकों से स्थानीय स्तर पर बाल अख़बार निकलने लगे। सोन चिरैया, बालकलम, दिशा जैसी अनेक सायक्लोस्टाइल्ड तथा हस्तलिखित बाल पत्रिकाएँ निकलने लगीं जो बच्चों की अभिव्यक्ति का अभिन्न अंग बनीं। कई इलाकों में चकमक क्लब प्रारम्भ हुए। चकमक क्लब ने ग्रामीण–क़स्बाई बच्चों तथा युवाओं के संवाद के द्वार खोले।

बहरहाल, चकमक आज भी निकल रही है उसकी बुनियाद में आज भी बच्चे हैं मगर उसके स्वरूप में बदलाव आया है।

× × ×

एकलव्य के साथी ने कक्षा में बच्चों से बातचीत की और फिर वे मास्साब के साथ बाहर को आ गये। अब मास्साब एकलव्य के साथी को लेकर प्रधानाध्यापक के कमरे में जाकर बैठ गये। कई प्रकार की चर्चाएँ कमरे में प्रारम्भ हो गयी। एकलव्य के साथी ने एक और पत्रिका निकालकर प्रधानाध्यापक समेत सभी शिक्षकों को थमा दी। प्रधानाध्यापक ने पन्ने पलटते हुए पूछा–"अच्छा इस कार्यक्रम का नाम होशंगाबाद विज्ञान क्यों रखा होगा?''

एकलव्य के साथी कुछ बोले इसके पहले ही मास्साब बताने लगे–"यह कहानी होशंगाबाद से शुरू हुई थी इसीलिए इसका नाम होशंगाबाद विज्ञान पड़ा।"

मास्साब ने प्रधानाध्यापक के मुड को भाँप लिया था। मास्साब से कई दफे उन मसलों पर बातचीत की थी। हालाँकि मास्साब उन्हें कई बार बहुत कुछ बताते मगर प्रधानाध्यापक उनको नज़रअन्दाज़ कर देते। इसलिए मास्साब चाह रहे थे कि एकलव्य के साथी अपनी ओर से कुछ बताएँ।

स्रोत सदस्य कुछ देर तक चुप रहे। फिर वे बोले–"ये कार्यक्रम तो सरकार का है। सरकार के साथ हम लोग मिलकर साझेदारी करते हुए शिक्षा में बदलाव की कोशिश कर रहे हैं।"

प्रधानाध्यापक अब सवाल पर सवाल करते जा रहे थे। उन्होंने सवाल किया–"तो फिर सरकार इसको पूरे प्रदेश में क्यों नहीं फैलाती?"

थोड़ी देर तक चुप रहते हुए प्रधानाध्यापक ने मास्साब की ओर नज़रें घुमाते हुए स्रोत सदस्य पर नज़रें थमा दीं और फिर से सवाल को दोहराया–"भई जब इतना अच्छा कार्यक्रम है तो फिर सबको फ़ायदा मिले...। मेरा मतलब है कि सबके साथ एक जैसा बर्ताव क्यों नहीं होता?"

स्रोत सदस्य माज़रे की नज़ाकत को भाँप चुके थे। वे इस विषय पर बहुत कुछ कह चुके थे। और उनके पास भी वहीं घिसा–पिटा जवाब था। वैसे इस जवाब से वे भी जूझ रहे थे कि आख़िर अब करें तो क्या?

मगर उन्होंने कुछ बोलने की कोशिश की और वे बोले–"देखिए, इसके बारे में शासन को ही निर्णय लेना है।"

प्रधानाध्यापक बेखटके बोल रहे थे। इतना कि वे अपने विभाग के मामूली क्लर्क के सामने हिम्मत नहीं रखते मगर वे एकलव्य और इससे जुड़े हुए किसी भी सदस्य के साथ बेबाक होकर चर्चा कर रहे थे।

मास्साब बोले–"अरे, बाल विज्ञान में तो बच्चों को भी ख़ूब मज़ा आता है। बच्चे बड़े मज़े से प्रयोग करते हैं।" इतना कहकर मास्साब रुक गये।

प्रधानाध्यापक फ़ाइल को पलटते हुए बोले–"कुछ भी कहो ये अगर–मगर तो हमारे शिक्षकों को भी परेशान करते रहते हैं। अब देखिए ना, इनका पिछली ट्रेनिंग का टीए–डीए आज तक नहीं मिला।"

मास्साब प्रधानाध्यापक की ओर मुखातिब होते हुए बोले– "आपको तो कई बार याद दिलाया मगर आपकी भी डिपार्टमेण्ट वाले नहीं सुनते। आप कुछ कर सकते हो तो ज़रूर करो।"

स्रोत सदस्य सोच रहे थे कि कुछ करना होगा। वे चाय की चुस्की के साथ बोले–"ऐसा करते हैं कि संगम केन्द्र पर और ब्लॉक में जाकर आज ही बात करते हैं। बीईओ से आज संगम केन्द्र के प्रिंसिपल साहब के साथ जाकर मिल लेते हैं।"

प्रधानाध्यापक ने एक और प्रचलित समस्या रखी जिस पर शिक्षा जगत के लोग चर्चा करते हैं। "इस बाल विज्ञान का आगे की कक्षाओं के साथ कोई तालमेल नहीं बैठता। बच्चे नौवीं में जाकर विज्ञान में डगमगा जाते हैं।"

दरअसल, स्रोत सदस्य आये दिनों इस समस्या से जूझ रहे थे। यह समस्या कोई इतनी गहरी तो नहीं थी। समस्या अगर थी भी तो बाल विज्ञान की वजह से नहीं थी। अध्ययनों से यह समझने की कोशिश की और उस समझ को सबके सामने प्रस्तुत भी किया कि समस्या दरअसल आगे की कक्षाओं की है न कि बाल विज्ञान की वजह से।

स्रोत सदस्य इस पर कुछ कहने का मन बना रहे थे–"देखिए, आप ज़रा नौवीं–दसवीं वगैरह की विज्ञान की किताबों को तो देखें तो समझ में आयेगा कि असल दिक्कत क्या है। स्रोत दल ने इस पर गहराई से कार्य किया है। माध्यमिक कक्षाओं की परम्परागत विज्ञान की किताबों के साथ भी उच्च कक्षाओं का तालमेल नहीं बैठता। हाई स्कूल की विज्ञान की किताबें तो केवल जानकारी आधारित हैं।

प्रधानाध्यापक ने आख़िरी सवाल किया–"पीएमटी और पीईटी में बाल विज्ञान के कितने बच्चे निकलकर जाते हैं?"

इस सवाल पर भी अलग–अलग मंचों पर बहुत कुछ कहा जा चुका था। दरअसल, यह विज्ञान पीएमटी–पीईटी में पास कराने के मकसद से नहीं बनाया गया। यह तो विज्ञान शिक्षण के मूलभूत सिद्धान्तों को आधार बनाकर तैयार किया गया है। विज्ञान महज़ जानकारियों का पुलिन्दा नहीं है। यह तो करके सीखने का विषय है। विज्ञान की प्रक्रिया का उपयोग करते हुए कक्षा–कक्ष के दौरान ही जानकारी उभरती है।

परम्परागत विज्ञान तथा होशंगाबाद विज्ञान के पाठ्यक्रमों की तुलना में कई बुनियादी समस्याएँ हैं। इनका ज़िक्र किये बिना तुलना का कोई भी प्रयास सार्थक नहीं होगा। ये समस्याएँ पाठ्यक्रम की समझ से जुड़ी हुई हैं। उपर्युक्त दोनों ही पाठ्यक्रमों का एक सामान्य लक्ष्य विज्ञान का अध्यापन तथा वैज्ञानिक हुनर विकसित करना है। परन्तु इन उद्देश्यों को अर्जित करने के लिए अपनाये गये साधनों व सामग्री की समझ में काफ़ी अन्तर दिखाई देता है।

परम्परागत विज्ञान के पाठ्यक्रम में विज्ञान की काफ़ी जानकारी को शामिल किया गया है। ऐसा लगता है कि मात्र जानकारी के भण्डार को विज्ञान के रूप में सिखाने का लक्ष्य है। दूसरी ओर होशंगाबाद विज्ञान के पाठ्यक्रम में विज्ञान की प्रक्रिया पर काफ़ी ज़ोर दिया गया है।

होशंगाबाद विज्ञान के पाठ्यक्रम में जिस चीज़ को भी अध्ययन के लिए रखा गया है, उसे विस्तार से समझ बनाने के उद्देश्य से किया गया है। प्रयोग करना, प्रयोग के अवलोकन रिकार्ड करना, जानकारी व आँकड़े इकट्ठे करना, इनके आधार पर सोचकर निष्कर्ष निकालना, उस निष्कर्ष को एक वैज्ञानिक सिद्धान्त के रूप में परखना तथा विभिन्न परिस्थितियों में लागू करना, पर्यावरण के माध्यम से सीखना, अपने शब्दों में अथवा चित्र के माध्यम से अभिव्यक्त करना, पाठ्यपुस्तक के अलावा अन्य स्थानों से जानकारी इकट्ठी करना, वैज्ञानिक उपकरणों का उपयोग सीखना, सरल वैज्ञानिक उपकरण बनाना, विज्ञान व समाज के अन्तःसम्बन्धों को समझना, आदि होशंगाबाद पाठ्यक्रम के अभिन्न अंग हैं। पूरी विषयवस्तु का संयोजन व प्रस्तुतीकरण इस ढंग से किया गया है कि वैज्ञानिक प्रक्रिया के ये विभिन्न आयाम उभरकर आयें। इन पहलुओं से परिचित कराना तथा इनका अभ्यास करवाना पाठ्यक्रम का एक लक्ष्य माना गया है।

बाल विज्ञान की विषयवस्तु में रासायनिक संकेत, सूत्र व समीकरण तथा अणु–परमाणु की अवधारणा का न होना एक उल्लेखनीय बात रही है। इन चीज़ों को शामिल न किये जाने के पीछे खासी समझ रही है। दरअसल, मात्रात्मक रसायन के अध्ययन में संकेत, सूत्र व समीकरण का बहुत महत्त्व है। किन्तु रासायनिक परिवर्तनों की गुणात्मक समझ बनाने में इनका योगदान नहीं रहता। कैल्शियम को (Ca) या गन्धक के अम्ल को (H_2SO_4) लिख देने भर से उनके रासायनिक गुणों को समझने में कोई ख़ास समझने में मदद नहीं मिलती। दूसरी बात यह है कि रासायनिक भाषा का इस्तेमाल करने के लिए उसके व्याकरण को समझना बहुत ज़रूरी है वरना अर्थ का अनर्थ होने की सम्भावना ज़्यादा रहती है। अनुभव बताते हैं कि कक्षा आठवीं तक के बच्चे रसायन शास्त्र की व्याकरण (तुल्यांक भार, सन्तुलित समीकरण आदि) को समझने में असमर्थ होते हैं। अतः इस कार्य को आगे की कक्षाओं के लिए छोड़ना बेहतर समझा है।

इस सम्बन्ध में होशंगाबाद विज्ञान बिरादरी की राय यह है कि छात्रों को रासायनिक पदार्थों, प्रक्रियाओं व परिवर्तनों की ठोस, अवलोकनीय जानकारी से लैस किया जाये तथा रासायनिक कौशल विकसित किया

जाये। वास्तविक रासायनिक क्रियाओं का प्रतीकात्मक प्रस्तुतीकरण बाद में शामिल किया जा सकता है।

अणु–परमाणु, अवधारणा के स्तर पर काफ़ी अमूर्त है। इनकी कल्पना करना मानसिक विकास की एक अवस्था के बाद ही सम्भव है। चॉक के चूरे या कैरोसीन की फुहार से अणु व परमाणु की अवधारणा समझाने की कोशिश करना हमें तो सन्तोष दे सकता है मगर बच्चों को यही समझ में आयेगा कि चॉक का परमाणु ज़रूर एक सफ़ेद कण होगा। इस तरह से अनमने भाव से अधूरी समझ देना शायद उचित नहीं है। यही मानकर होशंगाबाद विज्ञान में इनका समावेश नहीं किया गया।

हम बाल केन्द्रित शिक्षा की बात तो काफ़ी करते हैं मगर बच्चों की उम्र के हिसाब से उन्हें क्या और कितना बोझ डालना है इसकी चिन्ताएँ होशंगाबाद विज्ञान में दिखाई देती हैं। कम मगर बेहतरी से सीखना हो सके, यह इस कार्यक्रम की मज़बूत कड़ी कहा जा सकता है।

प्रधानाध्यापक से कई सारी और चर्चाएँ भी हुईं। कुछ बातें वे समझ पा रहे थे मगर ये सवाल अभिभावकों और शासकीय तन्त्र की ओर से भी बारम्बार उठते रहते।

स्कूल में स्रोत सदस्य के आने और कुछ घण्टे बिताने से मास्साब को काफ़ी सम्बल मिल रहा था। मास्साब ने स्रोत सदस्य से कहा–"आप एक–आध महीने में आते रहें। हमें काफ़ी मदद मिलेगी।" स्रोत सदस्य स्कूल से विदा ले चुके थे।

मास्साब कक्षा में बच्चों के बीच प्रवेश कर चुके थे। बच्चे चकमक में खोए हुए थे। मास्साब ने बच्चों से कहा–"चलो, रीडिंग ले ली।"

बच्चे एक–एक करके मास्साब को रीडिंग बता रहे थे। "तो सबने धागे और स्केल की मदद से पौधों में वृद्धि को नापते हुए ज़रूरी बातों का ध्यान रखा है ना।" मास्साब को भरोसा था कि बच्चों ने ठीक ही माप ली होगी।

मास्साब होशंगाबाद विज्ञान नामक बुलेटिन के पन्ने पलटने लगे। बुलेटिन ख़ासकर शिक्षकों को ध्यान में रखते हुए प्रकाशित की जा रही थी। यह दीगर बात है कि इसका प्रकाशन शुरू से ही अनियमित रहा। छपने के बाद मासिक बैठकों और स्रोत सदस्यों के निजी प्रयासों से शिक्षक साथियों तक ज़रूर पहुँचती थी। बुलेटिन का स्वरूप अनघड़

किस्म का था। मगर शिक्षकों के अनुभव, मासिक बैठक, अनुवर्तन, शिक्षक प्रशिक्षण की रपटें, सवालीराम, किट के विकल्प आदि पर तथ्यपरक सामग्री ज़रूर शामिल होती थी।

बुलेटिन कई मायनों में शिक्षकों के बीच संवाद का माध्यम बनी हुई थी। बुलेटिन का मकसद यही रहा है कि वह शिक्षकों के विचारों को साझा करें। बुलेटिन के प्रारम्भिक अंकों में इस बात को सम्पादकीय रूप में प्रकाशित किया गया था कि "मर्ज़ बढ़ता ही गया ज्यों–यों दवा की।'' जब–जब भी शिक्षा क्षेत्र की समस्याओं के लिए प्रयास किये गये तब–तब ये परिणाम आये। इसका कारण कहीं यह तो नहीं है कि जो शिक्षक दिन–प्रतिदिन की समस्याओं का सामना करते हैं उन्हें छोड़कर बाक़ी ऐसे लोगों ने समस्याओं को सुलझाने की कोशिश की जो कार्यक्षेत्र से कोसों दूर किसी स्वप्नलोक में खोए रहते हैं। कहते हैं कि "जाके पैर न फटी बिवाई, वो क्या जाने पीर पराई।" यदि स्कूली शिक्षा की समस्याओं को वास्तव में सुलझाना हो अथवा कोई रचनात्मक पहल करनी हो तो उसके लिए जो शिक्षक समस्याओं से सीधे जुड़े हैं या जूझ रहे हैं उनसे बड़ा विशेषज्ञ और कोई कैसे हो सकता है। किसी भी नवाचार के विषय में तो यह और भी ज़रूरी हो जाता है कि उसके शैशवकाल में पूरी सजगता से नवाचार को क्रियान्वित करने वाले लोग संगठित रूप से उसे संवारने और विकसित करने का कार्य करें।

होशंगाबाद विज्ञान बुलेटिन एक ऐसा मंच तैयार करने का प्रयत्न था जहाँ निर्भीक रूप से विचारों का आदान–प्रदान हो तथा इससे सरोकार रखने वाले सभी लोग संगठित होकर अपनी समस्याओं का निदान स्वयं करने का प्रयत्न करें।

बड़े–बड़े वादे तो बुलेटिन करती रही मगर यह नियमित नहीं बन पायी। कई–कई बार बुलेटिन का प्रकाशन बन्द रहा। कई बार यह अपने मकसदों से भटकती दिखाई दी। कुछ अंक होविशिका से हटकर प्रकाशित किये गये। साक्षरता, रामजन्मभूमि–बाबरी मस्ज़िद आदि कई मसलों पर बेहतर सामग्री का प्रकाशन किया गया मगर ये सब कक्षा–कक्ष में किये जाने वाले कार्य से सीधे जुड़े मसले नहीं थे। बेशक, ये सबके सब मसलों

से पूरा देश प्रभावित हो रहा था, ऐसे में कई लोगों का मानना जायज है कि उन मसलों पर भी तो समझ बनाने की आवश्यकता है। दूसरे लोग यह भी मानते थे कि होविशिका को एक सीमित दायरे में देखने की आवश्यकता है। यह बहस व्यापक रूप से भी चल रही थी।

मास्साब बुलेटिन के इस अंक को पढ़कर पुराने अंकों को सहेजकर रखी फ़ाइल में लगा चुके थे। बुलेटिन के पुराने अंकों को सँभालकर रखने की एक वजह यह भी थी कि उनमें कई लेख कक्षा–कक्ष की प्रक्रियाओं को लेकर होते थे। साथ ही कुछेक में परीक्षाओं के प्रश्न–पत्र छपे हुए थे जो उनके लिए सन्दर्भ सामग्री के रूप में काम आती।

किताब–कॉपी वाली परीक्षा

"अरे, किताब–कॉपी लेकर जाना है परीक्षा में...।" सुबह–सुबह केशव और डमरू एक–दूसरे से बहस कर रहे थे। डमरू कहने लगा–"मेरे बाबूजी ने तो साफ़ मना कर रखा है कि किताब नहीं ले जाने का। बोर्ड परीक्षा है। परीक्षा वाले पकड़ लेंगे।"

केशव आश्वस्त था–"अरे, मेरे बड़े भाई से पूछा था। वो बोला कि परीक्षा में किताब–कॉपी ले जाने की छूट है। ...कोई नहीं पकड़ने वाला।"

केशव के बड़े भाई ने बाल विज्ञान पढ़ रखा था। उसने केशव को बताया था कि इस परीक्षा में रटने वाले प्रश्न नहीं पूछे जाते। 'समझ' वाले प्रश्न पूछे जाते हैं। इसलिए केशव बड़े आत्मविश्वास से बता रहा था–"परीक्षा में किताब में से एक भी सवाल नहीं आता।"

तो फिर परीक्षा कैसी होती होगी? डमरू मचलकर बोला।

"अरे, बाल विज्ञान की परीक्षा में घबराना मत। देख...अपन प्रेक्टिकल तो अच्छा ही देंगे।" केशव ख़ुद भी घबरा रहा था मगर उसने डमरू के कन्धे पर हाथ रखते हुए सान्त्वना दी।

"तो तू स्कूल जाये तो मेरी अर्जी दे देना।" केशव ने जेब में से अर्जी निकालते हुए डमरू को थमा दी।

"मैं भी स्कूल नहीं जा रहा आज। बाबूजी कह रहे थे कि गाँव में मज़दूर मिल नहीं रहे हैं। खेत में चने कट रहे हैं। मुझे भी खेत पे जाना है।" केशव बोला।

ठण्ड के मौसम की विदाई हो चुकी थी। घरों के अन्दर ठण्डक का एहसास होता तो बाहर धूप थोड़ी ही देर में तपन का एहसास कराती। ठण्ड और गर्मी की लुका–छिपी का खेल जारी था। पलाश में दहकते अंगारों जैसे फूल आना शुरू हो चुके थे। स्कूल के पीछे पलाश का

सूखा–छितरा सा पेड़ पूरे शबाब पर था। बिन पत्तों की ठूँठ जैसी शाखाएँ फूलों से लद चुकी थीं। चटक अंगारे के माफिक फूल तरह–तरह की चिड़ियाओं और कीटों को लुभा रहे थे। इधर होली की धींगामस्ती भी शुरू हो चुकी थी। उधर रबि की फ़सलों की कटाई का काम युद्ध स्तर पर प्रारम्भ हो चुका था।

फ़सलों की कटाई की वजह से स्कूल में बच्चों की उपस्थिति में काफ़ी कमी आ चुकी थी। मास्साब सोच रहे थे कि बच्चों की तैयारी करवा दी जाये ताकि वे बेहतर प्रदर्शन कर सकें। आठवीं कक्षा में आज कुल जमा चार बच्चे ही आये थे। चन्दू, नारंगी, रघु और विष्णु मैदान में खड़े होकर गपिया रहे थे।

मास्साब ने बच्चों को बाहर खड़े हुए देखकर आवाज़ लगाई। "ऐ...।"

विष्णु बोला–"मास्साब छुट्‌टी दे दो। गणित की पढ़ाई करनी है घर पर।"

मास्साब ने जाते हुए कहा–"कोई छुट्‌टी–वुट्‌टी नहीं मिलेगी। घर पर तो जैसे पूरा गणित कर लेगा।"

"नी नी... सच में गणित का काम छूट गया है।" विष्णु मास्साब का पीछा कर कहता जा रहा था।

मास्साब ने पलटकर कहा–"अच्छा, पहले कक्षा में आओ फिर बात करेंगे।" कक्षा खाली थी। चारों बच्चे कक्षा में बेमन से थे। वे समझ रहे थे कि आज कुछ ख़ास होने वाला नहीं है। इसलिए वे घर जाने को उतावले हो रहे थे।

मास्साब कक्षा में आकर बोले–"चलो, कुछ परीक्षा की बात कर लेते हैं।" मास्साब सोच रहे थे कि अगर वे इन चारों बच्चों के साथ कुछ सार्थक बात करेंगे तो हो सकता है कि ये बाक़ी के उन बच्चों के साथ शाम–सबेरे बात तो करेंगे ही कि स्कूल में काम की बात हो रही है। और वे बच्चे भी स्कूल में आये।

मास्साब बड़े आशावादी दिखाई दे रहे थे। मास्साब के मूड को समझकर विष्णु ने एक बार फिर कहा –"मास्साब... मैं जाऊँ।''

मास्साब ने पूछा–"अच्छा ये बताओ कि क्या काम है तुम्हें?"

विष्णु के पास कोई जवाब नहीं था। दरअसल वह गणित और सामाजिक अध्ययन से परेशान था। उसे कुछ समझ नहीं आ रहा

था। हालाँकि सभी बच्चों का यही हाल था। बच्चे बोर्ड की परीक्षा से आतंकित थे।

"ऐसा है कि अपन को प्रेक्टिकल परीक्षा करनी है। ...तो ये बाक़ी के छोरे कब तक आ जायेंगे? ऐसा करो... कल सबको कहना कि स्कूल आ जाये।" मास्साब बाल विज्ञान की तीनों किताबों को ध्यान से उलट–पलटकर देख रहे थे। "हाँ तो ...मैं कह रहा था कि बोर्ड से घबराना बन्द कर दो। इससे डरने के बजाय इसको डराना शुरू कर दो। बाल विज्ञान में जो भी तुमने प्रयोग और परिभ्रमण से सीखा है उनको एक बार अच्छे से समझ लो।" मास्साब बच्चों को ढाढस बँधा रहे थे।

विष्णु हिम्मत करके धीरे–से बोला–"आईएमपी बता दो। हम याद कर लेंगे।"

"क्या कहा...? विज्ञान में रटने का नहीं है। ये आईएमपी क्या बला है? कहाँ से सीख लिया तुमने ये सब। तुम लोगों ने जो करके सीखा है वही आयेगा पेपर में।"

मास्साब चिन्तित हो गये कि आख़िर इन बच्चों को इस आईएमपी की हवा ने चपेट में ले ही लिया। वे मज़ाकि़या अन्दाज़ में आ गये थे–"तो आईएमपी तो तुमको गाइड और गैसपेपर में से मिल गये होंगे।"

"क्यों रे, तुम विज्ञान की गाइड पढ़ते हो? अरे सोचो तो उसमें क्या मिलेगा तुम लोगों को?" मास्साब ने सोचा कि इन्हें बाल विज्ञान की मूलभूत बातों की ओर मोड़ना होगा।

नारंगी, चन्दू और रघु को कुछ समझ में नहीं आ रहा था कि मास्साब और विष्णु के बीच क्या बात हो रही है।

"एक बात समझ लो तुम। रट्टा बिल्कुल मत मारना। और हाँ, गाइड, गैसपेपर के सवालों के जवाब बिल्कुल मत लिखना। जो तुमने समझा है उसी आधार पर जवाब लिखना।" मास्साब की बातों को बच्चे ध्यान से सुन रहे थे। "एक बात और बता दूँ–क्लास में जो कराया और पढ़ाया है और जो तुमने अपनी कॉपी में लिखा है उसको एक बार ज़रूर देख लेना।"

रघु को मास्साब की बात याद थी–"मास्साब आपने बताया था कि छठी और सातवीं की किताब में से भी सवाल पूछेंगे।"

"हाँ, अच्छा याद दिलाया। छठी और सातवीं के कुछ पाठों में से ज़रूर सवाल पूछे जायेंगे। मैं इन पाठों की लिस्ट बनवा देता हूँ...। ऐसा करो सबको कल स्कूल आने का बोल दो। फिर परीक्षा की तैयारी कैसे करना है अपन इस पर बात करेंगे।"

दरअसल कई सालों तक तो मास्साब समेत कई शिक्षकों के गले यह बात नहीं उतरी थी कि आख़िर पिछली कक्षाओं का कोर्स क्यों पूछा जा रहा है। इस पर आये दिनों शिक्षक, स्रोत सदस्यों के सामने इस समस्या को रखते। इसके पीछे तर्क यह दिया गया था कि अगर एक बार उन मूलभूत कौशलों को समझ लिया गया तो फिर वे बच्चों के ज़ेहन में अच्छे से उतर जाते हैं। मसलन दूरी नापना, घट–बढ़, अल्पतम नाप, ग्राफ़ बनाना सीखना, आयतन, क्षेत्रफल के कौशल पिछली कक्षाओं में अच्छे से सीख–समझ लिए गये हैं तो फिर आँकड़े किताब से बाहर के अगर दिये जायें तो बच्चे हल कर सकते हैं। इसी प्रकार से समूहीकरण एक मूलभूत अवधारणा है। अगर समूह बनाने का हुनर बच्चों ने आत्मसात कर लिया तो वे दुनिया की किन्हीं भी चीज़ों के समूह बनाकर उनके गुणधर्म चुन सकते हैं। समूहीकरण एक ऐसी अवधारणा है जो विज्ञान का आधार बनती है। उच्च कक्षाओं और जीवन में समूहीकरण महत्त्वपूर्ण भूमिका अदा करती है। वर्गीकरण भी तो एक प्रकार का समूहीकरण ही है। इसी प्रकार विज्ञान की मूलभूत प्रक्रिया में प्रयोगों में तुलना का प्रावधान, तालिका बनाना व उसे पढ़कर समझना, स्तम्भालेख बनाना तथा पढ़ना व पढ़कर निष्कर्ष निकालना शामिल था। उल्लेखनीय है कि स्थानीयता को बाल विज्ञान में तवज्जो दिया गया है इसलिए स्थानीय स्रोतों से उपकरण बनाने की क्षमता को जाँचना प्रायोगिक परीक्षा में शामिल किया गया।

दूसरे दिन अधिकांश बच्चे स्कूल में आ चुके थे। बच्चे उतावले मगर सहज थे कि आज मास्साब उन्हें कुछ बताने वाले हैं।

कक्षा में मास्साब ने प्रवेश करके परीक्षा की तैयारी करवाने का काम शुरू किया। "पहले तो परीक्षा के भूत को मन से निकाल दो। मैं कुछ सवालों के नमूने आप लोगों को दूँगा हल करने को। फिर तुम समझने की कोशिश करना कि परीक्षा कैसे होती है। वैसे तुम्हारी परीक्षा वैसी ही होगी जैसी पिछली कक्षाओं में हुई थी। याद है ना...। तुमको टू–इन–वन पेपर दिया था। ऐसा ही पेपर आयेगा। बस थोड़ा बड़ा ज़रूर होगा।"

"मास्साब पेपर में ही आंसर लिखना होगा?" नारंगी ने पूछा। मास्साब ने "हाँ" में जवाब दिया। मास्साब ने बच्चों को पुराने बोर्ड परीक्षा के कुछ प्रश्न–पत्र की प्रतियाँ दे दीं ताकि उन्हें कुछ आइडिया मिले। "तो चलो, हम कुछ प्रश्न हल करने की कोशिश करते हैं।"

मास्साब ने बोर्ड पर मापन का प्रश्न लिख पैमाने का चित्र बनाया। अब बच्चों से कहा कि इस प्रश्न को हल करें। मास्साब ने ज़ोर देकर कहा कि वे अपनी किताब का इस्तेमाल कर सकते हैं।

बच्चे प्रश्न को हल करने की कोशिश में जुट गये। प्रश्न सरल सा ही था। पैमाने से मापन के पाँच उपखण्ड थे। मास्साब ने बोर्ड पर लिखे प्रश्न को पढ़ते हुए पूछना शुरू किया। बच्चे सटीक जवाब दे पा रहे थे। अब मास्साब ने कहा जो भी तुमने जवाब दिये उनको लिखें। बच्चे लिखने की कोशिश कर रहे थे। मगर मास्साब समझ रहे थे कि उन्हें असल दिक्कत आ रही है लिखने की।

मास्साब ने फिर से सबका ध्यान अपनी ओर खींचा –"देखो, तुम अपनी समझ से अपनी ही भाषा में लिखो। इसकी मनाही नहीं है।"

"तो अब पैमाने की बातें समझ में आ गयीं ना...।" मास्साब बच्चों में उत्पन्न हो रहे आत्मविश्वास के जज़्बे को पढ़ रहे थे। "पैमाने के बारे में अगर तुम लोगों को पता है और किसी चीज़ को मापना अगर आता है तो किसी भी तरह का सवाल तुम हल कर सकोगे, ये मेरा दावा है।"

कक्षा का माहौल अब बदला–बदला सा लग रहा था। बच्चे कहने लगे अब दूसरा सवाल दो। मास्साब एक अन्य सवाल बोर्ड पर लिख रहे थे कि चन्दर को कुछ खुसर–फुसुर करते हुए मास्साब ने पकड़ लिया–"क्यों भई कोई ख़ास बात है जो अपने दोस्तों से कर रहे हो।'' रघु बोल पड़ा–"मास्साब ये कह रहा है कि 'बोड' की परीक्षा 'बोर्ड' पर होगी।"

मास्साब हँसी के मारे लोट–पोट हो गये थे रघु के मुँह से यह सुनकर।

मास्साब बोले–"सही कहा...। देखो, बोर्ड का मतलब है कि पेपर कहीं और से आते हैं। पाँचवीं में भी तुम्हारी बोर्ड की परीक्षा हुई थी। बोर्ड की परीक्षा में पेपर बाहर से आते हैं। और कॉपी भी बाहर जँचती है।"

हालाँकि बोर्ड की परीक्षा को लेकर यह हक़ीक़त एक चुटकुला बन चुका था जो आये दिनों कहीं न कहीं सुनने को मिल जाता है। बोर्ड की

परीक्षा में नकल करना–कराना जैसे कई अनैतिक पहलू जुड़ चुके हैं। बोर्ड की परीक्षा में परीक्षा हॉल में बोर्ड पर प्रश्नों के जवाब लिख दिये जाते हैं। इन प्रश्नों के जवाब बच्चे लिख लेते हैं। इसीलिए इसका दूसरा अर्थ 'बोर्ड की परीक्षा' अर्थात बोर्ड पर परीक्षा हो गया।

बच्चों को यह सब कुछ समझ में नहीं आ रहा था। वे तो परीक्षा नामक भूत से भयभीत थे। हालाँकि मास्साब भी परीक्षा से उतने ही परेशान थे जितना कि बच्चे। वे बच्चों को परीक्षा रूपी भूत से डटकर सामना करने का हौसला दिलाने का भरसक प्रयत्न कर रहे थे।

मास्साब सोच रहे थे कि परीक्षा का अर्थ है शिक्षक पर शक करना। फिर शिक्षक बच्चों पर शक करता है। और यह शक करने की परम्परा पनपती रहती है।

× × ×

उधर देश भर के अधिकांश पढ़ने–लिखने वाले बच्चों के घरों में परीक्षा ने आतंकित कर रखा था मगर होशंगाबाद विज्ञान का अध्ययन कर रहे बच्चों को कम से कम बाल विज्ञान की परीक्षा ने राहत की साँस दिलाई थी।

कक्षा में बच्चों को और भी प्रश्नों के नमूने हल करने को दिये जा रहे थे। एक प्रश्न जो बच्चों को अमूमन हल करने को ज़रूर दिया जाता रहा है वही मास्साब ने बोर्ड पर लिखा। इस प्रश्न की तासीर कुछ इस प्रकार की है कि जिसमें बच्चों को तालिका पढ़ने और उसके निष्कर्ष निकालने के हुनर की जाँच होती है।

मास्साब ने तालिका बनाकर बोर्ड पर लिखा था :

नीचे बनी तालिका में चार पदार्थों के बारे में कुछ जानकारी दी गयी है–

पदार्थ	पानी में घुलता है?	ऊर्ध्वपातन होता है?
नौसादर	हाँ	हाँ
कपूर	नहीं	हाँ
नमक	हाँ	नहीं
रेत	नहीं	नहीं

(क) कपूर और नौसादर के मिश्रण में से दोनों पदार्थ अलग–अलग कैसे प्राप्त करोगे?

(ख) कपूर, नौसादर, नमक और रेत के मिश्रण में से चारों पदार्थ अलग–अलग कैसे प्राप्त करोगे?

बच्चों को जब यह प्रश्न दिया तो उनके चेहरे पर ख़ुशी छलक रही थी। ऐसा लगा कि ये तो वे हल कर ही लेंगे। वैसे बच्चे चीज़ों को अलग–अलग करना नामक अध्याय में इससे सम्बन्धित प्रयोग भी कर चुके थे। प्रश्न में जो चीज़ें थीं वे बच्चों के परिवेश की ही थीं। बच्चे विभिन्न पदार्थों की घुलनशीलता व ऊर्ध्वपातन सम्बन्धी गुणों को प्रयोगों के माध्यम से समझ चुके थे। इस जानकारी के आधार पर बच्चों से अपेक्षा की गयी है कि वे तार्किक प्रक्रिया के द्वारा खुद सोचकर बताएँ कि मिश्रण में से पदार्थों को अलग–अलग कैसे करेंगे। इस प्रश्न में गौण रूप से पृथक्करण की विधियों की और प्रमुख रूप से तार्किक विवेचन की जाँच की जा रही थी। यदि कोई बच्चा पृथक्करण की विधियों को आंशिक रूप से भूल भी गया होगा तो भी यदि उसने ये प्रयोग किये हैं तो केवल तार्किक प्रक्रिया से इस प्रश्न का जवाब दे सकता है।

बच्चों ने इस प्रश्न को हल कर लिया था।

मास्साब के अब तक के अनुभवों में सबसे बड़ी चिन्ता थी ग्राफ़ को लेकर। दरअसल बच्चे ग्राफ़ को पढ़ तो लेते थे मगर ग्राफ़ बनाने का हुनर आत्मसात नहीं कर पा रहे थे। इसकी एक वजह यह हो सकती है कि गणित में बच्चे बेहद कमज़ोर थे। ग्राफ़ के आँकड़ों को बच्चे दोनों अक्षों पर सही तौर पर रख तो पाते थे मगर पैमाना चुनने में काफ़ी दिक्कत होती। हालाँकि बाल विज्ञान के सम्बन्धित अध्याय लिखने के दौरान भी इस समस्या को पहचानते हुए विशेष बल दिया था।

मास्साब ने आँकड़े देकर उन्हें ग्राफ़ बनाने का अभ्यास दिया था। कक्षा के कुछ बच्चे ही इस हुनर में पारंगत हो पाये थे। अधिकांश बच्चे पैमाना चुनने का आत्मविश्वास अर्जित नहीं कर पाये थे। अतः मास्साब ग्राफ़ बनाने के अभ्यास बारम्बार करवाने की भरसक कोशिश कर रहे थे।

परीक्षा नज़दीक आती जा रही थी। प्रायोगिक परीक्षा की चिन्ता बच्चों को कतई नहीं थी। जो उन्होंने प्रयोग किये थे उनमें से या उन जैसे ही प्रयोग पूछे जाने वाले थे। प्रायोगिक परीक्षा का आयोजन स्थानीय स्तर पर स्कूल में पढ़ाने वाले शिक्षक एवं अनुवर्तनकर्ता को मिलकर करना था। संगम केन्द्र पर आयोजित मासिक बैठक में समस्त स्कूलों की प्रायोगिक परीक्षा का कार्यक्रम तैयार किया जा चुका था। लिखित परीक्षा के कुछ दिनों पहले प्रायोगिक परीक्षा का आयोजन किया जाना तय हुआ था।

लिखित परीक्षा के ठीक एक हफ्ते पहले प्रायोगिक परीक्षा का आयोजन किया गया। निर्धारित तिथि को परीक्षक स्कूल में आ गये थे। प्रावधान यह किया गया था कि प्रायोगिक परीक्षा में एक प्रशिक्षित शिक्षक जिसे परीक्षक कहा जाता, वह उपस्थित होते।

बच्चों की मदद से मास्साब ने प्रायोगिक परीक्षा में लगने वाली सामग्री पूर्व में ही एकत्र करवा ली थी। प्रायोगिक परीक्षा में इस्तेमाल होने वाली सामग्री की सूची एक सप्ताह पहले स्कूल को भेज दी गयी थी।

स्कूल के बरामदे में कक्षा आठवीं के बच्चों की प्रायोगिक परीक्षा की बैठक व्यवस्था की गयी। प्रायोगिक परीक्षा में सहायता के लिए छठी और सातवीं के कुछ बच्चों को बुला लिया गया था। आठवीं के बच्चों को कक्षा में बैठने को कहा गया था। मास्साब व बाहर से आये परीक्षक ने पेपर का लिफ़ाफ़ा खोला और उसको पढ़ा। पर्चे को पढ़कर प्रयोगों के सेट जमाने का सिलसिला शुरू हुआ।

प्रायोगिक परीक्षा के पर्चे में से कुल जमा पाँच प्रयोग पूछे जाने का प्रावधान था। पहला प्रयोग मापन, दूसरा पर्यावरण के प्रति सजगता, तीसरा रसायन, चौथा वैज्ञानिक प्रक्रियाएँ, पाँचवाँ सामान्य अवधारणाएँ एवं छठा विशेष। पहले तीन प्रयोग आवश्यक थे। शेष चार, पाँच और छह में से परीक्षक को कोई भी दो प्रयोगों को चुनने की आज़ादी थी।

परीक्षक की सहायता से बरामदे में प्रयोग के सेट तैयार किये जा चुके थे। कुल जमा पाँच प्रयोग सेट किये गये थे। एक बार में पच्चीस बच्चों की परीक्षा के लिहाज़ से प्रत्येक प्रयोग के पाँच–पाँच सेट बनाये थे। फ़र्श पर प्रयोग का क्रमांक चॉक से लिख दिया गया। प्रत्येक प्रयोग के लिए 15 मिनट का समय निर्धारित किया गया। समय और प्रयोग के स्वरूप को लेकर प्रायोगिक परीक्षा में लचीलेपन का रुख अपनाया जाता

रहा है। अगर किसी बच्चे को 15 मिनट से ज़्यादा वक़्त लगे तो उसे उपलब्ध करा दिये जाने के उदाहरण भी बने हैं। इसी प्रकार से प्रयोगों की तासीर में काफ़ी खुलापन होता। अगर फूल को खोलने का प्रयोग रखा जाता तो स्थानीय स्तर पर जो भी सामान्य फूल मिल जाये उसको शामिल कर लिया जाता।

कई स्कूलों में किट के अभाव से निजात पाने के अनेक रास्ते निकाले गये थे। अगर पास की स्कूल में किट सामग्री है तो वहाँ से ले ली जाती जो प्रायोगिक परीक्षा के उपरान्त लौटा दी जाती। मास्साब ने इस बारी संगम केन्द्र की अन्य स्कूलों से किट के तराजू की व्यवस्था की थी। दरअसल, किट में प्रति स्कूल एक कक्षा के लिए एक तराजू का प्रावधान था। संगम केन्द्र की चार स्कूलों से चार तराजू और बाट के सेट की व्यवस्था मास्साब ने पूर्व में ही कर ली थी।

बच्चे बड़े सहज दिखाई दे रहे थे। मास्साब को भी विश्वास था कि बच्चे बढ़िया काम करेंगे। प्रायोगिक परीक्षा प्रारम्भ हो चुकी थी। परीक्षक के द्वारा प्रायोगिक के पर्चे को बोर्ड पर लिख दिया था। बच्चों को कुछ निर्देश दिये जा रहे थे। परीक्षक ने बच्चों से बड़े रोचक अन्दाज़ में कहा–"प्रायोगिक परीक्षा तुम्हारे लिए नयी चीज़ नहीं है, है ना! तुमने छठी–सातवीं में भी प्रायोगिक परीक्षा दी है। इसलिए डरने और घबराने की बिल्कुल ज़रूरत नहीं है।"

बच्चों को परीक्षक की बात अच्छी लगी और सभी ने सिर हिलाकर जवाब दिया।

अब मास्साब कुछ बता रहे थे–"जो बच्चा जहाँ पर प्रयोग कर रहा है उसको अपना प्रयोग करके दूसरे प्रयोग पर आना होगा। हरेक प्रयोग के लिए 15 मिनट का समय है। इसके बाद अगले प्रयोग पर जाना होगा।"

बच्चे प्रयोग हल करने में मशगूल थे। जब घण्टी बजती और प्रयोग पूरा हो जाता तो बच्चे अगले प्रयोग पर चले जाते। इस प्रकार पाँचवें प्रयोग पर बैठा छात्र चौथे पर और चौथे वाला तीसरे पर...। और पहले प्रयोग पर बैठा छात्र पाँचवें पर आ जाता। तीसरा प्रयोग रसायन शास्त्र की कुशलता जाँचने का था। परीक्षक तीसरे प्रयोग पर अपनी नज़रों को गढ़ाए हुए थे। वे बच्चों से कुछ मौखिक सवाल–जवाब भी करते दिख रहे थे।

परीक्षा सम्पन्न हो चुकी थी। मास्साब ने बच्चों की मदद से प्रयोग वगैरह का सामान एकत्र करवाकर साफ़–सफ़ाई की। और फिर बच्चों को कहा कि वे अब जा सकते हैं।

कक्षा आठवीं बोर्ड की प्रायोगिक परीक्षा की उत्तर पुस्तिकाओं को जाँचने का कार्य परीक्षा स्थल पर ही परीक्षक ने प्रारम्भ कर दिया था। परीक्षक ने बच्चों के प्रयोग करने के कौशल और उनसे सम्बन्धित सवालों के जवाबों का विवरण एक काग़ज़ में अलग से लिख रखा था। उत्तर पुस्तिकाओं को जाँचकर तथा बच्चों की प्रयोग करने की क़ाबिलियत के आधार पर अंकसूची तैयार कर प्रायोगिक का भविष्य लिफ़ाफ़े में सीलबन्द कर दिया गया था। परीक्षक ने सीलबन्द लिफाफा संगम केन्द्र पर जमा कर दिया।

× × ×

बच्चों ने प्रायोगिक परीक्षा से हँसते–खेलते मुक्ति पा ली थी। अब उन्हें लिखित परीक्षा का सामना करना था। बाल विज्ञान की परीक्षा से वे निश्चिन्त थे।

सुबह–सुबह का वक़्त बड़ा सुहाना था। हल्के से बादल छा चुके थे। बादलों के बीच में से सूरज अपनी किरणों को बिखेरता। कभी धूप तेज़ होती तो कभी मद्दी। वातावरण में ठण्डक थी। मगर बच्चों के दिमाग़ में गर्माहट थी।

परीक्षा की घण्टी बजी तो बच्चे परीक्षा के कमरे में प्रवेश कर गये। बच्चों के हाथ में बाल विज्ञान की पुस्तकें थीं।

दरअसल, बाल विज्ञान की लिखित परीक्षा में तीनों सालों की किताबें और नोटबुक ले जाने की छूट थी। इसके पीछे समझ यह थी कि बच्चों से रटी हुई जानकारियाँ और तथ्य वगैरह नहीं पूछे जायेंगे। बल्कि उन्होंने क्या समझा है और आत्मसात किया है उसकी जाँच होगी। बच्चों ने विभिन्न प्रयोगों और परिभ्रमण के दौरान जो अवलोकन और निष्कर्ष निकालने के हुनर सीखे हैं उनको विभिन्न परिस्थितियों में आजमाने की जाँच होगी। इस लिहाज़ से किसी प्रश्न में किसी जानकारी या किसी नियम आदि की आवश्यकता हो तो परीक्षा में किताब व नोटबुक में से

देखा जा सके। इसके पीछे सोच यह थी कि इससे रटने पर रोक लगेगी और परीक्षा का तनाव भी कम होगा। और दरअसल ऐसा हुआ भी।

परीक्षा की इस प्रक्रिया ने कुंजी, गैसपेपर्स और गाइडों को कठघरे में खड़ा कर दिया था। हालाँकि बाज़ार में ये सब उपलब्ध थे और बिक भी रहे थे। कई बार तो अभिभावक अपने बच्चों की चिन्ता करके उनसे बिना पूछे ख़रीदकर दे देते थे। हालांकि परीक्षा में इनसे कोई मदद नहीं मिल रही होती थी।

खुली किताब परीक्षा या यों कहें कि जैसी शिक्षा वैसी परीक्षा के चलते शिक्षक समुदाय के सामने प्रश्न–पत्र निर्माण का कार्य ख़ासी चुनौती होती थी। होशंगाबाद विज्ञान के माध्यम से खुली किताब परीक्षा की अवधारणा को स्वीकारना अपने आप में एक ऐतिहासिक क़दम था। होशंगाबाद विज्ञान के दस्तावेज़ में साफ़ तौर पर लिखा था कि परीक्षा में परिभाषाएँ, नियम आदि नहीं पूछे जायेंगे। इस वजह से शिक्षकों को ऐसे प्रश्न बनाना होते थे जो किताब से सीधे–सीधे न हों मगर उन अवधारणाओं पर आधारित हों।

बच्चों का कारवाँ बाल विज्ञान की परीक्षा देकर स्कूल से निकल पड़ा था। बच्चों के चेहरों पर ख़ुशी थी। वे आपस में बातें करते हुए जा रहे थे। "अरे वो फसल वाले में तूने क्या लिखा?"

डमरू ने कहा–"एक तो चना और दूसरा मूँगफली लिखा।" अरे मैंने तो मूँग और चंवला लिखा।" ''मैंने उड़द और सोयाबीन लिखा।"

"अच्छा ये बता कि चित–पट वाले में क्या लिखा।" "मैंने तो पट लिखा।" "और तूने" "मैंने तो चित लिखा।"

"अच्छा अपन नम्बर तो नहीं जोड़ सकते कि कितने आयेंगे।" "हाँ, पेपर में नम्बर लिखे ही नहीं थे।" "पता नहीं ऐसा क्यों करते हैं?" "बाक़ी पेपर में तो नम्बर होते हैं।"

दरअसल, बाल विज्ञान में कुछ प्रश्न खुले जवाबों वाले ज़रूर होते। जब पूछा गया कि द्विबीजपत्री फ़सलों के नाम बताओ तो बच्चे इतने सक्षम हो चुके थे कि वे अपनी मर्ज़ी से नाम चुनते और जवाब लिखते। इसी प्रकार से संयोग और सम्भाविता की अवधारणा में जब पूछा गया कि

सिक्के को उछालें तो अगली बारी में चित आयेगा या पट? तो इसका जवाब चित और पट दोनों ही सही हो सकते हैं। हालाँकि इस प्रकार के प्रश्न में अगर बच्चे की समझ नहीं बनी और उसने अन्दाज़ से भी लिख दिया तो जवाब के अंक मिल जाते। मगर ऐसा बहुत ही कम होता था।

परीक्षा के बाद की बहुत–सी प्रक्रियाओं से बच्चे बेख़बर थे। आगे की प्रक्रिया होविशिका बिरादरी के शिक्षकों के द्वारा सम्पन्न की जाती। होविशिका में प्रश्न–पत्रों को जाँचने के पहले एक लम्बी प्रक्रियाओं से गुज़रना होता था। इस प्रक्रिया का एक महत्त्वपूर्ण हिस्सा थी अंकों का पुनर्निर्धारण। अंकों के पुनर्निर्धारण का एक पहलू था–बच्चों ने जो जवाब उत्तर–पुस्तिकाओं में लिखे हैं उनकी समीक्षा करना और दूसरा समीक्षा के आधार पर नये मूल्यांकन निर्देश तैयार कर जाँचना।

कितनी भी कुशलता और सावधानी से प्रश्न बनाये जायें, उनमें खामियाँ रहती हैं व सुधार की गुंज़ाइश बनी रहती है। साथ ही प्रश्न–पत्र को जिस ढंग से बच्चे हल करते हैं, वह प्रश्न–पत्र पर एक टिप्पणी है। यदि समीक्षा की इस प्रक्रिया को ज़्यादा सतर्कता से किया जाये तो यह पाठ्यक्रम व पद्धति सुधार का एक उम्दा आधार बन सकती है।

पुनर्निर्धारण प्रक्रिया को अपनाने से कई सारी बातों का पता चलता। एक तो प्रश्न–पत्र में प्रश्नों की भाषा और चित्रों की वजह से बच्चे प्रश्न को ठीक उसी तरह से न समझे जिस रूप में प्रश्न–पत्र निर्माता की अपेक्षा थी। तब बच्चों के अपेक्षित उत्तरों से भिन्न भी हो सकते हैं उनके जवाब। आम परीक्षाओं में इन सभी 'भिन्न' जवाबों को गलत मानकर मूल्यांकन किया जाता है। कभी यह नहीं सोचा जाता कि हो सकता है कि प्रश्न के स्वरूप के आधार पर वे 'भिन्न' जवाब भी तार्किक हो। अगर ऐसा है तो इन्हें भी सही की श्रेणी में शामिल किया जाना चाहिए।

दूसरी प्रमुख बात यह थी कि प्रश्न–पत्र का स्तर अगर कठिन है और किसी भी बच्चे ने उसका हल नहीं किया हो या इतना सरल हो कि सभी बच्चों ने उसे हल कर लिया हो तो इन दोनों हालातों में समस्या है। अगर प्रश्न किसी भी वजह से चाहे अति सरल हो या अति कठिन, जो बच्चों की सापेक्ष कुशलता को जाँचने के लायक नहीं है। अतः ऐसे प्रश्नों

का वज़न (आनुपातिक महत्त्व) कम करते हुए उन प्रश्नों का वज़न बढ़ाना जो सापेक्ष अन्तर को बख़ूबी उभारते हों।

यह प्रक्रिया एक सांख्यिकीय विधि से पूरी होती। इसके लिए बच्चों की उत्तर–पुस्तिकाओं को रैंडम विधि से छाँटा जाता और उन्हें जाँचा जाता। यह प्रक्रिया थोड़ी पेचीदा और उबाऊ ज़रूर थी मगर थी महत्त्वपूर्ण।

होविशिका में परीक्षा का जो आदर्श स्वरूप तय किया गया था वह शिक्षा जगत में जड़ जमा चुके कर्मकाण्डों तथा भय व शक के चलते सही रूप में परिलक्षित नहीं हो पा रहा था। आख़िर पास–फेल के खाँचों में बच्चों को बाँट ही दिये जाते थे। मगर होविशिका उन कर्मकाण्डों, भय व शक की जड़ों को कमज़ोर करने में कामयाब हो पाया था।

विज्ञान को एक प्रक्रिया के रूप में बच्चों ने समझा

नारंगी कहे जा रही थी–"इस स्कूल में सबसे ज़्यादा मज़ा विज्ञान में आया। बाल विज्ञान तो कमाल का है। विज्ञान के कारण किसी को डाँट नहीं पिलाई। मास्साब ने विज्ञान की पढ़ाई में किसी को मारा भी नहीं।"

"ये तेरे विज्ञान की तारीफ़ सुन–सुनकर मेरे कान पक गये। जब देखो विज्ञान की ही बात करती रहती है। ऐसा क्या जादू कर दिया विज्ञान ने। जब देखो सवाल करती रहती हो। जब देखो हर चीज़ में कुछ न कुछ देखती रहती हो।"

नारंगी ने माँ के कन्धे पर अपना सिर रख दोनों चोटियों को माँ के गले में डाला, अपने हाथों को फैलाकर कहे जा रही थी–"मज़ा ही मज़ा!" इतना कहकर नारंगी चलती बनी।

दरअसल, नारंगी जब सवाल करती, जब बेबाक बात करती तो माँ के दिल में ख़ुशी की लहरें उठने लगतीं। माँ का मन खिल उठता। ऐसा ही हो रहा था माँ के दिल में मगर वह व्यक्त नहीं कर रही थी नारंगी के सामने। वैसे नारंगी भी समझ रही थी माँ के दिल की बात।

शाम का वक़्त हो चुका था। नारंगी और उसके सभी दोस्त बाग़ में आ चुके थे। बाग़ में बरगद के पेड़ के नीचे गोल घेरे में अपने घुटनों को बाँहों में बाँधकर सभी चुपचाप बैठे थे। आज वे खेल नहीं रहे थे। वे चुप थे। वे सोच रहे थे और सोचते जा रहे थे।

नारंगी की नज़रें घूमने निकल चुकी थीं। उसकी नज़र उसके घर की छत पर जाकर रुक गयी। वह सोचे जा रही थी कि आख़िर खपरैलों

को पहली बार किसी इनसान ने कैसे बनाया होगा। यह सोचते हुए वह पुराने ज़माने में पहुँच गयी थी। सोच के ज़रिये पुराने जमाने से लौटते हुए वह अपने गाँव के कुम्हार रतन दादा के पास पहुँच गयी कि कैसे वो मिट्टी इकट्ठा करने से लगाकर खपरैल बनाकर उनको पकाते हैं। फिर वह सोचने लगी कि आख़िर कैसे किसी के दिमाग़ में यह बात आयी होगी कि चलो खपरैल बनायें। और जब किसी ने खपरैल बनाये होंगे तो क्या उसको वैसा ही इनाम मिला होगा जैसे कि 26 जनवरी या 15 अगस्त पर स्कूल में मिलते हैं या कि टीवी में लोगों को इनाम मिलते होंगे। नारंगी ने अपने सिर को झटका दिया। मानो उसकी एक सोच ने दूसरी सोच से कहा कि अरे नहीं, ऐसा कुछ भी नहीं होगा।

नारंगी को उसकी माँ खपरैल वाली छत से उतरती हुई दिख रही थी। वह अब उसकी माँ के बारे में सोचने लगी। स्कूल में चल रहे विज्ञान के पाठ में मछली के गलफड़े देखने का एक अभ्यास था। उसके सर ने सभी को कहा था कि वो कहीं से मछली पकड़कर उनके गलफड़े देखें। तो उसकी माँ ने ही तो मछली के गलफड़ों को खोलकर देखने में मदद की थी। माँ ने कितने अच्छे तरीक़े से मछली को पकड़ा था। मछली को मरने भी नहीं दिया। उसके मुँह के बगल के गलफड़ों को अपनी एक उँगली से थोड़ा–सा उठाकर माँ ने सुर्ख लाल रंग के गलफड़ों को बताया था। फिर माँ ने ये भी तो बताया था कि ताज़ी मछली में ये गलफड़े सुर्ख लाल होते हैं। और मछली के मरने के बाद गलफड़े गहरे कत्थई होने लगते हैं। नारंगी ने स्कूल की कक्षा में अपनी माँ के शब्दों में ही मछली के गलफड़ों वाली बात बताई थी और मास्साब ने उसको शाबाशी दी थी। उँगली में बालों की लट को लपेटे वह सोचे और सोचे जा रही थी।

बच्चों का ध्यान भंग हुआ। मास्साब जो टहलते हुए चले आ रहे थे। मास्साब को नज़दीक पाकर सभी बच्चे उठ खड़े हुए।

"तो बच्चा पार्टी आ चुकी हुई है।" मास्साब अब बच्चों के बीच में थे।

"तो अब आगे क्या करने वाले हो? आगे स्कूल जाने वाले हो या...?"

भागचन्द्र बोला–"पता नहीं।"

"तुम बताओ नारंगी–"नारंगी कुछ बोली नहीं।

बच्चों की मिडिल स्कूल की पढ़ाई पूरी हो चुकी थी। स्कूल का यह दूसरा पड़ाव था। पहला पड़ाव पाँचवीं कक्षा का था। अब यहाँ से तीसरे पड़ाव की यात्रा प्रारम्भ की जानी है।

माध्यमिक स्तर पर बच्चे विज्ञान की जिस प्रक्रिया से गुज़रे हैं वह उनके ज़ेहन में अंकित हो चुकी है। बच्चों में एक जुझारूपन और खोजी प्रवृत्ति का विकास काफ़ी हद तक हुआ जो उन्हें कहीं न कहीं काम आयेगा। अगर फ़ायदे–नुक़सान की बात न भी करें तो इतना तो तय है कि विज्ञान शिक्षण के तरीक़े से बच्चे रूबरू हो पायें। बच्चों ने प्रयोग करना सीखा। बच्चों ने अवलोकन का लुत्फ़ उठाया।

बच्चों के ऊपर विज्ञान शिक्षण ने कथित दया नहीं दिखाई कि वे कुछ कर नहीं सकते। इसलिए उन्हें पका–पकाया परोस दिया जाये। बल्कि बच्चों की ताक़त को समझा कि वे बहुत कुछ कर सकते हैं। बच्चों को पल–पल पर और क़दम–दर–क़दम चुनौतियाँ पेश की गयीं। उन चुनौतियों को पार पाने का अर्थ कि बच्चों में आत्मविश्वास पैदा होना। अगर बच्चों में यह जज़्बा पैदा हो जाये कि वे भी कुछ सार्थक कर सकते हैं, यह कोई मामूली बात तो नहीं। बच्चों में ईमानदारी के बीज पनपाने में विज्ञान शिक्षण ने एक हद तक भूमिका अदा की। बच्चे जो प्रयोग करते और निष्कर्ष आते उन्हें ही लिखा जाता। बच्चों को किसी घटना पर सोचने को मजबूर किया जाता। इस अर्थ में बच्चों ने वैज्ञानिक प्रक्रिया को सहज रूप से महसूस किया। और सबसे बड़ी बात कि बच्चों को मज़ा आया। यही असल विज्ञान है।

चुप्पी के माहौल को मास्साब ने तोड़ा। माहौल को थोड़ा हलका करने के लिए मास्साब मुस्कराये–"तो बहुत अच्छा लगा तुम सभी के साथ तीन साल। मैंने, तुमने और सभी ने ख़ूब मज़ा किया।" मास्साब बैठते हुए बोले–"अब आगे पढ़ाई जारी रखना। और अगर कहीं मेरी ज़रूरत महसूस हो तो बताना। पक्का तो नहीं कह सकता कि मैं तुम्हारी मदद कर ही सकूँगा।"

नारंगी बोली–"मास्साब... विज्ञान की क्लास हमेशा याद रहेगी।"

सभी बच्चों ने एक स्वर में कहा–"ये तो सही है...।"

मास्साब और बच्चे एक साथ बोल पड़े—"बहुत मज़ा आया... ।"

बच्चे और मास्साब एक–दूसरे की ओर प्यार भरी नज़रों से देख रहे थे। मास्साब ने नज़रें घुमाईं और एक सुकून भरी गहरी साँस खींचते हुए गहरी सोच में डूब गये। पश्चिम का आसमान ललिया रहा था। लाली पुते आसमान में सूरज धँसता हुआ दीख रहा था। सूरज की रोशनी धीरे–धीरे कम होती जा रही थी। पूनम का चाँद विपरत दिशा से अपनी रोशनी बिखेरने के लिए उतावला दिख रहा था। चिड़ियाएँ बरगद के पेड़ पर डेरा जमाने लगी थीं। चिड़ियाओं के कलरव ने उस माहौल को ख़ुशनुमा बना दिया था।

मास्साब और बच्चे उठे और चल दिये।

सन्दर्भ

1. जश्न–ए–तालीम : एकलव्य द्वारा प्रकाशित, लेखक सुशील जोशी।
2. होशंगाबाद विज्ञान शिक्षण कार्यक्रम : एक दस्तावेज़।
3. शिक्षा में बदलाव का सवाल : लेखक अनिल सद्गोपाल, प्रकाशक ग्रन्थशिल्पी।
4. बाल वैज्ञानिक : कक्षा 6, 7, 8, म.प्र. शासन द्वारा प्रकाशित।
5. होशंगाबाद विज्ञान बुलेटिन।
6. होशंगाबाद विज्ञान शिक्षण कार्यक्रम के तहत किये गये विविध अध्ययन।
7. चकमक बाल विज्ञान पत्रिका, प्रकाशक एकलव्य।

❏❏